文明简史
世界|文明|行走|互鉴

文明的力量

The Power of Civilization

中华文明的世界影响力

武斌 著

SPM 南方出版传媒 广东人民出版社
·广州·

图书在版编目（CIP）数据

文明的力量：中华文明的世界影响力 / 武斌著. —广州：广东人民出版社，2019.9（2023.7重印）
ISBN 978-7-218-13747-6

Ⅰ.①文… Ⅱ.①武… Ⅲ.①中华文化—研究 Ⅳ.①K203

中国版本图书馆CIP数据核字（2019）第146924号

WENMING DE LILIANG ZHONGHUA WENMING DE SHIJIE YINGXIANGLI
文明的力量：中华文明的世界影响力
武 斌 著

出 版 人：肖风华

责任编辑：陈其伟 赵 璐
装帧设计：彭 力
责任技编：吴彦斌

出版发行：广东人民出版社
地　　址：广州市越秀区大沙头四马路10号（邮政编码：510199）
电　　话：（020）85716809（总编室）
传　　真：（020）83289585
网　　址：http: //www. gdpph. com
印　　刷：三河市华东印刷有限公司
排　　版：广州市友间文化传播有限公司
开　　本：787mm×1092mm 1/16
印　　张：19.5 **字 数**：250千
版　　次：2019年9月第1版
印　　次：2023年7月第4次印刷
定　　价：59.80元

如发现印装质量问题，影响阅读，请与出版社（020-85716849）联系调换。
售书热线：（020）85716833

日本桃山时代《月次风俗图》屏风描绘的插秧场景。东京国立博物馆藏

高丽青瓷瓜形瓶。首尔国立中央博物馆藏

清乾隆广彩徽章纹双耳冰酒桶，外销瓷。广州博物馆藏

三彩长颈瓶。东京国立博物馆

奈良三彩钵。日本奈良正仓院藏

青花“美第奇瓷”盘。英国维多利亚与艾伯特博物馆藏

源于波斯的四弦琵琶，唐政府作为礼品赠送给7世纪末或8世纪初访问中国的日本使节。日本奈良正仓院藏

金银平文琴。日本奈良正仓院藏

日本雪舟《四季山水图》，15世纪。东京国立博物馆

清煜呱《广州商馆图》，油画。广东省博物馆藏

中国风格的欧洲织物。此图取自赵丰《锦程：中国丝绸与丝绸之路》，黄山书社2016年版

前言

中华文化是中华民族在成长发展的历史进程中进行的伟大创造。在世界文化的总体格局中，中华文化占有十分重要的位置，是世界文化的重要组成部分。

中华文化历史悠久，源远流长，是世界最古老的文化之一。自文化曙光时代的草创开始，在世界文化史上的各个发展阶段，中华文化占有一席之地。直至近代，虽经历了西方文化的强烈冲击和现代化的历史性嬗变，中华文化始终道统不绝，在不断的自我更新中绵延发展，传承不断，历几千年而不衰，显示了强大的生命力量。从空间上来说，中华民族是世界上人口最多的民族，繁衍生息在广袤而丰饶的东亚大陆上，中国疆域面积和中华文化辐射范围，在世界上也是绝无仅有的。

那么，中华文化在世界文化总体格局中的重要地位是如何获得的？中华文化凭借什么力量走进世界，并充当了主要对话者的角色？

仅从夏商周三代起，直到19世纪中叶，即我们现在称之为“传统社会”的历史时期，在几千年的历史发展和演进中，中华民族以其勤劳和智慧，无论是在器物文化的层面，还是在制度文化和精神文化的层面，取得了令人叹为观止的巨大成就，更主要的是以其丰富性和博大恢弘，在世界文化史上获得了持久的魅力和风采。中华民族的博大智慧，突出表现在先进的农业生产技术和一系列重大的科技发明。

中国是世界上农耕文化发展最早的国家之一，在商周时代即以农耕为主，甚至在原始氏族部落时期，锄耕农业便已成为主要的和基本的经济部门。到了秦汉时期，中国的农业生产已达到当时世界的先进水平，农业科学技术体系已经初具规模，又在此基础上不断地改进和完善。在农作物栽培方法、选种育种技术以及病虫害防治技术等方面，我国古代已达到很高的水平。

我国是世界上最早饲养家蚕、织制丝绸的国家。早在四五千年以前，我们的祖先就开始养蚕缫丝。春秋至秦汉时代，丝绸生产已遍及全国。中国丝绸长期是向外出口的大宗货物。质地精良、色彩艳丽的各种丝织品源源不断地输往世界，深受各国人民的喜爱。后来，中国的养蚕缫丝及织造技术传到国外，对各国的经济发展和服饰文化的变化产生了重要的影响。

与丝绸齐名的是中国的瓷器。瓷器经历了从青瓷到白瓷到彩瓷几个阶段，益臻精巧，如千峰翠色，美不胜收，成为具有极大审美价值的艺术品。中国瓷器远销世界各地，享有极高的声誉，受到广泛的欢迎。

中国是世界上最早种茶、制茶和饮茶的国家。唐代陆羽系统地编著了世界上第一部关于茶的专著《茶经》。茶叶在16、17世纪时传到欧洲，成为与咖啡、可可并称的世界三大饮料之一。

丝绸、瓷器和茶叶，并称为中国的“三大物产”，千百年来源源不断地输往各国，是近代世界贸易体系中的主要输出产品，并且在很长一个时期内主导了国际贸易，改变和丰富着各国人民的日常生活，成为最具代表性的中国文化符号。

中国古代科学技术中最引世界瞩目的是造纸术、印刷术、火药和指南针，这“四大发明”的发明和发展，其意义已远远超出其自身的技术领域，对文化的传承、人类征服世界能力的提高、世界历史的演变，具有特别重大的影响。

中国古代科学技术在许多领域走在世界的前列，如天文学、地学、数学、生物学、化学、医药学、冶金技术、建筑技术等等。在天文学方面，中国古代天文学以对多种天象的最早观测记录著称于世，其连续性、完备性、准确性亦为世所罕见；此外，中国有世界一流的历法，有在设计和制造水平上遥遥领先的天文仪器，有许多最先进的天体测量方面的成果。在数学方面，中国最早发明了十进位值制记数法，在此基础上形成了一整套简捷的运算方法，并因此在圆周率、“天元术”①等许多方面取得遥遥领先的成果。在地学方面，中国地图学发达早于古希腊，绘制的精确程度也大大地超过了古希腊；中国古代关于地貌学的研究，如明代徐霞客关于石灰岩地貌的考察记录在世界地学史上是空前的；中国是世界上最早发现石油的国家之一；中国的地震观测历史悠久，记录丰富，张衡的地动仪领先西方1700年。中国有在世界上独树一帜的中医学，在农学和中药学的基础上取得了生物学方面的一系列具有世界意义的重大成果。

古代中国人不仅创造了发达的科技文化和物质文化，而且在哲学、艺术、政治等许多领域，取得了辉煌的成就，并且和科技、物质文化一样，在很长的一个历史时期处于世界先进水平。在文学艺术领域，中国传统文化艺术丰富多彩，艺术形式应有尽有，造诣颇高。中国有神奇瑰丽的上古神话，堪与古希腊、古罗马神话相媲美；西安的兵马俑号称世界“第八奇迹”，蔚为壮观，反映了极高的雕塑艺术水平；中国的音乐、书法、绘画艺术，更是独树一帜、美不胜收，反映了中国人丰富的情感世界和中华文化的人文传统；中国的诗歌、散文、小说和戏剧，在很早的时候就达到极高的艺术水平，成为世界宝贵的文学艺术遗产；中国的园林艺术更是早入佳境，令人叹为观止。在学术领域，中国有发达的史学和治史传统，卷帙浩繁的“二十四史”，集几十代人的集体智慧，完整地记录了中华民族的历史足迹，是世界公认的历史奇观。以孔

① 即根据问题所给已知条件，列出包含所设未知数的方程的普遍方法。

子儒学为主要代表的中国哲学，包含了极高的人生智慧，闪烁着人类文明的理性之光。在典章制度方面，中国的科举制度、分权制度、监察谏议制度等，是中国古代在制度文化方面的重要创造，体现了中华文化中包含的政治智慧，并在维护中国古代社会运行机制上具有很高的效力。

总之，在几千年的历史过程中，中华民族以其伟大的智慧，进行了雄伟壮观的文化创造。中国曾经在物质文化、精神文化、制度文化、艺术文化诸领域中居于世界领先地位，使中华文化成为世界文明发展史上的主要源流之一。

中华文化自从其初创期开始，就具有开放包容、积极开拓的品格，在自身成长的同时也不断地向周边地区扩展，与其他民族文化接触、交流和融合。西汉时期，出现了中华文化发展的第一个鼎盛时期，处处体现着宏阔包容的气度和开拓进取的精神。自此以后，两千多年间，中华文化从东、南、西三个方向与外部世界展开了多方位、多层次的广泛交流，融合发展，使中华民族丰富的文化创造成为全人类文明的宝贵财富，成为全人类共享的文明成果，同时也确立了在世界文化总体格局中举足轻重的地位，并直接参与和影响了世界的历史进程。

这是中华民族对于全人类文明的伟大贡献，也是文明本身的伟大力量。

目录

第六章 典籍、教育与思想

第一章 粟与稻

中国是世界三大农业起源地之一

现代人类文明的基础是在新石器时代奠定的。从旧石器时代过渡到新石器时代的标志性事件，就是由采集食物转变为“生产”食物，开始人工驯化培育作物和动物，也就是农业的产生。“农业的发生是人类历史上划时代的重大事件。”①

这个重大事件几乎同时在世界各地发生，是在大约一万年前。人类在长期的采集狩猎生活中积累了有关动植物的丰富知识，生产手段也有很大的进步，已经为驯化野生动植物奠定了基础。根据国内外考古资料及学者们新近的研究成果，在许多距今15000—10000年之间的“中石器时代”遗址中，已经出现了农业萌芽，诸如块根作物的种植及谷物的采集和栽培。

当时世界上出现了三大独立起源的农业文明中心区：两河流域西亚农业起源中心区、中国农业起源中心区、中南美洲农业起源中心区。西亚独立起源的农作物代表主要是小麦、大麦和豆类，驯化出的动物包括山羊、绵羊和牛。在这一农业体系发展和传播的基础上，先后产生了美索不达米亚文明、尼罗河文明和印度河文明。中南美洲是玉米和南瓜等首先被栽培的地方，在它的基础上后来产生了玛雅文明和安第斯文明。在中国起源的农作物包括水稻、小米、大豆、荞麦等，驯化出的动物则是狗、猪、鸡等。农业文明的起源对以后的文明发展有着极为重要的影响。“原始农业不但为文明起源提供了物质基础，而且极大地影响以至规定着文明起源的途径和模式。”②

中国是世界上三大农业起源地之一，距今9000—7000年间，是我国原始农业文化发展的重要时期。历史学家许倬云说：“两河流域栽培

---

① 苏秉琦主编：《中国远古时代》，上海人民出版社2010年版，第4页。

② 游修龄主编：《中国农业通史（原始社会卷）》，中国农业出版社2008年版，第432页。

作物的农业与驯养家畜的历史，比目前中国考古学上最古老的农业遗存，早了至少1000年，甚至2000年。但是，东亚栽培作物，迥然不同于两河的作物，两者之间应是各自独立发生了‘农业革命’。”[①]历史学家白寿彝指出：“中国的农业以精耕细作为其特色，这在远古时代便已露其端倪。”[②]

20世纪初，苏联遗传学家瓦维洛夫首创栽培植物起源多中心学说，把中国列为世界栽培植物“八大起源中心”的第一起源中心。我国农科专家卜慕华根据古籍记载及参考国外的资料，统计出中国有史以来的主要栽培作物共有236种，其中禾谷、豆类、块根、块茎等类20种，蔬菜及调味类45种，果树53种，纤维作物11种，经济作物25种，药用植物42种，竹藤类21种，主要观赏作物19种。[③]

我国考古学家把中国又分为黄河流域和长江流域两个农业起源中心，以淮河为界，大致分为南北两大农耕系统。淮河以北以旱作农业为主，淮河以南以稻作农业为主。中国北方最古老的粮食作物是黍和粟，南方历史悠久的粮食作物是水稻。

黄河流域的粟作文化、长江流域的稻作文化各有独立的源头。中国新石器时代的粟作文化区和稻作文化区都包括了广阔的地域，包括了不同的文化区系，其农业的发生发展都具有自身的特点和相对的独立性。这些地区所种植的粟和稻未必只起源于一个地点，再由此向其他地方传播。不同区域间农业文化也有相互的传播和交流。典型的是长江流域的水稻在仰韶、龙山时期陆续传向黄河流域，粟也从北方向南方传播。

---

① 许倬云：《万古江河——中国历史文化的转折与开展》，上海文艺出版社2006年版，第37页。

② 白至德编著：《远古时代》，中国友谊出版公司2010年版，第48页。

③ 卜慕华：《我国栽培作物来源探讨》，《中国农业科学》1981年第4期。

春种一粒粟，秋收万颗子

黄河流域是最早栽培粟的地方

黄河流域是世界农业起源地之一。在黄河流域等北方地区，我国先民首先驯化栽培了粟、黍、菽和许多果树蔬菜等，成为世界上重要的栽培植物起源中心之一。

粟是欧亚大陆最古老的谷物之一，中国被公认为粟作起源中心。黄河流域是最早栽培粟和黍的地方，是“种植这两种作物的旱地农业起源的大温床”。[①]中国新石器时代遗址中出土有黍和粟的遗存的，据现有报道，共49处。[②]学者将小米的起源地圈定在三大区域：西辽河流域、太行山东麓和黄河中游，其中西辽河流域属于红山文化的分布范围。

在新石器时代，粟不仅是北方人的主要食物，也是猪、狗的主要营养来源。粟作为东亚本土驯化的作物，不仅具有重要的实用价值，而且具有崇高的精神意义。粟又称“稷”。五谷神“稷”与土地神“社”合称“社稷”，社稷是国家的象征。《尔雅翼》说：“稷为五谷之长，故陶唐之世，名农官为后稷。其祀五谷之神，与社相配，亦以稷为名。以五谷不可遍祭，祭其长以该之。”

中国北方主要新石器时代文化遗址中，河北磁山文化、内蒙古兴隆洼文化遗址都有出土粟作遗存。磁山遗址共发掘灰坑468个，发现其中88个长方形的窖穴底部堆积有粟灰，层厚为0.3至2米，有10个窖穴的粮食堆积厚2米以上。磁山遗址出土碳化粟粒估计超过10万斤，创造了考古遗址中粮食出土的奇迹。可见当时农业生产的规模已经很可观，农业已经在当时居民的经济生活中占居主要地位。

---

① 严文明：《黄河与长江：东方文明的摇篮》，苏秉琦主编：《中国远古时代》，上海人民出版社2010年版，第484页。

② 游修龄主编：《中国农业通史（原始社会卷）》，中国农业出版社2008年版，第163页。

在兴隆沟遗址，考古专家采集并浮选了1200余份土样，出土了丰富的炭化植物遗存，从中发现了黍和粟两种炭化小米遗存共计1400余粒，其中以炭化黍粒居多。该遗址出土的小米是目前欧亚大陆上所发现的具有直接测年数据的最早的小米遗存。由此可以说，在距今8000年前后的兴隆洼文化时代，小米已经成为当地人的食物之一。

另一大发现是在鱼化寨遗址。鱼化寨遗址位于陕西西安市，是一处仰韶文化村落遗址，文化堆积的年代跨度约在7000—5500年前。研究团队从遗址浮选出土了5万多粒炭化粟粒和黍粒。经过测量和统计，鱼化寨遗址出土的不同时期的小米在形态特征和尺寸大小上明显有所不同，表现出了从残留野生特性向完全栽培形态的逐渐转变。这说明，小米的驯化是一个经历了数千年的缓慢的进化过程。

根据最新研究结果，在距今8000年前后的兴隆洼文化时代，小米已经成为当地人日常食用的谷物。在不晚于距今6500年的仰韶文化时代，小米成为中国北方人口的主粮。

史前时期粟已传入东南亚和欧洲

粟在北方被驯化后即向中国南方在内的各个地方传播，是对中华文明历史进程有深远影响的重要农作物之一。

粟从我国北方向南传播，最迟在距今4000年时便到了南亚和东南亚地区。粟在中国华南、西南及东南亚的传播主要分为两大块，一是从中国西北到西南进而延伸至东南亚地区的西部块，另一块是从中国东南沿海到台湾进而延伸至东南亚地区的东部块。西部地区史前族群生产活动频繁，所以史前民族文化也具有多样性，粟在这一时期区的传播也被大多数学者看作族群不断迁徙的结果。

有学者研究认为，早期粟作在向华南、西南及东南亚传播的过程中，对于当地生产方式的变化发挥了重要作用。“伴随着这一时期农业科技文化交流的进一步密切和深入，粟类作物在东南亚的种植，无论在技术环节还是使用农具上都有了质上的发展。……这一历史时期东南亚粟等旱地作物的种植，也在某种程度上是中国传统农业思想观念对其影响的反映，从东南亚一些稻作农业遗址中，除发现水稻遗迹外，还有种类颇为繁多的旱地作物，如粟、黍、薏、芋、大麻等等的残骸；文献资料中也反映出交趾、日南各郡人民有'种谷必杂五谷'的传统，这就说明，这一历史时期的粟类作物种植，不再是一种原始意义上杂谷类型的表现，而是一定程度上是着眼于救灾备荒，实质上是中国传统荒政思想的一种微渐，即'种谷必杂五种，以备灾害'观念的反映。"①

早期黍粟也向西传播。中国、英国和美国的学者通过合作研究，揭示出黍和粟这两种小米起源于中国北部的旱作农业，后向外传播，在史前时期便已到达欧洲和印度。学者们认为，我国的小米主要是从草原通道，经过畜牧民族世世代代的接力传播，进而到达欧洲。考古人员在哈萨克斯坦东部地区发现了距今4500年前的黍籽，也就是说黍传播到中亚地区之后，继续向西传播到了高加索地区和欧洲。从黑海西岸到东欧和中欧的20多个不同地点，都发现了小米的遗迹。考古界最终确认欧洲遗址点出土的早期小米年份多在距今4000年至3500年之间。

黍粟经山东半岛或辽东半岛传入朝鲜和日本。《诗经》中提到的"貊"，"貊"又称"貉"，指"三韩之地"，即朝鲜半岛。在《孟子·告子下》中提到朝鲜的农作物："夫貉，五谷不生，惟黍生之。"这是朝鲜半岛2500年前种黍的最早文字记载。在朝鲜和日本新石器时代文化遗址中亦发现了以粟、黍为作物的"杂谷"农业文化遗存。朝鲜半岛新石器时代的农耕化过程可以分成两个类型：旱作杂谷和水田稻米农业。东山洞贝丘中发现了粟、黍和锄形石器等表明四五千年前朝鲜半岛已有了旱作农业。

① 张波、樊志民主编：《中国农业通史（战国秦汉卷）》，中国农业出版社2007年版，第363页。

日本在绳纹文化末期弥生前期已经栽培粟，粟是当时主要的粮食作物。水稻传入后，粟的地位开始下降。据日本弥生时期193个遗址出土的谷物种子分析，水稻占64.4%，麦占16.8%，稗子占5.6%，粟为4.6%，黍为1.5%。从朝鲜、日本的粟黍出土的时间来看，同中国的云南、台湾属同一时间序列。[①]西部日本的旱地农耕与中国的旱地农耕有着密切联系，大分县大石绳纹文化遗址所发现的石磨盘、石磨棒之类粮食加工工具与中国东北等地区所见者形制相似。

稻花香里说丰年

湖南发现世界上最古老的稻谷

中国长江流域下游是亚洲稻作农业的发源地。“长江下游及其附近是我国史前栽培稻的一个重要的传播中心。中国史前的稻作农业，正是从那里像波浪一样呈扇面展开，其传播所及几乎包括了我国稻作农业的全部地区。”[②]

20世纪70年代在浙江余姚河姆渡发现了距今近7000年的丰富的稻作遗存，完全可以和同时代黄河流域以裴李岗—磁山文化为代表的粟作文化相媲美。在河姆渡第四文化层，共发现400多平方米的稻谷、稻壳和稻草堆积物，其厚度在10—40厘米不等，最厚的达70厘米。这是谷物腐烂后长期自然积淀的结果，原初厚度当在1米以上。如果其中的四分之一为稻谷，换算成稻谷就是在120吨以上。

大量稻作遗存的出土，引起了国内外考古学、农学、历史学等诸多学科学者的关注。考古学家严文明综合分析了各地发现的稻作遗址年代

---

① 游修龄主编：《中国农业通史（原始社会卷）》，中国农业出版社2008年版，第167页。

② 严文明：《中国稻作农业的起源》，《农业考古》1982年第1期。

清无款《雍正耕织图·收割》。故宫博物院藏

数据和出土稻谷（米）形态特征变化，提出栽培稻起源于长江下游，在向北、向南传播过程中分化粳稻和籼稻。①

1988年，在湖南澧县彭头山出土了9000—7800年前的栽培稻。与此同时，河南舞阳贾湖遗址也出土了9000—7000年前的稻谷。1993年起，在湖南澧县八十垱、道县玉蟾岩陆续出土了炭化稻谷，后者年代可达一万年以上。②

进入21世纪后，浙江省相继发现了数量较多的新石器时代早、中

① 严文明：《中国稻作农业的起源》，《农业考古》1982年第1期。

② 湖南文物考古研究所：《湖南省考古工作五十年》，《新中国考古五十年》，文物出版社1999年版。

期遗址，年代在距今11000—8000年，代表遗址有浦江上山遗址、嵊州小黄山遗址、萧山跨湖桥，这些新石器时代早、中期遗址中都发现稻遗存。[①]2004年12月17日《科技日报》报道，湖南道县玉蟾岩出土了12000年前的5粒炭化稻谷，它们被誉为世界上最古老的稻谷。

在这些遗址中还出土了许多生产工具。河姆渡出土相当多用大型哺乳类肩胛骨制作的骨耜，被认为是稻作的工具。跨湖桥的石器磨制较好，主要是锛、斧和凿等加工木头的工具。良渚时期，不仅石器的数量增多，而且出现了石犁、耘田器和石镰等功能确凿的农耕工具。

稻作文化与“箕子走之朝鲜”说

水稻在我国推广种植后，很快传到了东亚近邻国家。

朝鲜半岛发现距今3000年以前的稻作地点20余处，早期稻作遗址在朝鲜半岛南北均有分布，如南京遗址（位于平壤市湖南洞）、欣岩里遗址、松菊里遗址等，但在南部的分布地点较北部为多。其中年代测定最早的是京畿道骊州郡欣岩里遗址，约为公元前1260年。

学术界普遍认为，朝鲜半岛的水稻农业是中国水稻农业传播的结果，河姆渡可能是它的最终源头。传播路线应是自胶东半岛至辽东半岛，再东至朝鲜。胶东半岛龙山文化时代栖霞杨家圈遗址和渤海湾青铜文化时代大嘴子、双坨子遗址出土的稻作遗存为传播提供了证据。

在稻作文化的称谓上，韩中两国也非常相近。在耕种技术上，双方所采用的“火耕水耨”、鸟田、踏耕等耕种方式也完全相同，而以拔河来祈求丰收的做法，两地也基本相同。

从年代上看，目前发现的朝鲜半岛的稻作遗存都在3000年前这个时段，估计大概和“箕子走之朝鲜”的故事有关。公元前11世纪，商纣

① 蒋乐平：《浙江浦江县上山新石器时代遗址——长江下游早期稻作文明的最新发现》，《中国社会科学院古代文明研究中心通讯》2005年第7期。

王残暴无道，太师箕子进谏规劝，反被囚禁。周武王灭商后，释放了箕子。箕子不忍看殷商王朝灭亡的惨状，遂率5000人去了朝鲜。周武王闻知箕子东走朝鲜，因封箕子为朝鲜侯。箕子在朝鲜建立国家，定都于王俭城（今平壤），因受周之封号，遂为周之藩属。

箕子率领5000人到达朝鲜半岛，实际上是一个庞大的移民集团。这个移民集团具有较高的文化水平，比如包括诗书礼乐、医巫阴阳、百工技艺等多方面的人才。这个移民集团到达朝鲜后，把先进的生产技术带到朝鲜，在生产技术和文物制度上对当地社会生活有一定帮助，“教民以礼义、田蚕、织作”。从在朝鲜平壤城南发现的“箕田”，也可看出殷商农业文明对于朝鲜的影响。

在水稻传入朝鲜的同时，伴随稻作文化而来的有段石锛、半月形石镰，它们的最早原型都出在中国东南沿海的河姆渡文化遗址。中国的一些铁制农具，如铁镰、铁锹、铁制半月刀也传到了朝鲜。

稻作文化与“徐福东渡日本”说

据考古资料表明，中国的水稻和稻作技术早在公元前6世纪春秋末期传入日本。稻作文化出现在日本从绳纹文化到弥生文化的过渡时期。

日本弥生文化的一个重要特点是从采集经济向农耕经济的转变，特别是水稻栽培的普遍推广。根据附着在陶器上的稻谷痕迹，以及从遗迹中出土的炭化米、各种农具、水田遗迹等丰富的考古材料，可以想见这一时代农耕经济已经比较发达。日本列岛的自然条件非常适宜水稻生长，温暖的气候、丰沛的雨量，以及到处都有可供开成水田的低湿的土地。

20世纪50年代以后，日本先后发掘了佐贺县宇木汲田遗址、熊本县上原遗址、大泽町遗址、长崎县井寺遗址、原山遗址、筏遗址、百花台遗址、砾石遗址、福冈县板付遗址、广岛县帝释名越岩阴遗址，出土了一些炭化谷米、稻谷、稻草及印有稻谷压痕的陶器。这些遗址都在九州岛地区，同处远古时代中日海上通路的端点，显现出中国稻作传播的轨迹。

1977年发掘的福冈县板付水田遗址，整理出水田和灌溉设施。其中有水渠、井堰、入水口和排水口等。水渠宽2米、深2米、断面呈U字形，水渠的中途筑有堰。入水口有两排木桩和木板，是用来调节水流量的。水渠与水田之间筑有宽1米、高30厘米的堤，两侧都用细长的木板和木桩加固。水田中发现大量的稻谷压痕。

1978年，考古学家发掘北九州岛福冈市绳纹文化晚期遗址，在包含夜臼式粗陶的绳纹最晚期文化层中，发现大面积水田遗构，同时伴出炭化稻谷、半成品木制农具、石镰等，其上层则是夜臼式粗陶和板付式粗陶的混合层。九州岛北部的绳纹文化晚期遗址，发现炭化谷粒、印有稻谷压痕的粗陶、收割稻子的石镰、蒸煮谷物的鬲形粗陶，绳纹文化晚期的夜臼式粗陶与弥生文化早期的板付式粗陶，在九州岛各地共存于同一文化层。

1981年在佐贺县唐津市菜烟遗址中挖掘出4块水田遗址，经测定，属绳纹文化末期、弥生文化初期。这4块水田面积在30平方米以上，田与田之间用田埂相隔，并用木板和木桩加固。1986年春在九州岛北部的佐贺县吉野里，发现了环壕聚落遗址，被日本学者称为“弥生文化的缩影”。大量出土文物，证实了弥生文化时期日本的水稻农耕技术已经进入新的发展时期。

“这种弥生式文化，很明显的是从一开始就伴有铁器，进行农耕，特别是栽培水稻，因此，不能将其看作是由绳纹式文化直接发展的结果，无疑是以某种形式受到外国文化的影响而发展起来的。……它是一种在长期闭锁的环境中，突然接受高度的外国文化时出现的异种文化的混合物，是文化发展的一种变形。”① 关于弥生文化是以中国文

① [日]坂本太郎著，汪向荣等译：《日本史概说》，商务印书馆1992年版，第16、20页。

化为推动力的见解，大体得到学术界的确认。

中国水稻栽培技术又是怎样传到日本的呢？有的学者认为是直接从中国江南一带横渡东海传入日本九州岛，进而扩大到近畿遍及全日本各地的。

日本的绳纹文化与弥生文化之交，正值中国的春秋战国至秦初，有江南人口的大规模迁徙。此时，拥有大型海船的吴越人由海路出逃，携带稻种及农耕技术抵达日本是很有可能。中国和日本的一些文献中，有关于泰伯后裔移民日本的记载，说的是在吴越地区发生过的大规模族群迁徙运动。日本学者认为，日本与吴越故地隔海相望，春秋末越王勾践灭吴后，吴姓子孙纷纷逃往海外，或“散处吴楚、闽越间”。其中也有王室幸存者逃亡到日本，此后便在日定居扎根。他们给当时落后的日本带来文明的种子，旋即树立起崇高威望，成为当地土著的首领。楚灭越及秦亡后，又有吴越居民逃亡日本。可以推断，公元前3世纪前后大举东渡的移民集团，很可能是江南的“东海外越”。他们拥有强大的船队，既有避乱迁徙的动机，又有集体越海的能力。他们将渔业农耕技术、青铜武器、航海知识带到日本，而这也正是弥生文化的精华所在。

到秦代，又有徐福东渡的传说。这是一个高层次、高水平的文化移民集团的行动。徐福是当时齐地的方士，而方士是当时社会中掌握一定科学知识和生产技术的知识分子，以徐福为代表的方士实际上就是一个文化精英团体。在他的移民集团里，有所谓“百工”，即各方面的专业人士，掌握着农业、手工业和艺术工艺等方面的专业知识。徐福东渡是在秦代末期，经过春秋战国几百年的发展，中国的生产技术、科学知识以及学术文化和艺术文化已经发展到很高的水平，其中包括农耕技术、养蚕缫丝和纺织技术、冶炼技术、造船与航海技术等等，涉及人类生产生活的各个方面。他们还带去了“百谷”即各种农作物，尤其是水稻的种子和栽培技术。

另有一种观点认为，吴越地区的稻作文化可能是先由长江下游向北传播，及于江淮平原与山东半岛，然后北越黄河到达朝鲜半岛西南部，再南下到日本九州岛。

战国时期，苦于战乱兵祸的北方齐、燕、赵等国居民纷纷避居朝鲜，有些以朝鲜半岛为中介，渡入日本，在那里定居繁衍，成为日本史学家所说的“铜铎民族”“出云民族”“天降民族”。在日本备后国（今广岛县）御调郡三原町和备前国（今冈山县东部）邑女郡山手村，曾发现先秦时代燕、赵、齐、鲁等国的货币——明刀。而在朝鲜半岛的一些地方也先后发现这样的明刀。说明在我国春秋战国时代，中国古代文化经朝鲜半岛传入日本。日本的水稻是一种适合中国北部、东北部和朝鲜地带栽培的品种，和金属文化一样，水稻品种及其栽培技术也是经过朝鲜传到北九州岛再传到日本各地的。1920年，在韩国庆尚南道金海郡的金海贝冢第7B层发现了碳化米。它的年代推测为1世纪，正当日本弥生文化中期。可见朝鲜水稻耕作在日本弥生时代就已经进行，因而水稻经朝鲜传入日本是有可能的。日本和韩国的部分学者极力主张“朝鲜间接传播说”，甚至认为朝鲜西南部是“弥生文化的故乡”。

按照美国学者魏特夫（Karl A.Wittfogel）的“东方主义”理论，稻米文明隐含着的是一种“人工”灌溉制度，这种制度反过来又要求实行严格的民事、社会和政治纪律。法国历史学家布罗代尔（Fermand Braudel，1902—1985）也说道：“对这些地区来说，接受稻米种植是获得文明证书的一个方式。”① 水稻的输入，使日本原始社会发生了划时代的变革。由于金属工具的使用和农耕经济的发展，日本的生产力有了大幅度的发展，社会结构也发生了重大变化。有日本学者指出，水稻农业这种新文化要素预示着一场“农业革命”的到来，其意义可与近代

① [法]费尔南·布罗代尔著，顾良、施康强译：《15至18世纪的物质文明、经济和资本主义》第1卷，生活·读书·新知三联书店1992年版，第168页。

的“工业革命”媲美。美国学者康拉德·托特曼（Conrad Totman）在《日本史》一书中指出：“从一开始，日本的农业社会就鲜明地受到大陆影响。那些引入了水稻种植的移民，也带来了铁和青铜工具及其他随身用具，另外则是各种程度的社群组合、社会阶层、军事技能和政治冲突，这些都远胜过绳纹社会本身所具有的。”[①]

起源于中国的稻作文化，对于日本列岛、朝鲜半岛的民族生存和文明发展起到不可估量的巨大作用。水稻不仅仅是一种植物，农耕也不仅仅是一种技术。水稻农耕作为典型的生产经济方式，取代了以狩猎、捕捞、采拾为主要形式的自然经济，由此产生的结果不仅限于生产方式的革命，而是从根本上改变了日本列岛的文化性质。有的学者认为，稻作、米的历史是与日本的历史共同开始的。稻作与米可以看做是日本历史的象征，至少是日本历史形成的一个重要组成部分。

随东亚大陆原始族群移民东南亚的稻作文化

东南亚水系纵横的地理环境以及暖热多湿的气候特征，决定在中国古代农作物文化体系中对东南亚农业发展影响最大、亦最为深远的是稻作文化。

以前由于学术界在亚洲栽培稻起源问题上多持印度说，在探讨东南亚稻作农业源起时，也往往把目光更多地投注在探寻其与印度文化之间的联系交流中。近几十年来的研究，已经确认了中国尤其是长江中下游流域的稻作起源中心这一地位。[②] 新石器晚期，以植稻为中心并具有相同特征的文化，不仅已较普遍地分布于我国南方各处，而且以这一历史时期民族迁徙和民族文化交流为背景，稻作文化也渐次渗透入东南亚地

① [美]康拉德·托特曼著，王毅译，李庆校：《日本史》，上海人民出版社2010年版，第38页。

② 严文明：《我国稻作起源研究的新进展》，《考古》1997年第9期；王象坤：《中国栽培稻起源研究的现状与展望》，《农业考古》1998年第1期。

区，甚至南洋各岛屿也开始出现了水稻的种植。如越南红河三角洲及老挝、缅甸等几处较早的稻作农业遗址，其时段即在新石器晚期，距今约5000年。

有的学者还从亚洲各地栽培稻出土时间序列、稻语言系统的联系与差异、相关文字记述、农业神话传说等资料中进一步确证了东南亚稻作农业发展与中国稻作文化之间的有机联系。① 英国东方学家霍尔（R.P.Hill）认为，外迁的汉人中，一部分向北，把水稻带到日本，更多的是向南、向西到达菲律宾的巴拉望岛、婆罗洲、苏门答腊、马来亚、泰国、越南和柬埔寨。②

稻作的传播是一种文化现象，相关于东南亚稻作与中国百越稻作之间渊源关系，内容相当广阔。诸如迄今为止，在东南亚诸多民族的农业礼仪文化中，仍不乏中国古稻作文化的因素；再如与稻作农业文化相伴生的器物文化、饮食习俗等等，都可以从不同角度佐证这一点。

“秦汉时期，伴随着南方农业技术的突破性发展，以及中国与东南亚交通往来的进一步密切，中国较为先进的稻作农业科学技术源源传入东南亚地区，深刻影响了东南亚农业发展的历史进程，不仅使得水稻逐渐发展成为最主要的粮食作物，农业也开始在一些地区成为主导性产业。”③

秦汉农业技术体系中对东南亚稻作农业发展影响最为深刻的是金属农具和牛耕的普及推广。随着战国秦汉时期金属农具及牛耕在全国范围内的推广，铁器牛耕也逐渐进入南方稻作农业技术体系。此后，金属农具和牛耕的使用也逐渐渗入了东南亚地区。这一技术体系首先在中

---

① 童恩正：《中国南方农业的起源及其特征》，《农业考古》1989年第2期。
② 游修龄主编：《中国农业通史（原始社会卷）》，中国农业出版社2008年版，第187页。
③ 张波、樊志民主编：《中国农业通史（战国秦汉卷）》，中国农业出版社2007年版，第367页。

敦煌25窟壁画，反映寺院里的农忙生活景象

南半岛北端生根发芽，尤其越南中北部地区，成为向周边地区逐渐辐射渗透的又一中心。秦汉时期铁器牛耕在东南亚的推广，提高了当地人民利用和改造自然的能力，对稻作农业区域性的拓展和农业技术的提高起了重大的促进作用。另外，在东南亚各地农业遗址中除金属农具外，还有较为大量的竹木农具的出土，其器形与金属农具颇为相似，可视为当地人民在汲取中国农具制作技术基础上，根据本地资源的一种创造。

中国传统的稻作技术体系中的农田水利技术、施肥改壤和稻作栽培技术，以及耕作制度等等，也在不同程度上促进了东南亚地区稻作农业的发展。由于稻作对水的依赖，我南方民族在长期劳作的过程中，逐渐累积和总结出了较为先进的灌溉技术，早在春秋战国时代，就已形成了相当完善的稻田灌溉系统。秦汉时期，随着人们对农田水利重要性认识的不断深化和国家统一后所提供的人力、物力基础，南方的农田水利技术又有了新的突破，出现一大批水利工程。东南亚地区河流密布，水域面积广阔，农田水利的滞后往往是制约稻作农业发展的一个重要因素。因此，学习和引进较为先进的农田灌溉技术显得尤为重要。从中南半岛北部的农田遗址发掘来看，即有类似陂塘的水利工程出现。

秦汉时期“火耕水耨”是南方稻作最常见的一种耕作方式，虽然还属一种较为粗放的经营方式，但相较于原始的水田耕作方式，已经带有若干进步的因素：利用草叶的灰烬作为天然肥料，并进行中耕除草；以粗具农田排灌设施为前提，等等。① 从考古学和民族学材料来分析，火耕水耨在东南亚也是相当的盛行。

和在朝鲜半岛、日本的情况一样，稻作文化在东南亚地区的传播，也是通过大陆向那里的移民实现的。水稻和稻作技术在东南亚的传播要远比朝鲜半岛和日本为早。上面说过，水稻传播到朝鲜半岛是在距今3000年，即商末周初，很可能与箕子走朝鲜的移民集团有关；传播到日本在公元前600年左右，即中国的春秋末期，和这一时期以及稍后的秦代大批渡海移民包括徐福东渡有关。而水稻及其栽培技术传播到东南亚地区应该在距今5000年左右，承担这一传播任务的是大批渡海南迁的早期大陆原始族群。

大约在距今5000年前，东亚大陆地区的一些原始族群开始向东南亚地区迁徙。而流经中国西南和中南半岛的伊洛瓦底江、萨尔温江、湄公河、红河等大江大河的河谷地带，成为原始族群沿江而下迁徙的自然走廊。从中国华南地区的广西、广东、福建，有陆路和海路，可以进入中南半岛的越南和东南亚海岛地区。一次又一次的移民浪潮，正是通过这些陆海线路，把大批的原始族群的移民，送到了东南亚。这些新的

---

① 梁家勉主编：《中国农业科学技术史稿》，农业出版社1989年版，第196—197页。

伊富高梯田，位于菲律宾伊富高省吕宋岛北部，被誉为“世界第八大奇迹”

移民带着原居住地的文化，适应东南亚地区的环境，逐渐成为东南亚新石器文化的主角。其中一些移民与当地的原始居民结合，形成了新的族群，共同创造了当地的文化。在东南亚地区考古发现的丰富资料，有许多文化特质与中国新石器文化有着明显的关系。

中国的梯田文化也传到了东南亚地区。在古代菲律宾，梯田文化有了高度的发展。在吕宋岛的山区，当地居民在山峦中开出层层梯田。每层梯田之间以石垒砌，高者达15.24米。梯田引山水灌溉，种植水稻，耕作方式与中国无异。在这些梯田中，以伊夫高族在巴纳韦地区所开辟的规模最大，面积近400平方公里，被称为世界最大工程之一。

第二章

风靡世界的『三大物产』

驼铃古道丝绸路

嫘祖养蚕缫丝的传说

丝绸以其美轮美奂的色彩和风情万种的姿韵，被称为“东方绚丽的朝霞”，是飘扬在世界大地的“金丝带”。

桑蚕丝绸是中国文化的一项最伟大发明，是中华文明的特征之一。中国是世界上最早饲养家蚕和缫丝制绢的国家，长期以来曾经是从事这种手工业的唯一的国家。或许可以认为，丝绸是中国对于世界物质文化最大的一项贡献。历史学家和考古学家夏鼐曾说：“我们只有充分了解我国古代丝绸生产所达到的技术水平，才能认识当时我国丝绸在世界的影响，也才能认识古代横贯亚洲大陆的‘丝绸之路’的重要意义。”[①]

中国人养蚕、缫丝和织绸，可能在新石器时代就已经开始了。传说中黄帝的后妃嫘祖发现桑树上蚕吐的丝柔软细长，可以用来编成织物遮体御寒。于是，她教导人民把蚕养起来，缫丝织绸，以制衣裳。这个传说的本质意义在于把丝绸的起源追溯到和中国文明起源的诸要素一样遥远而古老，是中华文化发生期所创造的文化成果之一。或者说，丝绸的起源实际上是与中华文明的起源同步的，丝绸的发明是中华文化形成期的一项重要内容，具有与青铜器、玉器同等重要的意义。钱穆在《中国文化史导论》中指出，铜器、陶器、丝织（衣）和木器（车）四项，“为中国古代工艺亦即美术上最重要的四项”，也许我们不妨称为“远古的四大发明”。钱穆在指出蚕桑与丝织是“在中国工业上发明最早的”技术的同时，还申述了它的文化意义，他说：据古史传说，在很早的古代，中国人衣服上已有刺绣，分绘日、月、星、山、龙等物体，借以为政治上贵贱等级之分辨。此亦中国工艺美术，一切都自然归附到人生实用并寓有伦理教化方面的意味之一证。[②]

① 夏鼐：《我国古代蚕桑、丝、绸的历史》，《考古》1972年第2期。
② 钱穆：《中国文化史导论》，上海三联书店1988年版，第64—65页。

据现代考古发掘的结果，一般认为丝织物开始出现于中国东南地区的良渚文化时期，这时的中国先民已经成功地驯化了野生桑蚕，使其成为可以饲养的家蚕，并利用蚕所吐的丝作为原料，织造丝绸之物。1977年在浙江河姆渡新石器遗址考古发掘证明，距今7000年前，河姆渡先民对生产蚕丝已有认识；4700年前，浙江吴兴钱山漾一带，已能生产丝绸。到商代，中国丝织物便已达到很高的水平。当时除了平织的绢以外，已经有了经线显花的单色绮和多彩的刺绣。夏鼐在《我国古代蚕桑、丝、绸的历史》一文中说，我国古代发明蚕丝生产技术的确切年代，目前虽然还无法确定，但至迟在殷商时代，我国劳动人民已充分利用蚕丝的优点，并且改进了织机，发明了提花装置，能够用蚕丝织成精美的丝绸。《诗经》中有不少桑事织衣的诗篇，这是中国中原地区丝织发达、分布之广的一个记录。

湖南长沙马王堆汉墓出土的茱萸纹绣绢（局部）。湖南省博物馆藏

由于生产机具的改进和生产技术的提高，提升了生产效率，汉代丝织业有了相当大的发展，生产规模很大，花色品种繁多，产品数量也很大。汉朝在长安设少府，其下有东西织室，设织室令，管理丝织生产；在地方也设有专门管理织造的机构。《汉书·禹贡传》说

仅齐地就有“作工各数千人，一岁费数巨万”。民间从事丝织生产的人也相当多。丝绸生产是人民生活的重要组成部分，凡宜蚕之地，每家每户均树桑养蚕，并以绢作为赋税。在长沙马王堆西汉古墓出土的素纱禅衣，长3尺7寸，重量不到1两，其工艺之精巧，轰动世界。湖北江陵楚墓中出土的大量丝织品，更被誉为“世界丝绸宝库”。

到了唐代，丝织业有了更大规模的发展。无论官营或私营的丝织业都很发达，产品种类也非常多。少府监所属织染署所领织纴十作，内有八作：绢、絁、纱、绫、罗、锦、绮、䌷。唐代的丝织品品种繁多，质地优良，产地遍布全国，尤以关东、巴蜀及吴越地区为盛。

功满王将蚕种带到日本

精美绝伦的各色丝绸，为人们提供了舒适的衣料和优美的装饰物，丰富了人们的日常生活。所以，中国丝绸传播到任何地方，都受到热烈的欢迎，特别是成为海外各国上层社会的奢侈品，风靡一时。丝绸是中国最早大宗出口的一种货物，而且直到明清时代，一直是向海外输出量最大的并且是最受欢迎的中华物产之一。在漫长的历史时期内，在经销的数量之大、范围之广、持续时间之长久和影响之深远方面，世界上的任何一种产品没有能与中国丝绸相比。

唐张萱《捣练图》。美国波士顿美术馆藏

中国的丝绸及养蚕制丝技术在中朝交通之初就已经传到了朝鲜。箕子到朝鲜时，可能就带去了养蚕制丝技术。比较可以确信的是，丝绸传入朝鲜的时间约在西周至战国之际，丝绸生产技术也几乎同时传入。到汉朝时，在朝鲜北方设郡置县，大量中原移民到朝鲜，促进了朝鲜半岛的开发与发展，养蚕制丝业作为重要的经济门类也会有很大发展。而且，还传播到半岛南方的三韩地区。《后汉书·东夷传》说辰韩“土地肥美，宜五谷，知蚕桑，作缣布”，“马韩人知田蚕，作绵布”。

但朝鲜的养蚕制丝和丝绸织造业的发展，则是在8世纪新罗统一之后。新罗设有官营的朝霞房（专织朝霞绸）、染宫、红典、苏芳典、攒（扎）染典、漂典、锦典、绮（缟）典、机概典等丝绸生产专业工场，其生产的品种有朝霞绸、鱼牙绸、野草罗、乘天罗、小文绫、二色绫、纱、絁等。装饰手法有染缬、刺绣、金银泥、金银丝、孔雀羽等，染色色彩亦十分丰富，其中如红花染、扎染和夹缬、锦绫织、金银泥等均来自中国。[①]

在早期的中日交往中，就有丝绸以各种不同的方式传入到日本。以

① 赵丰：《古代中朝丝绸文化的交流》，《海交史研究》1997年第2期。

后历代不断有大量中国丝绸输入日本。特别是唐代，中日交通频繁，通过遣唐使以及留学生、学问僧等人员携带回去的，以及唐日之间的民间贸易中，都有大量丝绸制品传入日本。当时流传到日本的唐锦非常多，正仓院和法隆寺等一些地方至今还珍藏着大量唐代丝绸产品。据说日本奈良正仓院珍藏的染织珍宝，超过了10万件，如果再加上法隆寺收藏的丝织物，可以囊括古代的各类丝绸。

日本的养蚕制丝业和丝绸制造业是在中国移民的直接参与下发展起来的。早先徐福东渡携带“百工”，其中必然有养蚕制丝和织造丝绸的工匠。所以，中国的养蚕制丝技术早在徐福东渡时就应该传入了日本。据日本史料记载，仲哀天皇八年（199），有一位名叫功满王的中国人，把蚕种从朝鲜半岛的百济传到日本。到3世纪的时候，有许多中原汉族人移民到日本，其中有一族称为“秦人”。养蚕和制丝业是秦人主要从事的职业之一。秦人抵日本后，分住畿内各地，从事养蚕制丝业。从此，中国的养蚕和制丝技术在日本得到广为传播，使日本的丝织业有了较快的发展。

雄略天皇七年（463），日本派人到百济招募汉人工匠（“新汉人”）。这次来日本的汉人中有专门从事丝织的“锦部”。雄略天皇十二年（468），日本派人去南朝刘宋王朝请求支援技工，刘宋朝廷派遣了汉织、吴织、兄媛、弟媛等工匠赴日本。中国织、缝工匠的到来，促进了日本衣缝工艺的发展，日后飞鸟衣缝部、伊势衣缝部就是在此基础上形成的。大阪府池田市的“染殿井”和西宫市的“染殿池”，都是汉织、吴织来日本传授丝织技术的传说地。池田市还建有汉织姬、吴织姬的伊居太神社和吴服神社，秦山上还有一棵“晒绢松”。

由于历代不断有中国移民和工匠的加入，日本丝织业自3世纪后半期开始不断发展。到了8世纪以后的飞鸟、奈良时代达到繁荣，绯襟、薄物、阿波绢、常陆绸、博多织、兜罗绒等优良特产陆续出现。现藏于正仓院中一些三重经平组织鸟兽联珠纹锦，是日本国因循中国传统织

宝花纹花毡。日本奈良正仓院藏

法制成的西域风的纹锦。日本学者松本包夫《日本的美术——正仓院的染织》中，编入近百幅正仓院染织图，融合了中国的图纹精华，唯有色彩上相当日本化，色彩以赤地、紫地、缥地、绿地等色为主。《延喜式》中载有各种织物用料、染色配方，均可说明中国的丝绸技术对其启蒙的影响。

到室町时代，日本还在引进先进的中国织锦技术，并在临近京都的一座寺院里设立绛丝织机生产，应用在和服腰带的织造上。其后在桃山时代，有中国织工到日本传入片金的织金锦技术，织品设计更为大胆丰富，仿刺绣效果的织锦大为风行。

中国文化对日本人的服饰和纺织技术的发展有着重大影响。在中日交通之初，日本人的服装还是很粗陋的，不知裁缝技艺。由于大量中国移民进入日本，如前文提到的秦人、汉人，以及汉织、吴织、兄媛、弟媛等，使日本的养蚕、丝绸业很快地发展起来，生产出丰富多彩的中国南方式样的美丽纺织品，日本人的服装大为改进。同时，由于中国文化的刺激，大和朝廷也想要在日本实现汉人所说的“衣冠之邦”，以至于雄略天皇在遗诏中把“朝野衣冠，未得鲜丽”作为未竟之理想而表示遗憾。

“丝绸之路”名称的由来

丝绸的大量外销，不仅具有经济贸易交流的意义，而且具有很重要的文化意义。在许多情况下，正是由于丝绸贸易，促进了中外交通的开辟，促进了中华文化向海外的传播。如果没有丝绸和丝绸贸易，恐怕就很难说有那条横贯欧亚大陆的“丝绸之路”，中西文化交流、中华文化的西传，恐怕要向后推迟许多世纪。

早在商代就有丝织物成批地外销。到周代，穆王西征时，带有精美的丝织物作为礼品送与西王母。这是中国丝绸西传最早的有文字记载的事项。历史学家方豪指出：“在公元前5世纪时，中国之缯或已越帕米尔，而至印度、波斯。及亚历山大大王东征以后，乃又经叙利亚人手，输入欧洲。”[①]这一判断不断为考古发现的资料所证实。在西域的广大区域内，包括现在新疆地区和帕米尔以西的区域内，陆续出土了大量的从春秋战国一直到汉晋时代的丝绸制品。

汉代以降，丝绸之路开辟，为中国丝绸的大量西传创造了交通的便利条件，中原王朝与西域诸国交聘不断，往来频繁，各民族商旅不绝于途，把中国精美的丝绸制品源源不断地运往西域，并由那里再转运到以西更远的地方。

在汉代，中国丝绸的西传，主要通过三种渠道，即中国朝廷作为礼品向西域各民族的赠赐、中国朝廷与西域各民族的以物易物贸易，以及奔走在丝绸之路上的商人的活动。汉代运丝的商队通常由政府官办，称为使节，实际上是官办的贸易队伍。汉朝每年都派出成批使团随带大量缯帛前去贸易。中国商队最远曾到达地中海东部地区。波斯和叙利亚的商队也由此东行，进入葱岭，至新疆境内交换货物，尤其是成批转运从内地西运的丝绸。

古希腊雅典陶壶上穿着丝绸服装的人。此图取自黄时鉴主编《插图解说中西关系史年表》，浙江人民出版社1994年版

① 方豪：《中西交通史》上卷，上海人民出版社2008年版，第48页。

中国丝绸最早是什么时候传到西方的呢？有一则消息说，1993年，奥地利考古学家和科学家对埃及第二十一王朝（前1070—前945）法老佣人墓中的一具女性木乃伊身上的织物进行研究之后指出，埃及在公元前1000年已开始使用丝绸。那时埃及使用的丝绸无疑来自中国。

另据美国《全国地理》杂志1980年3月号报道，德国考古学家在德国南部斯图加特的霍杜夫村，发掘出一个公元前500多年的古墓，发现墓中人体骨骼上有中国丝绸衣服的残片。[①]这一信息说明，中国丝绸在那个时候已经到达了欧洲的腹地。此外，在卢森堡的公元前6—前5世纪的墓葬中，人们也发现了几块丝绸的碎片。

在古希腊时代，地中海边上的希腊城邦与东方的中国，相距十分遥远，很难通达信息。所以，在那个时代，希腊人很少有可能获知远方中国的情况。我们也没有可靠的证据说明中国丝绸已经运抵希腊各城邦。但是，我们在古希腊女神的雕像中，在绘画和其他雕塑艺术作品中，却若隐若现地看到中国丝绸飘忽的影子。许多考古资料已经证明，早在公元前5世纪中国丝绸已经越过阿尔泰山，来到了中亚地区，那么，也有可能沿着那时已经开辟的草原之路，由希腊人称之为斯基泰人的商队将中国丝绸运抵希腊，成为素以爱美著称的希腊人所喜爱的一种珍贵的衣料。

有文献记载的罗马人第一次接触到丝绸是在公元前53年。当时罗马“三头政治”之一的执政官克拉苏（Marcus Licinius Crassus Dives，前115—前53），在就任叙利亚行省总督不久就匆忙率军远征帕提亚（即安息）。在卡莱尔，罗马军团与安息人发生大战。日当正午，交战正酣，安息人突然展开鲜艳夺目、令人眼花缭乱的军人旗。由于这些军旗耀眼刺目，再加上罗马人本来就疲惫不堪，所以他们很快就全线崩溃，安息人大获全胜。这就是历史上有名的卡莱尔战役。那些在

① 杜石然等：《中国科学技术史稿》上册，科学出版社1982年版，第229页。

关键时刻扰乱罗马军心的彩色军旗，就是用中国丝绸制作的。可见丝绸在那时已为安息人广为应用。这是有记载的罗马人第一次见到中国丝绸。

此后不久，丝绸很快就为罗马人所熟悉。据说著名的罗马统治者、与克拉苏同为“三头政治”之一的恺撒（Gaius Julius Caesar，前100—前44）曾穿着绸袍出现在剧场，引起轰动，甚至被认为奢侈至极。据说恺撒还曾用过丝质的遮阳伞。

汉代以后，中西交通大开，丝绸西运数量大增，其远达古罗马帝国。德国地理学家李希霍芬（Ferdinand von Richthofen，1833—1905）创造“丝绸之路”这个名词，就是为了强调这条路的开辟主要是为着运输中国丝绸到罗马帝国去。罗马城中的多斯克斯区（Vicus Tuscus）有专售中国丝绸的市场。中国丝绸风行于罗马宫廷和上层社会。几百年中，元老院的议员一向以能穿中国丝袍为荣。

1世纪初坎帕尼亚壁画上穿丝服的罗马妇女。此图取自沈福伟《中西文化交流史》，上海人民出版社2017年版

丝绸最初输入罗马时，“几

乎是一种无价之宝”，[①]还只是少数贵族享用的奢侈品，但过了不久，就在全帝国风行开来。在意大利南部的巴布利遗址曾出土过罗马时代丝绸。在2世纪时，丝绸在罗马帝国极西的海岛伦敦，风行程度甚至“也不下于中国的洛阳”。5世纪以后，罗马境内出土的利用中国丝在叙利亚和埃及织造的丝织物就更多了。

到东罗马帝国时期，这种奢靡之风有增无减。“拜占庭—罗马时代需要丝绸，既是为了显示它对色彩的强烈和日新月异的热爱，也是为了服务于成为其社会形式的特点的那种神圣的和繁文缛节的盛大辉煌。随着时间的推移，丝绸的使用越来越普及到社会下层。”[②]这时的地中海沿岸居民对远东奢侈品所形成的嗜好，远甚于罗马时代流行的风尚。

基督教在成为罗马帝国国教以后，经济势力逐渐强大。教会盛行以丝绸装饰教堂、制作教士法衣，以丝绸裹尸体下葬，成为丝绸、香料等东方奢侈品的重要消费者。

中国丝绸的输入，给罗马世界带来了不可估量的影响。丝绸在罗马的风行，正好适应了当时罗马帝国席卷全社会的奢靡之风。或者还可以说，来自远方的中国丝绸，参与创造了罗马的浮华、奢侈、追求时髦的社会风尚。当时罗马人只知道丝绸来自遥远的“赛里斯”，但是，“赛里斯”在哪里？那里的人们又是什么样？就只有一些荒诞不经或道听途说的想象和传闻。这就更增强了丝绸的神秘性。在人们心中，丝绸享有了一个神奇东方人所有的内涵。丝绸成了罗马人对于异邦想象的文化载体。

---

① [法]布尔努瓦著，耿昇译：《丝绸之路》，山东画报出版社2001年版，第28页。

② [英]G・F・赫德逊著，王遵仲等译，何兆武校：《欧洲与中国》，中华书局1995年版，第86、87页。

中国丝绸深得欧洲贵妇们的欢心

在罗马时代的中国丝绸风行之后，这种热潮并没有随着罗马帝国的崩溃而烟消云散，恰恰相反，在漫长的中西贸易中，直到19世纪以前，中国丝绸一直是主要的出口商品。即使是在欧洲已经发展起自己的养蚕制丝和丝绸织造产业以后，中国的丝绸依然在中西贸易中担当着不可替代的主角地位。

16世纪以后，中国丝绸对于欧洲的出口，由于葡萄牙、西班牙、荷兰的商船直航，不再通过陆路和海路上的各种中间商环节，而直接销售到欧洲市场。所以，这个时期开始一直持续3个世纪的中欧直航贸易，输入欧洲的丝绸总量大大超过了以往的任何时代。到广州的外国商船，丝货是采购的大宗货物之一。

16—18世纪，丝绸在中西贸易中成为大宗货品，因而得以推广，成为社会的普遍需要。中国丝织品因其明亮的色彩、异国情调的纹样和相

法国里昂出产的菠萝纹图案，仿中国锦缎

对低廉的价格，受到欧洲上层社会妇女们的欢迎，成为她们的主要服饰之一。特别是中国丝绸有一个独特的地方，即行走时衣裙摩擦会发出轻轻的丝鸣。在当时欧洲的社交场合，这种丝鸣声是上流社会妇女展示魅力的一个重要手段。在这个时代，"富人抛弃金银线挖花的呢绒织物，转而爱好丝绸。后者逐渐传播，在一定程度上得到普及，并成为某种社会身份的标志"。[①]这个时代的欧洲对于中国丝绸的需求远远超过以前的时代，各种丝织品，比如服装、地毯、挂毯、窗帘、床罩等等一起输入欧洲。

在路易十四时代的法国，宫廷男女服饰都以刺绣、褶裥、蝴蝶结装饰，贵妇人的高跟鞋面有些也是以中国丝绸、织锦为面料，上面绣有各种精美的图案。伦敦的贵妇人把中国丝绸服装视为时髦。这些服装往往绣着象征吉祥如意的麒麟、龙凤等图案，古典华贵，深得贵妇们的欢心。有些妇女喜欢穿着中国刺绣的服装，披着中国刺绣的披肩、围巾，口袋里装着有中国刺绣的手帕，甚至请中国刺绣工匠绣制丝绸名片。

18世纪中期以后，中国的丝绸披肩风靡欧洲，色彩以白色和艳色为主，每年欧洲的进口量高达8万多条，其中法国就占了四分之一的份额。

起初流行的是中国的手绘丝织品，到1673年，中国花样渐趋"平民化"，已经有了印花丝织品，以代替高价的手绘丝织品。鉴于这种绘制或印花的丝织品的消费越来越广，法国的一些丝织厂纷纷仿效，专造各款绘花或印花的丝织品，再加上中国的商标，以满足人们的嗜好。

① [法]费尔南·布罗代尔著，顾良、施康强译：《15至18世纪的物质文明、经济和资本主义》第2卷，生活·读书·新知三联书店1993年版，第174页。

“东国公主传入蚕种”的故事

关于养蚕缫丝技术的西传，有一则关于蚕种传入于阗的故事。汉代于阗（今新疆的和田）瞿萨旦那王欲至东方访求蚕桑种，东国王不许。瞿萨旦那王乃向东国公主求婚，并遣使告公主，说于阗“素无丝锦桑蚕之种”，不能以衣服馈送。公主知国法禁携桑蚕出境，便私藏桑种于帽中，带至于阗，于阗始有蚕丝。《大唐西域记》卷十二“瞿萨旦那国”记载了这件事。

敦煌莫高窟藏经洞出土的吐蕃文《于阗国授记》也记载了这一类似的传说，别的情节差不多，只多了一段波折：当中国公主把蚕种带到于阗，并在当地培养了一些蚕之后，中国大臣想从中破坏，告诉于阗国王，说蚕会变成毒蛇。国王居然听信了这一谗言，把蚕室放火烧了，幸亏公主抢出一些蚕，以后又用此蚕丝制成衣服，穿在身上，并把详情告诉国王，国王方大悔。此事还见于正史。《新唐书・西域传》就有相似的记载。

这个故事还可以通过考古资料得到印证。英国探险家斯坦因（Marc Aurel stein，1862—1943）曾在新疆丹丹乌里克遗址剥下并带走了几幅壁画，其中有一幅就是《东国公主传入蚕种》。这幅壁画是约8世纪的作品，上面描绘着中国公主戴着一顶大帽子，一个侍女正用手指着它。研究者认为，这幅画所画的就是那位传播养蚕制丝方法的“丝绸女神”。

《东国公主传入蚕种》木板画，新疆丹丹乌里克遗址出土。英国伦敦大英博物馆藏

青海都兰唐墓出土粟特锦对鸟纹小孩服饰。美国克利夫兰博物馆藏

关于“东国公主传入蚕种”的故事，为中原的养蚕制丝技术传入西域提供了一个线索。上文说的于阗“东国”，研究者认为可能是鄯善国。鄯善国在汉代时已有桑的栽培，鄯善王是汉朝的外甥，先有蚕桑极有可能。东汉明帝时，匈奴大军兵临于阗，迫使于阗每年缴纳罽絮。絮即敝绵，说明1世纪初于阗已经知道栽桑养蚕。于阗初传桑蚕时还不能缫丝织帛。比较谨慎的看法是认为，至迟在3世纪的汉晋时期，于阗出现蚕桑是有可能的。有学者估计，这个“丝绸公主”的故事应该发生在公元220年左右，由此扩及西域其他国家，再向西方扩展。①

养蚕制丝技术传到西域后，丝绸织造业在各地都发展起来。5世纪时，天山以南高昌、龟兹、疏勒都能纺织丝锦了。在中国史籍中，有高昌“宜蚕”的明确记载。在高昌出土的考古发掘中，有大量精美的丝织物。花色品种多样，有精美绝伦的织锦，有红地团花纹、彩条纹、龟背“王”字纹、对鸡对兽“同”字纹、棋纹，也有连珠天马骑士纹、鹿纹、双人、猪头、小连珠对鸭纹等图案。在织造技术上，不仅有经线显花，也有纬线显花。华丽的织锦，除了大量来自中原而外，不少系本地产品或西方的产品。

① 侯家驹：《中国经济史》上册，新星出版社2010年版，第359页。

在中亚地区的粟特人生活的地区，也有丝绸的生产。丝织业是粟特地区的重要手工业，昭武九姓中的安国是丝绸的重要产区，撒马尔罕发展成为世界丝织品生产中心之一和最重要的丝绸集散地。在唐代，粟特织锦已经十分有名。粟特人的康国所产的赞丹尼奇锦运销范围北达挪威，南至拜占庭，西达波斯。

波斯5、6世纪即以产绫锦闻名

前文已有所述，在5—6世纪塔里木盆地已普遍有蚕桑的生产，与中亚各地有着密切的交往，所以养蚕制丝技术很可能由此继续西传，直接传入中亚的费尔干纳和波斯。波斯以墨桑养蚕，取得成功，之后又纺织锦绮。

至少5世纪时，中国的养蚕缫丝技术就已经传入波斯，此时波斯已拥有自己的丝织业了。波斯语中的Vala是一种丝织品，这个字出于汉语的“幡”，是精细的罗纱。波斯语中的nax是一种双面绒，也指锦缎。还有研究古于阗文的学者介绍，波斯语中蚕茧的“茧”字，很可能源于于阗文。“波斯文里有pile一词，意作‘茧’，维吾尔语中有pile或pille，意作‘茧’，这些作茧字解的词，都可能和于阗语的bira有关，可能源于于阗语。”[①]这说明波斯开始有家蚕饲养，很可能是通过于阗传进蚕种。

波斯在5、6世纪就以产绫锦闻名，《魏书》《隋书》等多次提到波斯出产绫锦。玄奘《大唐西域记》里也说：波斯“工织大锦”。从出土实物看，还有纯丝或毛、麻混纺等，以织造精美、色彩绚丽著称。波斯锦主要有两个特点：一是织造技术上采用斜纹组织和纬线起花；二是其花纹图案独具风格，以联珠动物纹最为典型。萨珊王朝的艺术发展最精

① 殷晴：《丝绸之路与西域经济——十二世纪前新疆开发史稿》，中华书局2007年版，第174页。

彩的就是丝织品，色彩和图样十分丰富。

中国的丝绸织造技术还传到了阿拉伯地区，西亚的报达、谷尔只、毛夕里、忽鲁谟斯等，也都发展成为重要的丝绸产区或集散地。《马可·波罗游记》中记载西亚地区的丝织业发展情况，说“报达城纺织丝绸金锦，种类甚多”；谷尔只“其地多城堡，产丝甚富。制种种金锦丝绸，极丽”；突厥蛮州（在小亚细亚）“制造世界极美极富之各色丝绸，所制甚多”；毛夕里国“此地之一切金锦同丝绸名曰毛夕里纱，有许多名曰毛夕里商之商人，从此国输出香料、布匹、金锦丝绸无算”；帖必力思城“制作种种金丝织物，方法各别，价高而奇丽也”；耶恩德大城“居民制作丝织物名曰耶思的（yazdi），由商人运赴各地，贩卖牟利”。

大食“蕃锦”包括重锦、百花锦、碧黄锦、兜罗锦等，在唐代中期以后，颇为中原所瞩目。唐宋曾一再有大食人进献中原的记载。明代的《诸蕃志》还记载芦眉国，“有四万户织锦为业。地产绞绡、金字越诺布、间金间丝织锦绮”，说明当地丝织业的繁荣景象。

东罗马“丝绸皇帝”引入养蚕制丝说

虽然丝绸在罗马流行了几百年，但罗马人还是不知道丝绸生产的秘密，而且也不知道它到底来自何方。罗马与中国的丝绸贸易一直被波斯人所控制和垄断。528年，东罗马与波斯之间发生战事，使中国丝绸运销欧洲暂时受阻。从经济的角度看，这场战争主要的原因就是争夺对丝绸贸易的控制权。这场战争使波斯中断了丝绸贸易，拜占庭丝织业陷于危机。

从此以后，东罗马决定努力寻求自己生产蚕丝的办法，以摆脱受制于波斯的被动地位。“面对城市里没有丝绸的可怕前景，拜占庭的天才们应运而出，解决了这个重大的经济难题。他们的办法是把蚕卵从喀什噶尔偷运出来，把养蚕技术引进欧洲。”[1]

养蚕制丝技术传入到欧洲，起源于一个波澜起伏的故事。据罗马历史学家普罗柯比（Procopius，约500—565）的《哥特战纪》记载，552年，有几位印度僧侣向东罗马皇帝查士丁尼一世（Justinan the Great，527—565在位）建议在他的国家里自行产丝，并把蚕子带到拜占庭，教会东罗马人饲养蚕。

另据8世纪拜占庭史学家泰奥法纳（Theophane de Byzance）所述，蚕卵是一位波斯人传入拜占庭的。这位波斯人来自赛里斯，他把蚕卵藏在竹杖中离开赛里斯，并将之一直携至拜占庭，在那里孵化成蚕。泰奥法纳还说，查士丁尼一世皇帝曾向突厥人传授过有关蚕虫的诞生和丝茧的工序问题，突厥人对此感到惊讶不已。

从上述普罗柯比和泰奥法纳的记载中可以得知，是印度人或波斯

身穿丝袍的查士丁尼一世及其随从，圣威塔尔教堂的镶嵌画，创作于547年

① [英]G·F·赫德逊著，王遵仲等译，何兆武校：《欧洲与中国》，中华书局1995年版，第77页。

人在6世纪时将蚕卵和养蚕技术直接从中国传至拜占庭的。不管是印度人还是波斯人，英国汉学家G・F・赫德逊（G. F. Hudson，1903—1974）说他们“正如同普罗米修斯从天上偷来了火种那样”。[①]于是，拜占庭也继波斯之后而能养蚕缫丝，并且首次使用西方生长的蚕所吐的丝做纺织丝绸的原料了。

法国汉学家布尔努瓦（Lucette Boulnois）指出：“地中海沿岸的气候适宜养桑业，桑种在那里正常而茁壮地成长。由于拜占庭政府有了桑蚕，各种能工巧匠也不乏其人，所以它手中就真正掌握了一张巨型王牌。从此，它既可以用自己的丝绸来争夺西方市场，还可以挫败波斯人的竞争，又可以为国库积累大量资金以支付讨伐蒙昧民族战争的费用。”[②]而查士丁尼一世因其在推动东罗马帝国养蚕业的发展，被称为“丝绸皇帝”，人们认为是他把养蚕、种桑、缫丝机织绸技术引进了拜占庭，并使东罗马帝国依靠丝绸生产发了财。中国的养蚕制丝技术从此传播到

拜占庭丝织物残片，约5-6世纪。此图取自黄时鉴主编《插图解说中西关系史年表》，浙江人民出版社1994年版

① [英]G・F・赫德逊著，王遵仲等译，何兆武校：《欧洲与中国》，中华书局1995年版，第95页。

② [法]布尔努瓦著，耿昇译：《丝绸之路》，山东画报出版社2001年版，第156页。

欧洲和阿拉伯地区。

在查士丁尼一世的推动下，拜占庭的养蚕业首先在叙利亚发展起来，那里长期以来便集中了许多原来进行加工来自中国的丝绸和生丝的纺织厂家，到了6世纪末，本地生产的蚕丝似乎能够满足这些厂家对原料的需求了。9—10世纪，拜占庭的丝绸生产达到极盛。君士坦丁堡不仅是世界性的丝绸贸易市场，也是重要的丝织业重镇，生产和出售猩红呢料、五色丝绒和各种高档丝绸。其后亚历山大城和迦太基纳（Carthagéne）起而仿效，纷纷建立丝绸作坊。在埃及安蒂诺埃（Antinoë）的一座墓葬里发掘出了4世纪的一块丝绸残片，这是至今人们所知道的在罗马帝国领土上制造出来的最古老的丝绸。

7世纪，当时的世界，东起日本，西到欧洲，西南到印度，均有丝绸生产，空间分布很广，基本上奠定了今天蚕丝产区的格局。而从中国开始发明养蚕制丝和织造丝绸，到这个时候已经有了将近4000年的历史。

且将新火试新茶

《茶经》：世界第一部茶叶专著

中国是世界上最早发现茶树和利用茶树的国家，是世界茶文化的发祥地。

中国的西南地区是茶树的原产地。古代文献记载表明，我们的祖先在3000年前已开始栽培和利用茶树，云南地区有世界上年龄最长的野生古茶树。茶的起源肯定还早得多。不过，在当时并没有把茶作为饮料，而是当作一种药材使用的，如"神农尝万草，口遇七十二毒，得荼而解之"。这里的"荼"就是指"茶"。早期的"荼"泛指诸类苦味野生植物性食物原料。

人们在生活实践中逐渐认识到了茶叶独有的特性，色味清香，去暑解渴，兴奋减眠等。到西汉时，茶已作为一种商品在市场上出售。两晋时期，江南一带，“做席竟下饮”，文人士大夫间流行饮茶，民间亦有饮茶。南北朝时期，帝王公卿、文人道流，茶风更浓。到唐代，茶树的种植已遍及南方各省，并且已研制出20多个品种。今安徽省祁门县和浙江省湖州市，已成为当时著名的产茶地区。唐开元之前，饮茶仅限于南方，进入中唐以后，北方饮茶风起，在全国逐渐盛行起来。“滂时浸俗，盛于国朝”；“田闾之间，嗜好尤切”。举凡王公朝士、三教九流、士农工商，无不饮茶。茶于人如同米、盐一样不可缺少，对于田间农家，尤其嗜好。

8世纪，唐代学者陆羽总结前人的经验，著《茶经》一部，对茶树的栽培、加工方法及茶的源流、饮法乃至茶具等均作了详尽的论述，是世界上最早关于茶的专著，是世界上第一部关于茶叶的百科全书。《茶经》的问世，推动了全国的饮茶习俗的流行。

在饮茶史上，有“兴于唐而盛于宋”之说。自宋代始，茶就成为开门“七件事”之一。饮茶之风渗透到了百姓的日常生活。全国茶叶产区又有所扩大，各地精制的名茶繁多，茶叶产量也有增加。宋代的制茶方法也出现改变，给饮茶方式带来了深远影响。

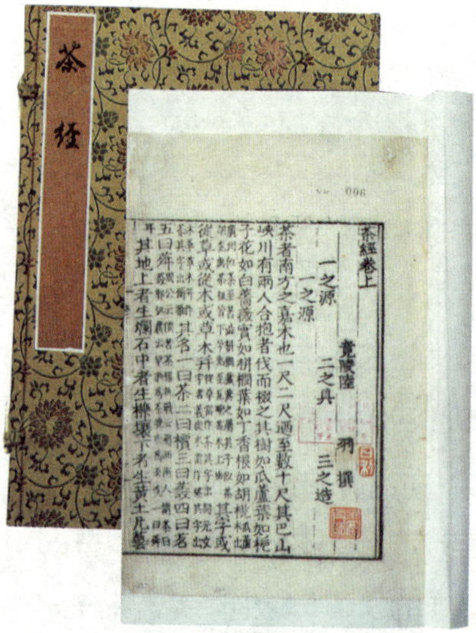

《茶经》书影

中国悠久的制茶历史和饮茶传统形成了灿烂的茶文化。在我国，茶被誉为“国饮”。“文人七件宝，琴棋书画诗酒茶”，“茶通六艺”，是我国传统文化艺术的载体。西晋文士杜毓为茶作赋，把茶、酒、瓷器相提并论，视为人们日常生活的用品。茶生于名山秀川之

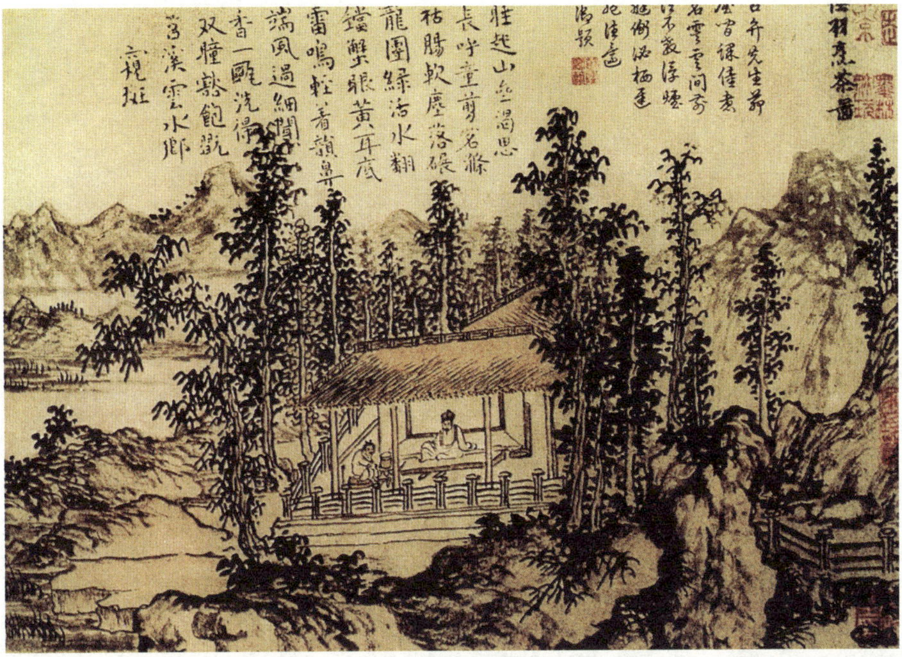

元赵原《陆羽烹茶图》。台北故宫博物院藏

南宋刘松年《撵茶图》。台北故宫博物院藏

间，人们从饮茶中与山水自然结为一体，茶的自然属性与中国古老文化的精华渗透和融合，使得茶的精神内涵为众人接受，形成了系统而又完整的中国茶文化。

一枝庵：朝鲜近代茶礼发祥地

中国的饮茶习俗和茶叶种植技术很早就传到朝鲜半岛。在高句丽时已有饮茶习俗，并且作为招待客人的重要方式。在唐代，有许多新罗的留学生和学问僧到中国学习，他们都有可能接触和了解中国人的饮茶习俗，并在回国时将茶和茶籽带回新罗。《三国史记·新罗本纪》载："茶自善德王有之。"新罗善德女王于632至647年在位。由此可知，新罗开始有饮茶不会晚于7世纪中叶。

新罗饮茶始兴于9世纪初的兴德王时期。据《三国史记》记载，新罗兴德王三年（828），新罗国遣唐使金大廉入唐期间，曾获得一些茶籽带回国，这是茶叶传入朝鲜的最早记载。《三国史记·新罗本纪》说，新罗使者金大廉，于唐土得茶籽，植于地理山。地理山即今之庆尚南道的智异山，至今那里仍是韩国有名的茶园。韩国学者金在生认为，金大廉当年所获得的茶籽原产地是中国浙江天台山，栽种在朝鲜智异山双溪寺附近，后广为栽种，使得今全罗南道、全罗北道和庆尚南道交接的智异山成为韩国优质的名茶产区。

高丽王朝时期是朝鲜半岛茶文化和陶瓷文化兴盛的时代。这一时期的入华高丽僧人也把中国的茶文化带回高丽。高丽王族高僧义天元丰八年（1085）自明州入宋，在华期间大量搜集经书，深受"茶禅一味"的影响，归国后成为高丽佛教天台宗与禅茶祖师。高丽的茶道——"茶礼"就是在这个时期形成，并普及于王室、官员、僧道、百姓中的。每年两大节日"燃灯会"和"八关会"必行茶礼。朝廷的其他各种仪式中也都行茶礼。

高丽以佛教为国教，佛教气氛隆盛。中国禅宗茶礼传入高丽后成为高丽佛教茶礼的主流。中国唐代怀海禅师制订的《百丈清规》、宋代的《禅苑清规》、元代的《敕修百丈清规》和《禅林备用清规》等传到高丽，高丽的僧人遂效仿中国禅门清规中的茶礼，建立了高丽的佛教茶礼。如流传至今的“八正禅茶礼”，它以茶礼为中心，以茶艺为辅助形式。

李朝时期，朝鲜茶文化通过吸收、消化中国茶文化之后，进入稳定的发展时期，饮茶之风更为盛行。始于新罗统一、兴于高丽时期的韩国茶礼，随着茶礼器具及技艺化的发展，形式被固定下来，更趋完备。朝鲜朝晚期，有丁若镛、崔怡、金正喜、草衣大师等的热心维持，茶文化再度兴盛。

草衣禅师张意恂（1786—1866）通过40年的茶生活，领悟了禅的玄妙和茶道的精神，著有《东茶颂》和《茶神传》，成为朝鲜茶道精神的总结者，被人们尊崇为朝鲜的“茶圣”。他还在山里建造了一座草屋“一枝庵”，专门用来招待客人喝茶品茗。后世“一枝庵”成了朝鲜近代茶礼的发祥地，受到后世茶人的普遍景仰。后来朝鲜的茶礼归结为“清、敬、和、乐”或“和、敬、俭、真”四个字。

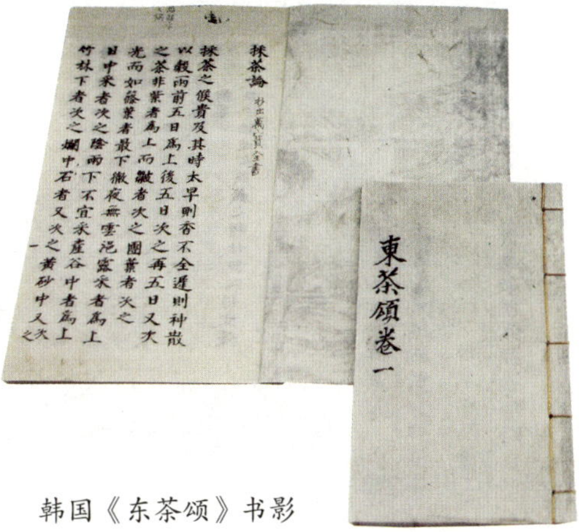

韩国《东茶颂》书影

“日本陆羽”荣西

中国的饮茶之风是唐代传入日本的。在这时，有许多日本的使臣、留学生和学问僧陆续来到中国，有的还在中国居留很长时间，与中国人朝夕相处，耳闻目染，也接触到茶叶和饮茶习俗。特别是在寺院里，饮茶已经成为一种很普遍的活动。所以，在中国寺院留学的日本学问僧们在回国时，就把中国的茶叶和茶文化也带了回去。

对发展日本种茶和饮茶风俗有重大贡献的，是入唐学问僧永忠、空海和最澄。经过他们的介绍，嵯峨天皇大力推广饮茶种茶。在宫廷中，有专门的女官负责采茶、煎茶等事，程序十分考究。嵯峨天皇还写了好几首有关茶的汉诗，其中给空海的诗中说："香茶酌罢日云暮，稽首伤离望云烟。"他还在给皇太弟即后来的淳仁天皇的一首诗中写道："萧然幽兴处，院里满茶烟。"可见茶在当时已逐渐成为欣赏的对象。

由于嵯峨天皇和朝廷的提倡，在当时的日本宫廷贵族和寺院中，饮茶成风，为一时时尚。"9世纪初，茶作为一种先进的精神文化的载体从中国传入日本，所以日本的上层人士一开始就以特别珍重的态度来对待茶。"[①]这一时期的茶文化，是以嵯峨天皇、永忠、最澄、空海为主体，以弘仁年间（810—824）为中心而展开的，这一段时间构成了日本古代茶文化的黄金时代，学术界称之为"弘仁茶风"。到平安时代晚期，饮茶的主要场所由皇亲贵族的殿堂移至寺院。寺院是文化的传播站，是贵族文人交际聚会的场所。

宋时浙江的天台山饮茶之风盛行。天台山上的国清寺是中国佛教天台宗的发源地，也是日本天台宗的祖庭。寺中僧人崇尚饮茶，并且在寺院周围植茶极盛，国清寺内制订"茶礼"，并设"茶堂"，选派"茶头"，专承茶事活动，种茶饮茶是僧人的必修课之一。日本入宋僧成寻、荣西、道元等人都曾在天台山参禅学法，所以也对天台山的饮茶文化耳闻目染。

荣西（1141—1215）曾两次到中国求法。荣西不仅拜师、参禅修行，还亲身体验了宋代吃茶风俗，对茶的药效深有感受。绍熙二年（1191），西荣归国时，带回一些茶种，他将茶籽播种在九州平户岛上的富春院后山上，至今那里仍留有一小块茶园，立有"荣西禅师遗迹之茶园"字样的石碑。同年荣西又在离平户不远的东背振山的灵仙寺种植

---

① 滕军：《中日茶文化交流史》，人民出版社2004年版，第38页。

茶，不久繁衍了一山，出现了名为“石上苑”的茶园。至今在其废墟上仍留有茶园，并有石碑注明“日本最初之茶树栽培地”。1195年，荣西又在博多创建圣福寺，并在寺内植茶。至今寺内仍留有茶园。

《吃茶养生记》为荣西晚年所作，其得力于他在天台山万年寺获得的制茶、饮茶的体验。据《吾妻镜》记载，建保二年（1214），将军源实朝因夜里饮酒过量感到周身不适，众人奔走操劳但无济于事。这时，正值荣西做法事来到将军府，得知这一消息后，立即派人从寿福寺取来茶，为将军点了一碗。将军饮后感到酒意驱散，精神爽快。将军问荣西：“此为何物？”荣西答曰：“茶。”同时向将军献上“所誉茶德之书”一卷。“所誉茶德之书”大概就是他撰写的《吃茶养生记》。

荣西积极地宣传、推广种茶和吃茶，输入中国茶、茶具和点茶法，茶又风靡了僧界、贵族、武士阶级而及于平民，茶园不断扩充，名产地不断增加。荣西奠定了现今日本茶道的基础，因此被誉为“日本陆羽”“日本茶祖”。而这位日本茶祖传播茶文化的根基正是天台山及其

明庵荣西坐像，镰仓时代13—14世纪。日本神奈川寿福寺藏

日本京都建仁寺为纪念荣西带回茶叶推广的功绩而立的茶碑

寺院茶风。

由于荣西等人的大力提倡，饮茶的风气先是流行于禅僧之间，后来逐渐普及到民间。这个时期日本的植茶也大大发展起来，兴起了以种茶和制瓷为主要内容的“茶业”。到镰仓后期，茶园的面积急剧增加，由寺院的茶园，逐渐往四周拓展，从寺院的自给自足，进而作为商品，广泛栽培，从而形成了许多名产茶区。

随着饮茶风习日盛，在日本禅僧和武士中逐渐形成和流行所谓“唐式茶会”。唐式茶会就是很多人会集喝茶，兼作种种余兴，也是一种聚会、游乐和消遣的形式。在茶会前冠以“唐式”二字，表示具有显著的中国趣味和禅宗风趣。“茶会的内容颇有中国趣味、禅宗风趣，因此，可能是最初由元僧从元朝传来日本，只流行在禅林中，不久便在与禅宗关系最深的武士社会中流行起来。”①而唐式茶会的流行，使得日本的食物的烹调、住宅的建筑、室内的装饰，以至庭院的建筑艺术、戏剧等都受到很大的影响。

唐式茶会的流行，对日本人的食物结构也产生了很大影响。茶会中有一道程式是吃点心。“点心”原是禅家的用语，就是在两次饭食之间为了安定心神所进的轻微食品。茶会上用的点心品种十分丰富，主要包括各种羹汤、饼类、面类和水果。这些中国风味的食品，由到过中国的禅僧们传回日本，先是在禅林僧侣中普及，后来由僧侣传给武士，又从武士传到平民之中。由禅僧们传入日本的中国式食品和烹饪法，包括馒头、纳豆（即豆豉）、酱油、麸、豆腐、飞龙头（油炸豆腐块，当中充实切碎的胡萝卜等物）、汤叶（即豆腐皮）、蒟蒻（魔芋豆腐）、建长寺汁（亦称纤卷汤）等等。日本人自古以大米及其他谷物为主食，从室町时代起才开始吃面食，与禅宗文化和唐式茶会的影响有直接关系。

① ［日］木宫泰彦著，胡锡年译：《日中文化交流史》，商务印书馆1980年版，第503页。

日本江户时代茶会图

15世纪中叶，日本僧人村田珠光将来自中国的饮茶风习，发展成为“茶道”。村田珠光（1423—1502）是日本著名禅师一休大师的弟子。他取各种茶会之长，按照禅宗寺院简单朴实、沉稳寂静的饮茶方式，制定了“茶法”，并简化当时茶室的规划，改在小房间举行茶会，茶室陈设也崇尚幽雅简朴，茶道所用茶具均为日本自造的陶瓷器。这个方式被称为“草庵茶道”。“草庵茶道”成为一种沏茶、品茶的庄重仪式，茶的民间化、茶与禅的结合、贵族茶与民间茶的结合，是茶道形成的三大关键性工作，通过村田珠光的一生实践得以完成，因而他被称为“茶道宗祖”。

后来，有“茶圣”之称的千利休（1522—1591）集茶道之大成，把茶道从单纯的风俗习惯，提高到艺术、哲理的境界，对茶道的发展作出重大的贡献。他主张茶道是毕生修养的方法，规定了茶道的方式和要求，从而使茶道体现出日本民族的文化风格。茶道讲究“和、敬、清、寂”，是具有独特审美价值的日本文化精品，也可以说是禅宗日本化之后结出的清香典雅的艺术奇葩。

这样，由中国传去的饮茶风习，就发展成为一种具有独特日本风格的生活艺术，成为日本传统文化的组成部分。

绿色黄金：茶叶帝国

大约在1606年，第一批茶叶运到荷兰。这被认为是茶叶第一次作为商品进口到欧洲。荷兰东印度公司的档案里有一封信，是该公司的职员威克汉（R.Wickham）于1615年6月27日在日本写给在澳门的同僚伊顿（Eaton）的，他在信中要“一包最醇正的茶叶”。这是荷兰有关茶的最早记录。到1637年的时候，茶叶已经被大规模地进口了。①

在整个17世纪和18世纪初，荷兰是欧洲国家中最大的茶叶贩运国和茶叶经销商，几乎独占长达80年之久的茶叶贸易。1651—1652年，阿姆斯特丹举办茶叶拍卖活动，使茶叶成为独立商品。阿姆斯特丹也因此成为欧洲的茶叶供应中心。

欧洲饮茶风在18世纪已很盛行。茶叶贸易的巨大利润吸引欧洲国家竞相加入茶叶贸易的行列。英国东印度公司是当时世界上最强大的跨国公司，从18世纪开始支配了世界的茶叶贸易。17世纪的时候，英国的茶叶进口量还不大。1664年，英国东印度公司下了第一笔关于茶叶的订单，从爪哇运回100磅中国茶叶。而到了1678年，增长到4713磅。以后逐年大幅度增长，在18世纪70年代，英国每年合法茶叶贸易量是400万—500万磅，每年走私茶叶的总量大约在400万—750万磅。在1790—1800年这10年间，英国东印度公司从中国进口的茶叶总量为2.89亿磅。到了19世纪，英国的茶叶进口量又有了惊人的增长。1830年是3000万磅，在1879年则上升到1.36亿磅。

英国东印度公司依靠茶叶得到了迅速的发展。在它的全盛时期，它掌握着中国茶叶贸易的专卖权，操纵着茶叶买卖，限制茶叶输入英国的数量，控制着茶叶的价格，垄断了茶叶的国际市场。英国东印度公司不仅造就了世界上最大的茶叶专卖制度，也是茶叶宣传最早的原动力。

---

① [法]亨利·柯蒂埃著，唐玉森译，钱林森校：《18世纪法国视野里的中国》，上海书店出版社2006年版，第19—20页。

宣传的结果是，促成了英国的饮料革命，使英国人放弃咖啡而变成嗜好饮茶。

通过茶叶贸易，英国东印度公司以及后来的各大商行赚取了巨额利润，英国政府也从中获得了巨额税收。茶叶进口税成为英国财政收入很重要的一部分。在英国东印度公司垄断的最后几年，茶叶带给英国国库的税收年均达到330万镑，占国库总收入的十分之一左右。因此，茶叶被称为“绿色黄金”，茶叶贸易“开始了欧洲贸易史的新篇章”。

进口到各东印度公司所在国的茶叶，并非仅限于其本土的消费，还要流通到西北欧国家乃至它们在美洲的殖民地，因此，在有的城市里，形成了一定规模的国际茶叶市场。伦敦是全世界最大的茶叶消费与专卖市场，从1679年开始举行茶叶拍卖，直到1998年6月29日举行最后一次拍卖，伦敦的茶叶拍卖市场共计存在了319年。

穿越中国南海的英国东印度公司商船

法国历史学家布罗代尔认为，在工业成为“资本主义”的理想活动场所之前，远程贸易以其高利润率和集中性等特点，成为资本主义“自己的家”。因此，正是香料、胡椒、咖啡、茶叶等在人类经济生活中显得微不足道的“小”东西，为欧洲资本主义、全球贸易和经济体系的早期发展奠定了基础。中国人发现和生产的茶叶，就这样参与了早期资本主义发展的进程，参与了近代西方文明发展的历史。

茶叶改变了欧洲人的生活

持续了3个多世纪的茶叶贸易，把数量巨大的中国茶叶运抵欧洲，为那些从事这种远程贸易的欧洲各国东印度公司以及其他商人创造了超额的巨大利润，积累了前所未有的财富。

但是，从事这种远程贸易，需满足两个条件，首先是在中国有巨大的货源，同时还要有广泛的市场需求，即茶叶要成为深入到欧洲人日常生活中一种普遍的消费需求。饮茶，不仅仅是消费一种饮料，而且成为一种生活方式，成为一种普遍流行的民间文化。从这个意义上说，近代西方大规模的茶叶贸易，正是中华文化传播的一种特殊方式和渠道。然而正如布罗代尔所说的：“茶传入欧洲的过程既漫长又艰难：必须输入茶叶、茶壶、瓷质茶杯，然后引入对这一异国饮料的嗜好。”①

在欧洲最早开始饮茶的是荷兰人，时间大约是在17世纪初。茶叶在欧洲最初不是被当作饮料，而是被视为药物放在药店出售，药师会在茶叶中加上珍贵药材，例如糖、姜、香料，成为当时的成药。茶的价格也相当昂贵。到17世纪后半期，茶叶已经成为荷兰食品杂货店中的商品，而且不论富人或是穷人，都可以随时买得到，也买得起，因而流行起来了。很多人家专辟茶室品茗啜茶，将此当作一种高尚的消遣。

① [法]费尔南·布罗代尔著，顾良、施康强译：《15至18世纪的物质文明、经济和资本主义》第1卷，生活·读书·新知三联书店1993年版，第291页。

荷兰开始流行饮茶之后不久，这种饮料就传到了邻国。在法国，1650年，当时法国宫廷的首席大臣马扎林主教（Cardinal Mazarin）开始养成了饮茶的习惯，于是，饮茶在法国变得流行起来。路易十四从1665年开始喝茶，他以为喝茶有助于痛风的病情，更有趣的是，他听说中国人和日本人从来不曾罹患心脏病。

几经宣传和实践，激发了法国人对中国茶的向往和追求，使法国饮茶从皇室贵族和有闲阶层中，逐渐普及到民间，成为人们日常生活和社交不可或缺的一部分。有人评论说，中国茶叶在巴黎所受的欢迎程度，就好比西班牙人爱好巧克力的情况一样。

在欧洲最为流行饮茶的是英国。前文指出，从事茶叶贸易最突出的是英国东印度公司，他们控制了全球茶叶贸易的形势，从中获取了空前的高额利润。也正是因为东印度公司的大力宣传和推广，饮茶习俗在英国广泛流行开来，甚至创造了“下午茶”这种独特的英国茶文化。

英国流行饮茶与查理二世国王的凯瑟琳王妃有很大关系。凯瑟琳（Catherine of Braganza，1638—1705）是西班牙国王胡安四世的女儿，1662年，她嫁给了查理二世。在她带来的嫁妆中，有一箱茶叶。她使饮茶成为英国宫廷的时尚，在宫廷里举行茶会，不久饮茶习惯又从宫廷传播到了整个英国上流社会。

17世纪后期以后，饮茶习俗已经在英国社会各阶层中普遍流行了。到了18世纪，伦敦的咖啡馆实际上成了茶馆。据说在1700年的时候，伦敦就有超过500家的咖啡店卖茶。在18世纪上半叶，伦敦大约有2500家咖啡馆卖茶和提供饮茶服务。茶叶成为英国全民共饮的大众饮料。

饮茶习俗的形成也带动了中国瓷器的流行。当饮茶成为一种时尚的时候，饮茶所用的瓷器也就成了一种时尚的必需品。当时的一位英国作家描绘说，中国的瓷制茶具成了“每一位时髦女士的必须之收藏”。“下午茶”的出现更促进了人们在茶具上的追求和爱好。无论是穷人还是富人，他们都想要至少一套精美的瓷器茶具。

18世纪以后，在英国的任何家庭，“无论是在家里还是在家外，茶叶都已成为英国人生活方式的一部分”。[①]饮茶成为英国社会中一种根深蒂固的生活习惯。饮茶已经不仅仅是上层社会的雅好，而且成为普通百姓的日常生活的一部分。“全城的人都最喜爱喝红茶，不论人们是穿的衣衫褴褛还是光鲜艳丽，都喜欢这美味的饮品，不管他们的阶层差异，他们都会因为生活中有红茶而幸福快乐。”[②]

不仅如此，茶叶对于提高和改变人的身体素质还起到了重要的作用。很多学者指出，在17、18世纪生活和医疗水平提高有限的情况下，英国人的身体素质的提高和传染病死亡人数的减少，与养成良好的饮茶习惯有莫大关系，甚至可以说是一个至关重要的因素。有的学者研究指出，饮茶的普及还使英国的文明程度显著提升，甚至改变了英国人的民族性格。英国人在知道饮茶之前，少数上层人家可以享用咖啡、可可等饮料，多数人主要饮用杜松子酒、啤酒等，经常饮用这些带酒精的饮料，使许多男人养成了好斗的性格，举止粗鲁。习惯饮茶之后，英国人的性格气质逐渐从好战、寻衅转变为较为温和、较少的暴力倾向，养成彬彬君子之风，即绅士风度。饮茶还改变了英国人的生活节奏和饮食结构。原来中上等人家早餐要吃很多的肉和啤酒，而今改变为吃少量的肉，伴之以面包、糕点和热饮，尤其是茶；以前晚餐较早，而今加入了富有诗意和民族特色的“下午茶”（下午四五点钟），晚饭一般推迟到了七八点钟。

英国贵族赋予茶以优雅的形象及丰富华美的品饮方式，“下午茶”更被视为社交的入门、时尚的象征，是英国人招待朋友、开办沙龙的最佳形式。特别是对于女士来说，更是她们日常生活中不可缺少的部分。

① [英]罗伊·莫克塞姆著，毕小青译：《茶：嗜好、开拓与帝国》，生活·读书·新知三联书店2010年版，第189页。

② [英]简·佩蒂格鲁著，邵立荣译：《茶设计》，山东画报出版社2013年版，第122页。

饮茶成为英国人日常生活中不可缺少的内容。此图取自［英］休·昂纳著，刘爱英、秦红译《中国风：遗失在西方800年的中国元素》，北京大学出版社2017年版

“下午茶”的发展也受到了英国传统文化的影响，在以严谨的礼仪要求著称的英国，“下午茶”逐渐产生了各式各样的礼节要求与习惯，并成为英国上流社会中每日必不可少的环节之一。英国学者艾伦·麦克法兰（Alan Macfarlane）在其专著《绿金：茶叶帝国》中指出，英国“下午茶”发展成为一种类似日本茶道的仪式，并成为本民族的生活习惯和文化的不可分割的一部分。他认为，对茶叶的礼赞怎么高也不过分，甚至可以说“茶叶改变了一切”。

英国人将中国茶树移植印度

欧洲人在大量引进中国茶叶的同时，也开始考虑引进茶树和茶种，希望移植这种植物。但是，中国茶树的移植是一个历史漫长并且是由多数人参与的过程。

瑞典植物学家林奈（Carl von Linne，1707—1778）的学生奥斯贝克（Pehr Osbeck，1723—1805）于1750年作为瑞典东印度公司商船随船牧师前往中国，在中国逗留期间，他广泛考察了中国的植物，其中包括对茶叶及茶树的考察研究。奥斯贝克在其所著《中国和东印度群岛旅行记》中对中国的茶叶生产和制作作了比较详细的介绍。在此之前，已经有许多传教士及其他旅行者对中国的茶叶做过介绍，但都是集中在介绍中国人的饮茶习惯和喝茶的功效方面，还没有人注意到茶叶的采摘、制作乃至包装运输的全过程。奥斯贝克则更侧重在这些以前不为人所注意的方面。他说，茶叶根据不同的生长地有许多不同的名字，制作的方法也不尽相同。奥斯贝克在中国收集到一棵茶树，但却在回程的途中丢失了。

1763年，林奈获得了一棵茶树，这是欧洲的第一棵茶树。来华的传教士们也参与了引进茶树的过程，因为他们可以深入中国内地，直接从茶农手里购买茶种。李明（Louis le Comte，1655—1728）、殷弘绪明（d'Entrecolles，1662—1741）、利安国（Laureati，1666—1727）都曾应邀向法国寄送过茶种。

1793年，英国使臣马戛尔尼勋爵（George Macartney，1737—1806）访问北京，回国时，被允许带走一些茶种和茶树。1816年，阿美士德勋爵（William Pitt Amherst，1773—1857）带领一个使团到北京，也带回了一些茶树和茶种。

1827年，荷兰人雅各布松（Jacobson）移居雅加达，从中国携带回茶种和15名茶叶种植专家，在爪哇开辟了茶叶种植园。从1835年起，爪哇首次装200箱茶叶外销。

1834年，英国成立茶叶委员会，负责调查引进中国茶树和茶树种子的可能性，并在印度选择适合种植中国茶树的地区，开展试验性种植。他们派委员会的一位成员戈登（C.J.Gordon）到中国收集茶树和茶种，招募茶叶种植和加工的专家。戈登则从中国送回8万颗种子，它们在加尔各答的植物园发了芽。戈登多次到中国来，在以后许多年，大量的中国茶种被戈登和其他人送往印度。一些中国的制茶工匠也来到印度加工茶叶。

1848年，英国东印度公司派遣植物标本采集专家罗伯特·福琼（Robert Fortune，1812—1890）到中国寻找优良的茶树品种。福琼的中国行对把中国的植茶技术引入印度起到了重要的作用。福琼先后四次到中国，到了中国的很多地方，如徽州、婺源、余姚、宁波、金塘等地，考察茶叶生产，寻找最优良的茶树品种和各种植物。他对所到之处的气候、土壤、植物以及茶叶的采摘和加工都做了详细的记录。1851年2月，他往印度送回了20000株茶树样本、17公斤茶种、17000株茶树幼苗，用4条不同的船运送，以确保至少有一些能够安全到达。他还招募了8名有经验的茶叶专家，购买了大量的茶叶加工设备。这些茶树被成功地移栽在印度的种植园里，并由那些中国种茶专家生产出优质的茶叶。从此在印度种茶获得成功。

英国殖民者在印度建立茶园后，又在锡兰建立了茶园。1841年，莫里斯·沃尔姆（Maurice Worms）从中国引入茶树苗，将布塞拉瓦（Poussellawa）附近的庞大种植园改造成为茶叶种植园，从而改变了锡兰的经济结构。

以后茶叶又陆续被移栽到其他地区，开始在世界上的许多地方栽种茶树和生产茶叶。

陶舍重重倚岸开，舟帆日日蔽江来

瓷器的诞生

瓷器是中国人的伟大发明，是中华文化发展历史进程中产生的最重要的物质文化成果之一。从瓷器的发明，以及在千余年的发展进程中，处处体现着由中华文化所孕育的中国人的创造智慧和开拓精神。

各民族在其文化产生的初期，都发展着具有各自特色的陶器，但瓷器是在中国出现的特产，是中华民族的一项重要的创造。瓷器是由高岭土、长石和石英等作为原料，经过混合、成形和烧制等步骤而制成的成品。瓷器的发明，凝聚着中华民族的智慧和探索精神。瓷器的烧成需要较高的温度，要有设计周密、保温条件好的窑炉，还要有燃烧强度很高的燃料；烧制瓷器还要善于拣选瓷土原料和掌握釉的配制技术。这些原理是由中国人首先掌握和发现的。

瓷器的发展有一个由低到高、由简到繁的发展过程。到东汉时代，出现了完全意义上所说的瓷器，正式拉开了中国瓷器生产的“大幕”。

据专家考证，青瓷最早产于浙江的绍兴、上虞一带；白瓷据现有资料证实，最早是北齐武平六年（575）范粹墓出土的一批白瓷。早期瓷器以青瓷为主，隋唐时代，发展成青瓷、白瓷等以单色釉为主的两大瓷系。唐代瓷器的改进，标志着瓷器已从陶器中分化出来，成为独立的手工业部门。当时瓷窑几乎遍布全国各地，北起河北、陕西，南至广东、福建、江西，到处都有瓷窑。五代时瓷器制作工艺有很大提高，南瓷系统以越窑“秘色瓷器”著名，吴越国贡品秘色瓷成为当时的佳品。周世宗在北方郑州还特设了柴窑，传说世宗要求柴窑生产瓷器“薄如纸、明如镜、声如磬，雨过天青云破处，这般颜色作将来”。宋代瓷器以各色单彩釉为特长，釉面能作冰裂纹，并能烧制窑变色及两面彩、釉里青、釉里红等。宋代的瓷器可以说在形态、色彩、纹理乃至光亮的表现上都达到了科学技术与工艺美术的高峰。宋代“五大名窑”定窑、汝窑、官窑、哥窑、钧窑，正是其中杰出的代表。景德镇因宋景德年间（1004—1007）为宫廷生产瓷器而得名，所制瓷器质尚薄，色白如玉，善做玲珑花。北宋乃至

北宋汝窑青瓷盘。台北故宫博物院藏

明代，景德镇瓷器成为瓷业的中心，各种釉色和彩绘瓷器不断有所创新。元代瓷器盛行印花瓷及五彩戗金。明代流行白底青花瓷，青瓷有“影青”，瓷质极薄，暗雕龙花，表里可以映见，花纹微现青色。又有霁红瓷，以瓷色如雨后霁色而得名。清代生产彩瓷，图样新颖，瓷色华贵，以珐琅瓷、粉彩杰出，又有天青釉，仿五代柴窑瓷色，还有霁红瓷和霁青瓷等。

作为一种物质文化成果，瓷器是古代中国人贡献给人类的一项伟大发明，体现着中华民族的创造智慧和科技水平。同时，它又是一种综合的艺术，成为许多文化形式的物质载体，体现着中华文化的精神蕴涵和艺术意境，体现着中国人对美的感受、趣味和创意。

因此，当瓷器大量外销，传播到世界各地的时候，不仅给各国人民提供了一种方便适宜的生活用具，而且也向他们展示了中华文化的风采和光辉。正如美国学者罗伯特·芬雷（Robert Finlay）所指出的：“一千多年之间，瓷器是全世界最受喜爱、韵羡，也是最被广泛模仿的产品。从公元7世纪瓷器发明问世以来，它始终居于文化交流的核心。在欧亚大陆，瓷器是一大物质媒介，跨越遥远的距离，促成艺术象征、主题、图案的同化与传布。”①

走向世界的外销瓷

瓷器的外销大约是在唐代开始的。至迟从9世纪下半期，我国的瓷器就已输出国外。起初也许还不是有意识地向海外开拓市场，也有可能是作为唐王朝赠送给各国的礼品，但却为以后中国瓷器的大量外销开了先路。

瓷器作为一种新型的生活日用品一经出现在世界上，即引起各国人民

---

① [美]罗伯特·芬雷著，郑明萱译：《青花瓷的故事》，台北猫头鹰出版公司2011年版，第21页。

的兴趣与惊异。唐代来华的各国使臣、游客和商人把它们作为极其珍贵的宝物带回去，从此唐代瓷器在国际上扩大了影响和市场。来往于东西方海路的各国商船和经过丝绸之路的陆上商队，都把瓷器作为一宗珍稀商品运销各地。“唐代越窑青瓷、邢窑白瓷、唐三彩是最早销往海外的陶瓷器，晚唐、五代时湖南长沙窑为适应外销需求迅速崛起，北方定窑也随着邢窑的衰落而逐渐兴起。根据国外考古资料证实，越窑青瓷、定窑白瓷及长沙窑瓷器，是晚唐、五代时期我国瓷器外销的主要品种。”[①]

宋元时代是我国外销瓷最旺盛的时期之一。由于海外贸易的发达，瓷器在宋代大量外销，成为宋代中国出口物产中的大宗产品。有元一代，中外交通大开，海外贸易兴盛发达，元代瓷器的外销大大超过了宋代。元代输出的瓷器主要是东南沿海地区瓷窑烧制的，除浙江龙泉窑青瓷、江西景德镇的青白瓷外，浙江、福建地区大量瓷窑烧造的仿龙泉瓷与青白瓷器也占有很大比重。元代后期，景德镇青花瓷器也输往海外。这种新产品在14世纪已首先用来满足国外的需要。

“碗礁一号”出水的景德镇青花瓷器。福州博物馆藏

古陶瓷学家叶喆民指出：“元代陶瓷器的大量输出，在沟通中外文化方面也起到了一定促进作用：不仅传播了我国的陶瓷装饰艺术，而且对外国的民俗习惯也有所影响。例如在信奉伊斯兰教的中西亚地区，人们将青花瓷奉若神器，他们相信青花瓷有预防食物中毒的功能，若食物中放有毒药青花瓷就会改变颜色……在东南亚地区青花瓷也是人们用来作为随葬的主要物

① 叶喆民：《中国陶瓷史》，生活·读书·新知三联书店2006年版，第215页。

品，在墓葬中常常成套出土，可见国外人们对青花瓷的崇拜程度。”①

明代是中国瓷器对外输出的一个高潮时期。明代早期瓷器大量输出与郑和下西洋的远航有很大关系。郑和下西洋历次采办物资中，瓷器是不可缺少的出口货，其中尤以青花瓷为重。据记载，郑和第七次出航时，宫廷向景德镇派烧44万多件瓷器，烧造工作多由宦官监领。据随同郑和出航的费信所著《星槎胜览》和马欢所著《瀛涯胜览》记载，当时中国的青瓷和青花瓷器在国外很受欢迎，郑和船队与许多国家的贸易，都是以瓷器交易。据现代考古发掘证明，凡是郑和船队所到国家，都有清初青花瓷或残片出土。中国瓷器随着郑和下西洋的舟帆所及，几乎行销南亚、东南亚的广大地区。自郑和下西洋之后，海外陶瓷贸易达到了一个新的高度。

明代中期以后，特别是成化、正德至嘉靖年间，我国民间的海外贸易有了很大发展，瓷器的外销数量也随之扩大。有不少外国商人到中国收购、订中国瓷器，而且数量都非常巨大。

清代前期，中国瓷器已风行世界各地，国外对中国瓷器的需求量十

清代外销瓷，道光广彩蟠桃盛宴椭圆形大盘。广州博物馆藏

① 叶喆民：《中国陶瓷史》，生活·读书·新知三联书店2006年版，第472—473页。

分巨大。当时外销瓷的主要市场有朝鲜、日本、东南亚诸国和欧洲。从16初世纪开始，欧洲各国掀起了大规模的远洋贸易，直到18世纪前期，欧洲的英、法、荷兰、丹麦、瑞典等国被允许在广州设置贸易机构，使中国瓷器在欧洲的销售量达到历史上的高峰。持续了3个世纪的欧洲各国东印度公司的瓷器贸易，把数以亿计的巨量中国瓷器源源不断地销往欧洲各国，对欧洲人的日常生活和艺术风格产生了深远的影响。

从磁州窑到绘高丽

中国瓷器很早就传入了朝鲜。目前发现实物较早的是在韩国忠清南道出土的晋代天鸡壶、四系壶等越窑瓷器。①在韩国还曾发现唐代长沙窑的青釉褐彩贴花壶，壶上有“卞家小口，天下有名”字样，是典型的长沙窑器物。②

宋代中朝之间的民间贸易十分发达，宋商到高丽进行贸易多携带瓷器。在海州所属的龙媒岛、开城附近及江原道的春川邑等地区都有宋代瓷器出土，其中有不少名窑的瓷器精品，如磁州窑白地黑花瓶、耀州窑刻花注碗、临汝窑印花碗、龙泉窑碗、青釉刻花蓖划纹碗及景德镇青白瓷等窑瓷器，其中以青白瓷数量较多。③

唐三彩传入朝鲜后，对当地的制陶业产生了很大影响，因而出现了“新罗三彩”。“据传新罗三彩是被请到新罗首都的唐朝工匠指导新罗匠人制作的，因此在其风格上更多地融入了本民族的特色。”④

韩国学者郑良谟指出：“到9世纪初，晚唐的陶瓷及其技术通过海路大量地传入韩国西海岸一代及南海岸的局部地区。”“最晚在9世纪后期左右

① 李毅华、陈定荣：《越窑青瓷与人类文明》，《中国古陶瓷研究》第3辑，紫禁城出版社1990年版，第31页。

② 中国硅酸盐学会：《中国陶瓷史》，文物出版社1982年版，第224页。

③ 中国硅酸盐学会：《中国古陶瓷论文集》，文物出版社1982年版，第208—209页。

④ 叶喆民：《中国陶瓷史》，生活·读书·新知三联书店2006年版，第221页。

新罗开始生产了瓷器，其窑址在西南海岸一带就有近10个。”①

高丽莲盖青瓷执壶。美国旧金山亚洲艺术博物馆藏

此后，中国的制瓷技术大规模传入朝鲜，并在当地产生很大影响。从朝鲜出土及传世瓷器中可以看到越窑、汝窑、定窑、磁州窑都给高丽王朝以较大影响。正是在中国瓷器的直接影响下，朝鲜才发展起自己的制瓷业。从9世纪后期到11世纪，是朝鲜模仿中国瓷器的时代，这一时期模仿的品种主要是越窑和邢窑的产品，之后又仿龙泉窑、耀州窑、磁州窑等。之后，高丽瓷全力模仿中国汝窑的天青色釉，并逐渐从模仿过渡到本土化。传说最早的时候，高丽陶工是在中国陶工指导下，开始生产青瓷。这些中国陶工来自中国杭州的越窑，他们教给高丽陶工如何有效率地造窑，以及精准地控制窑火的技术。实际上，高丽青瓷窑炉为全盘移植越窑的龙窑结构，其装烧工艺、产品造型和花样纹饰等都受到越窑的影响。

约在12世纪初，可能是受到镶嵌漆器的启发，出现了镶嵌青瓷。镶嵌青瓷纹饰的题材，多数受到佛教的影响，野趣浓厚的野菊、云鹤、蒲柳水禽等。除纯青瓷、镶嵌青瓷外，还有堆花纹青瓷、画青瓷、辰砂青瓷、画金青瓷等，达到高丽青瓷最辉煌的时期。12世纪的青瓷铁绣花已经具有鲜明的高丽风格，装饰图案多是牡丹、菊花、花树、蔓草、杨柳等。这种装饰图样最初很类似宋代磁州窑铁绣花，逐渐变得线条简略，形成自己的民族特点，俗称“绘高丽”。

据目前所发现的文献资料，朝鲜青花瓷的出现应不晚于14世纪中期的李朝早期。李朝皇家用瓷中已有本国官窑烧造的青花瓷，但其制品全

① [韩]郑良谟著，[韩]金英美译，金光烈校：《高丽青瓷》，文物出版社2000年版，第11、2页。

韩国烧制瓷器的龙窑模型。韩国京畿道博物馆藏

面模仿明初青花瓷的造型和装饰，所用青料也来自中国。李朝早期青花瓷的纹样中还有中国传统题材如龙、鱼等寓意富贵吉祥的图案，由此可见中国传统文化影响之深。17、18世纪时的李朝青花瓷已表现出鲜明的民族情调，器物造型多带棱角，口沿薄巧，青花色调淡雅，绘画运笔轻盈，画面凝练集中，留有较多的空白，散发出一种朴素、飘逸的诗意，但其画面内容依然蕴含着浓郁的中华情结，梅兰菊竹、潇湘八景、高士、鱼隐等中国青花瓷上常见的题材依然是这一时期李朝青花瓷画面的主题，并且经常采用中国陶瓷装饰中习见的“开窗”样式。

日本六大古窑与各种“烧”

在中日交往的初期，中国的陶器和制陶技术就传到了日本。雄略七年（462），日本派人到百济招募汉人工匠（“新汉人”）。这次来日本的汉人至少有8个“部”，其中陶部是制作陶器的手工业技术集团。他们带来新的制陶技术，生产一种灰色无釉陶器，被称为“须惠陶器”，后来这种技术传播到日本各地。须惠器是百济和新罗的陶工向日本陶工传授的技术，所以器形、技法和制作风格与朝鲜三国时代的百济、新罗器物相似。在须惠器的发展过程中，也可见中国的灰陶及黑陶的影响。

唐代中日两国往来频繁，因而可能有许多陶瓷制品通过馈赠、往来人员携带以及商贸等方式运往日本。在日本曾有大量唐代瓷器和瓷器碎片出土。福冈市博多津太宰府鸿胪馆遗址，是日本平安时代中国输入品登陆港口的贸易会馆，遗址出土的陶瓷残片2500余片，其中有晚唐和五代的越窑、长沙窑、定窑、邢窑的产品。日本出土最多的唐代中国瓷器是越窑产品，全国有50余处遗址均出土了越窑瓷器，碎片达3000余片，造型有碗、碟、盒子、唾盂、水注、盏托等。[①]

宋代中日之间的民间贸易十分发达，销往日本的中国瓷器数量颇大。木宫泰彦在《日中文化交流史》中说："当时宋商运来的贸易品是些什么虽不甚详，但主要可能是锦、绫、香药、茶碗、文具等物。成寻入宋在应对宋神宗问到日本需要何种中国货物时，答称香药、茶碗、锦、苏芳。"[②]由此可见瓷器是宋代输往日本的主要物产之一。

元代瓷器也曾输往日本。明代输往日本的瓷器，数量更多。明末天启年间和崇祯年间日本向中国订货的"古染"等瓷器，至今留有大量传世品。到江户时代的长崎贸易，中国商船所载货物，瓷器仍为其大宗。

中国的陶瓷制造工艺和技术也很早就传入日本。在唐三彩传入日本后，奈良宫廷就开始研究唐三彩的制造方法，使用与唐三彩基本相同的工艺，烧造成了造型和釉色方面都酷似唐三彩的陶器，称为"奈良三彩"。三彩陶器藏品最丰富的是集中在奈良正仓院的57件作品，被称为"正仓院三彩"。根据考古资料，有学者推测，可能是在第七、八次遣唐使之后，从长安、洛阳等地携回了唐三彩的器物和烧制技术，促使了奈良三彩的产生。据专家分析，很可能在唐三彩器物传到日本的时候，也有中国陶工去日本传授烧造三彩的工艺，或者是有日本工匠来中国学习技艺。

---

① 中国硅酸盐学会：《中国陶瓷史》，文物出版社1982年版，第224—225页；杨静荣、杨永善：《中国的陶瓷》，人民出版社1990年版，第198—199页。

② [日]木宫泰彦著，胡锡年译：《日中文化交流史》，商务印书馆1980年版，第247页。

唐三彩钱纹鞍马。日本天理大学附属天理参考馆藏

不过，虽然奈良三彩基本上是仿造唐三彩，但在胎质、釉色和造型等方面仍有差异，具有一些自己的特色。绚烂艳丽的唐三彩流露出不加掩饰的热烈奔放的大唐气度，而奈良三彩在追求高贵华美的同时，却又显得含蓄内敛，从而形成浓郁的日本风格，表现出日本陶工在模仿过程中的自主创造。

宋代是中国陶瓷技术发展的高峰时期，其技术和工艺也传到日本。1224年，日本人加藤四郎左卫门景正因感到本国“土器”之“巧不如殊邦”，便随日僧道元入宋，到浙江天目山，道元从师于如净禅师习禅，加藤四郎则到当地的窑厂学习制造陶瓷技术。这个窑厂可能是兴盛于东晋和南朝初期，此后渐趋衰落的以黑瓷生产为特色的德清窑。6年后道元和加藤四郎回国，“道元带回日本茶道文化，加藤四郎则带回先进的陶瓷技艺。于是，茶道和茶陶一起传入日本本土”。[1]加藤四郎在尾张的濑户开窑。他烧制的陶器，在茶褐色的底上施黄釉，创制了具有中国

① 陈进海：《世界陶瓷——人类不同文明和多元文化在交融中延异的土与火的艺术》第3卷，万卷出版公司2006年版，第421页。

日本博多遗迹出土的南宋中期龙泉青瓷。日本福冈市博物馆藏

宋代风格的“濑户烧”，“为日本制陶技术开辟了新纪元”。[①]加藤四郎因此被奉为日本“陶瓷之祖”。室町时代，除了濑户以外，信乐、常滑、丹波、备前、越前等地也能制造陶器，被称作日本的“六大古窑”。

进入16世纪，随着饮茶习俗的普及，中国式的陶瓷器日益为人喜爱，需求量大增，甚至在上层社会中出现了以收藏、夸示名贵茶器为荣的风气。因此，日本一方面不断地从中国大量输入瓷器，另一方面也开始试制新瓷器，出现了大量日本自制的青花瓷器。中国的青花瓷对日本大规模自制青花瓷器有十分重要的影响。日本伊势松坂人伊滕五良大辅在明正德年间，随日本的僧人了庵桂悟来到中国。伊藤五良大辅在景德镇学习制瓷技术，他在景德镇住了5年，学习了青花瓷全套的制瓷技术，并在景德镇亲手制作了上万件瓷品，于正德十年（1515）回国，同时带回去大量的瓷土和釉料。回国后他在肥前的伊万里开窑，把中国的青花制瓷技术带到了日本，开始了日本青花瓷器的制作年代，被日本人尊称为“瓷圣”。

1616年，流寓日本的朝鲜陶工李参平在有田町的泉山发现瓷石，日本第一次成功烧制出胎质坚硬洁白且有透明性的瓷器。从此日本将制陶

① [日]木宫泰彦著，胡锡年译：《日中文化交流史》，商务印书馆1980年版，第387页。

业改为制瓷业，开始生产日本最早的白瓷，称为“有田烧”，日本的陶瓷业由此发展起来。有田瓷器成为日本瓷器的鼻祖。

色绘花鸟纹大深钵，伊万里烧中的柿右卫门样式。日本东京国立博物馆藏

到了江户初期的宽永年间（1624—1643），有田的柿右卫门和丰岛左卫门从经常出入长崎的商人那里得到了中国赤绘的调色法，在吸取中国制瓷经验的基础上，烧制成红、黄、绿三色花纹的瓷器。这种“赤绘技术”更加带动了“有田烧”的发展。由于“有田烧”瓷器从有田北面15公里的伊万里港装船运出，故通称为“伊万里烧”。江户中期以后，“伊万里烧”色彩更加华丽，成为日本瓷器的代表作。①

东南亚土著居民视瓷器为财富象征

东南亚地区是中国古代外销瓷的主要传统市场之一。中国瓷器是从唐代末年开始输入东南亚地区的。宋元两代，中国瓷器开始大量销往东南亚地区，至明清之际则连绵不断，日益增多。在考古工作中，东南亚各国都有大量的中国各代瓷器被发现。

中国的制瓷技术和工艺也随之传播到东南亚诸国，启发和促进了当地制瓷业的发展。大批福建、广东的陶工到南洋谋生，带去了中国的制瓷技术。在他们的影响下，东南亚各国的制瓷业也发展起来。

相传在素可泰时代，暹罗国王腊马敢木丁曾于1294年和1300年两次来到中国。在第二次访问中国结束时，带回许多中国工匠，创办了著名的宋加洛制瓷业。这种说法还只是一个传说，但据研究泰国陶瓷艺术的西方

① 夏应元：《相互影响两千年的中日文化交流》，周一良主编：《中外文化交流史》，河南人民出版社1987年版，第334页。

学者雷金纳德·李梅（R. Le May）认为，历史上有过一批中国制瓷工人来到暹罗是可以肯定的。原因之一是素可泰瓷器的造型是崭新的，不同于早期暹罗人和吉蔑人的产品，却与中国河北省的磁州窑烧造的瓷器一致；二是素可泰生产瓷器的方式发生了很大变化，碗碟等瓷器烧制时，器底要支一个上有三锥或四锥的托盘，或者成叠瓷器烧造时，器与器之间、上与下之间有锥承起来，使各器互不粘连，烧成后把支锥打断，所以器底和器内都有疤痕；三是磁州窑瓷器不是外销瓷，如果当地瓷窑没有中国制瓷工匠的指导或协助，很难烧造出仿制的磁州窑瓷器。①

随着明代郑和下西洋及贸易往来的发展，移居东南亚的华侨日益增多，有不少的广东潮州窑、石湾窑和福建德化窑的陶工于此时来到东南亚各地，带去当时先进的制瓷技术和工艺，启发和推动了当地的制瓷业。

中国瓷器在东南亚各国的大量流传，对当地的文化和社会生活产生了重要的影响。在东南亚人的社会生活中，中国瓷器具有特殊的地位和作用。

在中国的瓷器输入以前，东南亚地区许多民族“饮食不用器皿”。而瓷器餐具的出现，以其光洁、轻便、卫生便于清洗等优点，不仅在东南亚，甚至在欧洲乃至全世界各民族中，都很快取代了他们原来使用的餐具，成为大家普遍使用的餐具。

此外，正如古陶瓷专家陈万里所指出的：“宋元明陶瓷，除了瓷器外，还有日用的大小水埕瓮罐之属的粗器，也远涉重洋送到东南亚各地去，以满足当地人民日用上的需要，这与改进当地人民的生活方面，有着极重要的作用。”②东南亚各国人民“所交换的瓷器，随需要的不同而异。惟大多是大盘、大小盌、酒海、小罂、水瓶及储水用的陶瓮、缸

① 葛治伦：《1949年以前的中泰文化交流》，周一良主编：《中外文化交流史》，河南人民出版社1987年版，第504—505页。

② 陈万里：《宋末——清初中国对外贸易中的陶瓷》，《文物》1963年第1期。

等，尤以大盘最被重视。因为东南亚人宴会时，没有椅桌，用大盘盛黄羌饭放在地上的席中，看盘的大小，来定食客的多少，四人或八人，席地围坐，以手撮团饭而食”。[①]

东南亚各国的人民对中国瓷器十分珍爱，拥有中国瓷器的数量往往成为衡量个人财产、社会地位、名誉声望的重要标志。另外还可以用瓷器作为借贷的抵押品和缴纳法庭罚金的“货币”。例如菲律宾内地的各部落就以拥有多少中国瓷器（多为宋、明瓷器）作为衡量财富的标准，并以中国瓷器作为世代相传的传家宝。部落之间、家族之间械斗，和解时以中国瓷器作为赔偿。在菲律宾人的婚姻生活中，瓷器也具有十分重要的地位，新郎给新娘的聘礼全部或部分是瓷器。

中国历代生产的瓷器大量输往东南亚各国，给当地人民的日常生活带来了很大的方便，同时也给他们的社会文化和艺术带来很大的影响。

伊朗人至今仍把瓷器称为“秦尼”

在唐代以及以后历代来到中国的波斯人一定见过瓷器这种精美绝伦的器皿。例如9世纪到过中国的波斯商人苏莱曼在《中国印度见闻录》中，就把薄似玻璃的陶瓷作为中国的一大特产介绍给读者。他说：“他们（中国人）有精美的陶器，其中陶碗晶莹得如同玻璃杯一样。尽管是陶碗，但隔着碗可以看得见碗里的水。”[②]

据法国汉学家伯希和（Paul Pelliot，1878—1945）认为，苏莱曼这一简短的叙述是“西方关于瓷器的头一次描述”。

在古代中国与波斯的贸易关系中，瓷器历来是主要货品之一。沿着海陆两路通达顺畅的商道，伴随着浩瀚大漠中来往商队的驼铃声声和茫

---

① 邱新民：《东南亚文化交通史》，新加坡亚洲研究会文学书屋1984年版，第197页。

② [古波斯]苏莱曼著，穆根来等译：《中国印度见闻录》，中华书局1983年版，第15页。

伊斯兰工笔画所绘中国瓷器运输过程。土耳其拖普卡比宫藏

茫大海中来往商船的风帆远影，古代中国瓷器源源不断地运到伊朗。直到今天，那些联结东方和西方的沙漠绿洲上的古老城镇和那些接受海运物资的波斯湾沿岸旧港口，仍有很多古代的遗址。在这些遗址中发现了许多中国古瓷，证明着往昔那一段中伊交流的盛况。

在伊朗东北部的大都市马什哈德的博物馆内收藏着许多完整的中国瓷器，有元代的龙泉窑青瓷大碗、明代到清初的白瓷青花等等精品，其中特别出色的有内侧碗底有矫健的贴花龙纹的明初青瓷和同期绘有独特的鱼藻纹的青花瓷器，以及16至17世纪的饰有灵兽卷草纹的青花大盘和满绘西洋花草纹的17世纪青花柏叶大盘。萨菲王朝历代帝王都大宗订购中国瓷器。至今在伊朗各博物馆保存的萨菲王朝收藏的中国明代瓷器，其数量之巨，品种之多，都是举世罕见。

中国瓷器源源不断地流向波斯，波斯人民也很喜爱和珍视这些来自中国的珍品。至今伊朗人仍把瓷器称为“秦尼”（Chīnī，意为中国的或中国生产的）。由于中国瓷器的传入，也促使陶瓷业在波斯的兴起和发展。中国瓷器开始输入波斯不久，波斯就开始模仿中国瓷器的样式和花纹。阿拔斯大帝曾从中国招聘了300名陶工，在波斯仿中国瓷器样式制作青花陶器。波斯人吸取了中国陶瓷的特点，结合波斯的具体情况加以发展，烧制出为波斯人民喜爱的有自己民族风格特色的陶瓷器。

从8世纪开始，受中国唐三彩技术的影响，波斯烧出了带有伊斯兰色彩的铅釉陶，即“波斯三彩”。波斯三彩有捺纹彩釉陶和彩釉陶两种装饰手法。捺纹陶是在器壁上以细小的点线构成复杂纹样，然后再作彩釉敷饰。彩釉陶是先刷一层白色陶衣，再施以绿、黄、紫褐三色釉，釉彩透明，在烧制中互相交融，自然天成。在9—10世纪，伊朗高原东部的呼罗珊一带是伊斯兰陶器工艺的另一个中心。三彩釉陶和两河流域的产品在装饰风格上基本一致，另一种白底绿黄斑的彩陶器具有自己的特色。10—11世纪，伊朗的阿莫尔生产刻纹彩釉陶，在白色胎上刻以各种细纹装饰，有花瓣纹、缠枝纹和几何纹，线条流畅圆柔，再涂以绿、褐等釉彩，呈现瑰丽而潇洒的风格。这时的阿克孔多的陶器，则形成了一种以褐色、绿色和黄色为主的三彩装饰的风格。①

但当时波斯仿制的陶器，无论在技术上还是在工艺上都与中国瓷器有很大差距。当时的波斯人对中国瓷器的生产原料和制作工艺还不甚了了，只是道听途说，并没有完全掌握瓷器的生产技术和工艺。但是，不可否认的是，中国瓷器的大量传入，对于发展波斯的制陶业起到了很大的促进作用。

到了元代，中国瓷器更大量地输入波斯，又给当地的陶瓷制造业以新的启发和刺激。“据文献记载，当时波斯一代的画家多有模仿中国的作品，喜欢采用中国的龙、凤、麒麟等纹饰。元至治二年（1322），阿布撒以特（Abu Saiyd）所建的法拉明（Faramin）大清真寺门面上即有龙的形象。对比现在仍保存在伊朗、土耳其等博物馆内的元代青花瓷

---

① 朱裕平：《中国唐三彩》，山东美术出版社2006年版，第160页。

中绘有龙、凤、麒麟的作品，以及这两个国家当时所仿制的青花瓷器，均可想见其影响之深远。”①

欧洲人眼中的时髦：中国风瓷器

中国瓷器大量销往欧洲，是从16世纪初由葡萄牙人开始的。由于在世界各地，瓷器都有着广泛的市场需求，因而具有巨大的利润空间，这种巨大的商业利润激发着人们不辞劳苦不畏风险，去从事贩运瓷器的远程贸易活动。在接下来的3个世纪中，中国瓷器销售到欧洲的数量达到3亿件之巨，另外还有巨量的瓷器销往东亚及东南亚各地。300年间，中国瓷器外销欧亚每年合计高达300万件。“瓷器行销各地数量之巨，遍布之广，已足以首度并充分证明：一种世界级、永续性的文化接触已然形成，甚至可以说，所谓真正的‘全球性文化’首次登场了。”②

葡萄牙从16世纪初开始从事中国和远东的殖民贸易。在这一时期，瓷器在中葡贸易中占有极其重要的地位，同时也成为欧洲社会最珍贵的礼物。叶喆民指出：“1498年以后，西方一些国家到东方来寻找‘黄金’的最好方法就是贩运瓷器。在此之前中国瓷器输出最远不过波斯湾、地中海，而今则经过大西洋遍及全欧洲了。”③

叶喆民说到的这个时间点“1498年”，正是葡萄牙航海家达·伽马绕过好望角，开辟了欧洲通往亚洲的航线，葡萄牙的商船就开始了通往东方的航行。

早在16世纪初抵达中国之前，葡萄牙人就已经固定在印度转口装船，一次运载瓷器就高达6万件。从那时起，中国瓷器就率先进入葡萄牙和西班牙的皇室宫廷，并成批地进入欧洲市场，很快在欧洲各国掀起

---

① 叶喆民：《中国陶瓷史》，生活·读书·新知三联书店2006年版，第473页。

② [美]罗伯特·芬雷著，郑明萱译：《青花瓷的故事》，台湾猫头鹰出版公司2011年版，第21页。

③ 叶喆民：《中国陶瓷史》，生活·读书·新知三联书店2006年版，第525页。

意大利画家乔凡尼·贝利尼《诸神之宴》局部，位于后排的女神和男神手上和头上是中国明朝样式的瓷器，1514年。美国华盛顿国家美术馆藏

了追求中国瓷器的热潮。欧洲人狂热地赞美中国瓷器，把购买、搜集中国瓷器说成像是去“寻求黄金”一样。西班牙、荷兰、法国、英国、丹麦等国纷纷建立东方贸易公司，派出大型商船，来中国进行瓷器贸易。

荷兰皇宫在1584年可能通过葡萄牙或西班牙向中国订购了96000件瓷器。1602年，荷兰人掠获葡萄牙商船，把船上装载的中国瓷器运到米德伯奇拍卖。1604年，荷兰人又掳掠了一艘装载瓷器返欧的大帆船“圣卡特丽娜”号（Santa Caterina），将这批中国瓷器取名“克拉克瓷”（Kraaksporeleint），运到阿姆斯特丹拍卖。据说这批瓷器数量有60吨。法王亨利四世在这次拍卖中购买了一套质量精良的餐具，英王詹姆士一世也买了一些瓷器。1602年，荷兰组织了由政府授予东方贸易专利权的“东印度公司”，凭借雄厚的资金，开始参加了远东贸易，定期从中国贩回瓷器。估计在1602至1682年这80年间，有1600万件中国瓷器由荷兰东印度公司的商舶运载到荷兰和世界各地。

1700年，英国商船“马克列菲尔德”号首次驶入广州港装运瓷器。1710年，一艘英国商船装载了40吨，约合50万件瓷器。1715年清政府允许英国在广州设立贸易机构，从此英国开始大量输入中国瓷器，到1774年英国就有52家专门从事与中国贸易的商号。

法国东印度公司于1698年在广州建立了分公司。同年3月6日，法国商船“安菲托里脱”号从法国西海岸的拉罗舍尔港起航，第二年初到广州，8月3日回到法国。船上装满了以江西景德镇为主的160箱瓷器。法国东印度公司为这次远航成功在报纸上刊登了醒目的广告，说这批瓷器有咖啡壶、盛放调味品的盒、花瓶、水罐、各种大小的盘和碟、茶杯、酒杯以及理发师用的脸盆等“上等的瓷器”，估计有数万件之多。仅两个月内，这批瓷器便销售一空。1703年，“安菲托里脱”号再度远航广州，又运回瓷器140箱。这艘法国巨舶的两次远航，成为世界文化史上18世纪初中西文化交流的一件大事。除瓷器外，运到法国的还有中国的漆器、硬木家具、织锦等工艺品和生丝原料，以至当时的中国漆器在法国被直接称为“安菲托里脱”。

瓷器传到欧洲后，引起了人们狂热的追捧，特别是在宫廷王室贵族社会中，出现了一大批瓷器爱好者。作为非西方文化的艺术品，中国古陶瓷在世界上获得的广泛认同和青睐是独一无二的，它的价值和品味已经可以比肩于西方任何门类的艺术品，以及西方历史上那些声名显赫的艺术大师的作品。特别是在17—18世纪，收藏和展示东方瓷器，成为欧洲王室和贵族奢华生活的重要形式之一。

“在17世纪中瓷器仍被视为一种新奇的珍玩之时，只有少数大宫廷中，才有比较大量瓷器的陈列，但等到快至新世纪之时，也许由于瓷器大量地供给，也许由于个人趣味的要求，瓷器逐渐成为普通家庭用品，特别是在热饮（包括饮茶）成为社会流行风尚以后。”[①]精美绝伦的各

---

① [德]利奇温著，朱杰勤译：《18世纪中国与欧洲文化的接触》，商务印书馆1962年版，第21页。

种瓷器，深入到社会的各个阶层，走进人们的日常生活，给欧洲人的日常生活带来很大的方便。

据说，在14世纪的法国上层社会，餐具还是金、木、陶制器皿并用。16世纪的时候，瓷器已经开始进入欧洲，但还是很稀罕之物。1607年，法国王太子用一只瓷碗喝肉汤，已经是很了不起的事情，因为当时只有国王和贵族才买得起瓷器。到了18世纪，东印度公司向欧洲输入了大量的瓷器，欧洲人才开始以瓷器代替金银器为餐具。法国国王路易十五也大力提倡，命将宫廷中所用的金银餐具熔化，充作他用，而以瓷器代替，自此上下从效。大量瓷器的引进改变了人们的餐桌。把餐具和饮具由贵重和笨重的银器变为精美轻便的瓷器，从而改变了人们的就餐方式乃至整个生活方式。美国学者罗伯特·芬雷指出："各国东印度公司进口大量瓷器，从而促使1600年至1800年间很大一部分欧洲人口的日常生活的改头又换面。更有甚者，中国瓷器并不只是一个徒供使用和欣赏的中性物件，它还对西方社会发挥重要的影响——也就是在消费者革命中扮演了领头作用。而消费者革命本身，正是11世纪高级都市文化复苏以来，一场发生于日常生活的同等重大改变。"①

瓷器在日常生活领域的影响，不仅局限在餐桌，不仅是改变了人们的餐具、茶具等日常使用品，还作为居室的陈设、装饰，美化着人们的生活环境。瓷器成为比较富裕人家的必需品，尤其是当饮茶的时候，非此不足以表示其为时髦人物。罗伯特·芬雷指出："瓷器流行之所以遍及全欧，不仅在于进餐使用，也因为当时刮起了另一股新的消费时尚风，瓷器恰逢气盛，被纳为其中一大要素，这股时尚风亦即室内布置的兴起，这个新趋势乃是因应精英阶级打造愈来愈多的宽敞宅邸而生。"②

① [美]罗伯特·芬雷著，郑明萱译：《青花瓷的故事》，台北猫头鹰出版公司2011年版，第321页。

② [美]罗伯特·芬雷著，郑明萱译：《青花瓷的故事》，台北猫头鹰出版公司2011年版，第337页。

里斯本桑托斯宫中“瓷室”的天花板。17世纪末，那里覆盖着260件中国的盘子和碗，说明从那时起葡萄牙国王就开始收集中国瓷器。此图取自［美］伊佩霞著，赵世瑜等译《剑桥插图中国史》，山东画报出版社2001年版

当时欧洲上流社会，都以设置“瓷器室”、陈列中国瓷器为时尚。如法国国王路易十四有专门收藏瓷器的凡尔赛镜厅，还特地建筑了“瓷宫”。波兰国王约翰三世在维拉努哈宫侧殿有专门陈列瓷器的“中国厅”。德国大选帝侯（Grand Elector）的夫人路易丝·亨利埃蒂（Louise Henriette）在柏林南部的奥拉宁堡（Oranineburg）宫殿，设有带护壁板的大厅，专门陈列她在1652—1667年间收集的中国瓷器。他们的儿子腓特烈（Frederick，1701年为普鲁士国王）在夏洛滕堡（Charlottenburg）为其妻子索菲·夏洛特（Sophie Charlotte）建造的宫殿中，也设有瓷器厅，陈列了中国瓷器400余件。

到18世纪初，以瓷器装饰房间的风尚从上层社会传到了民间。许多

普通家庭也把中国瓷器作为重要的家庭居室的陈设。18世纪英国经济学家亚当·斯密（Adam Smith，1723—1780）就曾提到，他在爱丁堡和巴黎的人家中看到大量炫耀摆设的中国瓷器。而瑞典人凭自己的想象在自己的家里布置了一个“中国厨房”，厨房的墙壁和餐桌都是用中国瓷器装饰的，他们称之为“瓷器厨房”。

中国瓷器在欧洲的销路随着社会经济的发展不断增长，与此同时，中国的制瓷工艺技术也传播到欧洲各国，从而刺激和推动了欧洲仿效中国瓷器建立自己的制瓷业。

欧洲最早开始试图揭开瓷器制造的奥秘，并进行制瓷试验的国家是意大利。据说早在1470年，威尼斯人安东尼奥（Antoin di San Simeone）就用波隆那（Bologna）的粘土制出了一批类似瓷器的东西。16世纪初，另一位威尼斯人伦纳德·佩灵格（Leonardo Peringer）试图用玻璃制造方法来制作瓷器。不过，这些实验只是仿制瓷器。佛罗伦萨在马里奥·德·美第奇（Fracesco Mario de Medici）大公爵统治时代（1574—1584），建立了陶器工场，试行仿造中国硬胎瓷器，并生产了据说是在欧洲制成的第一批原始瓷器，这是一种有玻璃质的石胎瓷器，被称为“美第奇”瓷。最后他们制成一种类似威尼斯人制品的陶器，在素地或淡青地上涂以深蓝色。这种有色陶器与当时流行的中国瓷器颇为相似。

美第奇软瓷罐。意大利那不勒斯马提纳公爵博物馆藏

葡萄牙也很早就开始仿制中国瓷器。在16世纪末，葡萄牙已经仿制出一种彩陶器。1619年，在里斯本已经建立了中国风格的瓷器仿制工业，而且已有充足数量的产品满足国内外市场。

1584年，荷兰的陶器匠师们通过东印度公司，直接从中国采购白色釉料和青花颜料，仿造中国青花瓷器生产，获得成功。在17世纪，德尔费特借鉴佛罗伦萨的有色陶器制法，以生产专门模仿中国青花瓷器的白釉蓝彩陶器而闻名。中国瓷器的纹样，如龙、凤、麒麟、虎、蝴蝶、蝙蝠等动物纹样，梅兰竹菊、荷花池塘、岁寒三友、牡丹、芭蕉等植物纹样，山水园林、风俗故事、仕女婴戏、刀马人物等风景人物纹样，以及云纹、水波纹等，都出现在德尔费特的釉陶产品上。德尔费特生产的瓷器行销欧洲，受到热烈欢迎。当时，欧洲人把这种白釉蓝彩陶器直接称为“德尔费特”（Delft），一直沿袭至今。17世纪，当中国的壁纸在欧洲流行一时的时候，在1630年，德尔费特开始生产模仿中国糊墙纸的建筑装饰陶砖，适应了欧洲各国帝王大兴土木、修建宏伟华丽的宫殿的需要。这种建筑装饰陶砖大约也受了“南京瓷塔”的启发，把整个画面分割为36块（横行4块，竖行9块），上面绘有长尾鸟（中国凤凰的变形）、梅花、牡丹、狮子等图案，充满了中国艺术的情调，然后拼凑、组合为整体，粘贴在墙面上。此外，还描绘柳树、小桥流水、亭台楼阁等中国青花瓷器上的图画。①

在欧洲瓷器发展的历史上，德国的波特格尔（Johann Friedrich Bottger，1682—1719）是一个十分重要的人物，他在制瓷技术方面取得了决定性的成功。1708年，波特格尔制造出一种红色瓷器，1709年制成无釉的硬质瓷器和有釉的瓷器，烧制出欧洲第一件真正的瓷器，成为欧洲硬瓷生产的开端。1710年，德国皇室在迈森建立了瓷厂，任命波特格尔为瓷厂的管理人，出产彩瓷。1713年，迈森瓷厂烧制出高品质的白瓷，再次轰动欧洲。1714年，迈森瓷厂的第一批瓷器在莱比锡博览会上展出，自此名声大噪，生意兴隆。到1733年，迈森瓷厂已拥有700名员工。

① 朱培初：《明清陶瓷和世界文化的交流》，轻工出版社1984年版，第55—56页。

波特格尔参与创办的迈森瓷厂在发展欧洲的陶瓷工艺中起了重要的作用，而且至今它仍然是世界上最著名的瓷厂之一。迈森瓷厂生产的瓷器，从器形来说，大多采用中国模式，例如迈森瓷的“蒜头模式”同中国瓷的“石榴模式”多少存在着影响关系。至于花纹装饰，则效中国在白瓷上作人物、花卉、鸟兽的浮雕，乃至用金色绘制中国人物，称之为“金色的中国人”，颇为新奇有趣。瓷器上绘作龙形，也是中国的传统装饰。

迈森彩绘中国人物茶壶。英国维多利亚与艾伯特博物馆藏

此后，欧洲的制瓷业很快发展起来。在德国，除了迈森瓷厂外，慕尼黑附近的宁汾堡、柏林、福斯腾堡、路德维格斯堡等地的瓷厂都很著名。在欧洲的其他国家如西班牙、荷兰、奥地利、法国、英国、意大利、俄罗斯等，也都纷纷建立瓷厂，生产瓷器。

这些瓷器制造工场无论是在工艺还是在造型艺术上，都是以仿制中国瓷器为主。“从16世纪起，欧洲瓷器的发展史实际上就是一部既在装饰图案又在物质方面模仿中国瓷器而做出努力的历史。”① “这个时候，欧人制造品大量采用中国的饰纹，又进而仿效中国的款式。瓷器本是被认为中国所独创，其仿效中国画法，也是很自然的。”②有的时候还在未上釉的器物底部刻上假冒的中国标志“底款”，来冒充精美绝伦的中国上等瓷器。英国作家笛福（Daniel Defoe，1660—1731）也说

① [法]安田朴著，耿昇译：《中国文化西传欧洲史》，商务印书馆2000年版，第523页。

② [德]利奇温，朱杰勤译：《18世纪中国与欧洲文化的接触》，商务印书馆1962年版，第23页。

18世纪销往欧洲的中国瓷器，瓷器上的绘画表现了当时欧洲商人在中国订购茶叶的情景。此图取自张西平《跟随利玛窦到中国》，五洲传播出版社2006年版

到当时的仿制瓷器，他说："我们去的第一个村庄就是建立不久的大型瓷器制造厂——布欧，一些技术人员已经制造出大量的茶杯、茶托等等，据说只比中国原品稍微逊色一点。"①

对于欧洲制瓷业的发展，法国耶稣会传教士殷弘绪做出了重要贡献。殷弘绪在江西设立了一座教堂，于1699至1719年的20年间，一直在此传教。其间，他曾多次在景德镇了解瓷器生产情况。1712年，他写信给耶稣会中国和印度传教会巡阅使奥里（Orry），报告有关景德镇和瓷器生产的情况。他除了到窑厂现场观察外，还听取当地许多教友的介绍，其中有从事瓷器生产的，也有做瓷器生意的人。此外，他还阅读了一些有关瓷器的中国古代文献。殷弘绪的报告书简《中国陶瓷见闻录》，刊登在该会出版的《耶稣会传教士写作的珍贵书简集》第12期上。殷弘绪生动、具体地介绍了景德镇有关人口、城镇、物价、地理、治安等情况以及胎土、釉料、成形、彩绘、色料、匣钵制造、装器入窑、烧成等瓷器生产制作情况，使欧洲人第一次读到有关神秘的景德镇及其瓷器制作技术的真实的第一手材料。

① [美]简·佩蒂格鲁著，邵立荣译：《茶设计》，山东画报出版社2013年版，第38页。

外销画里的广州瓷器店。英国维多利亚与艾伯特博物院藏

殷弘绪的《中国陶瓷见闻录》发表后，在欧洲引起很大反响，同时，欧洲的瓷器制造商和匠师们纷纷托人来信询问更详细的技术细节。当时，欧洲各国仿造中国瓷器的工场在生产中都遇到了一系列技术上的疑难问题。1720年，殷弘绪从江西升调到北京。为了回答欧洲制瓷业人士提出的问题，他于1721年底再度来到景德镇，对当地的瓷业生产情况作了为时一个多月的考察和研究。在深入调查的基础上，写成了《中国陶瓷见闻录补遗》，对景德镇制瓷技法作了更为具体的介绍。这篇报告刊登在《耶稣会传教士写作的珍贵书简集》第16期上。殷弘绪的这两篇关于中国瓷器生产技术的考察报告，为西方世界首度提供了瓷器及制瓷技术和生产的既正确又全面的报导，对当时欧洲正在蓬勃发展的陶瓷工场来说，是极为宝贵的技术资料。[①]

---

① 1986年，中国江西陶瓷公司派员访问法国瓷城里摩日时，法国库达美窑炉公司总经理特地赠予一本内有殷弘绪描述景德镇制瓷技艺信件摘要的法文版《里摩日瓷器史》给中国来访者，并说："270年前，殷弘绪把耶稣教传到景德镇，同时，又把景德镇的制瓷技艺带回到法国，他既是宗教的传播者，又是瓷器的传播者。"

第三章

改变世界的四大发明

世界文明视角下的四大发明

造纸术、印刷术、火药和指南针这“四大发明”，是中国人的伟大技术发明、伟大的文化创造，它们建万古功业于中华古国，播永久芳馨于人类文苑，其光芒直贯史册，其功勋永世不灭。四大发明在不同的历史时期被聪明的中国人发明创造出来，又在不同的历史时期先后被有心的中国人“传出去”和有心的外国人“拿过来”。四大发明的意义是这样的重大，而且，它们自身之创造发明，在中国的使用和向海外传播以及所造成的海外文化效应，以至对人类文化发展的作用，都特别值得一一叙述。

本章所讲的中国古代的四大发明，重点不是讲四大发明在中国发现发明的过程以及在中国的应用，而是着重说明这四大发明是如何传播到世界各地的，又是如何被当地的人们所接受、使用、发挥，以及在此基础上又如何进一步改进创造的。更还要说明，当世界各地接受、使用这四大发明之后所产生的社会影响，对当地的社会生活、对其历史文化、对人们的思想观念，都产生了什么样的作用，引起了什么样的变化，最后要说明的是，这四大发明是如何改变世界的。

世界的历史是由多种因素的合力所谱写的。但是，在一些关键时刻，有一些关键性的因素参加了进来，就会在特定的时空点上发挥火药的引信作用，引爆了历史本身所蕴含的巨大的能量，从而开创了一个新的历史时代。我们将看到，在近代欧洲文化发展的进程中，中国的四大发明就是这个文化“火药”的引信。

这样，我们所讲的就是从一个侧面来看，中华文化是如何参与和影响世界的历史及进程的。

对于四大发明在世界各地的传播和影响，中外专家进行过许多深入的研究和论述。但是，当我们把这些伟大的文化成果汇集到一起作为一个整体来看的时候，把它们放在中华文化在海外传播的历史长河中来考察的时候，就会看到一幅波澜壮阔的宏伟画卷，就更能体会到它们更为宏大的、更为深远的文化意义。

而在记叙这一切时，我们深深感到，这确实是中国史和世界史上的光辉篇章。能够将能引起如此巨大恒久文化效应的四大发明贡献给全人类是足可自豪的。

“书写革命”造纸术

从蔡伦献纸说起

造纸术的发明，是人类书写记事材料的一次伟大革命，使人类在此之前使用过的各种书写记事材料都退出了文明活动的舞台。

在世界科技史上，一般都把东汉元兴元年（105），即蔡伦正式向汉和帝奏明发明了纸的那一年，作为纸发明的年代。但是，纸的发明也和历史上的大部分发明一样，有一个逐渐发展的过程。任何发明的出现，一方面取决于社会对这种发明的需要程度，另一方面，社会生产力和科学技术的发展水平，也已为这种发明的出现准备了充足的条件。纸的发明也是这样。在蔡伦造纸以前，纸的发明大概已经走过了它的胚胎和萌芽阶段，而在蔡伦那个时代才发展成熟起来。

蔡伦是汉和帝时的太监，在宫中任职40余年，曾长期负责监制御用器物。公元105年，蔡伦将其发明制造的成本低廉、质地良好、便于书写的纸献于汉和帝，受到皇帝的赞赏。正是由于蔡伦的贡献，为人们提供了廉价优质、适于书写的纸张，从而使纸张的应用得到普及和推广，并引起了书写材料的历史性变革。

造纸术是影响人类文明历史进程的一项伟大发明。蔡伦首倡其意，创造了不可磨灭的历史功绩，并因此受到世人的尊敬和纪念。正如美国学者卡特（Thmoas Francis Carter，1882—1925）所说的那样：“无

明代宋应星《天工开物》中的制纸图

论如何，在中国人的心目中，他（蔡伦）和造纸已成为不可分的。后来他甚至被奉为造纸之神。”① 1990年8月，国际纸史协会（IPH）在比利时马尔梅迪召开第20届代表大会，“与会专家一致认定蔡伦是造纸术的伟大发明家，中国是造纸的发明国”。②

自蔡伦以后，中国造纸业和造纸技术持续地得到发展。人们一方面不断地开辟着新的造纸原料，一方面在工艺技术上不断地进行着改进，使纸的品质越来越高，品种越来越多样。到了魏晋南北朝时期，造纸业在产量、质量和加工等方面都比东汉时有所提高。造纸原料来源不断扩大，造纸设备也得到革新，出现了新的工艺技术，产纸区域和纸的传播也越来越广，造纸名工辈出。正是在这一时期，纸作为新型的书写记事材料才正式取代了简牍缣帛，人们逐渐习惯于用纸来书写，

① [美]卡特著，吴泽炎译：《中国印刷术的发明和它的西传》，商务印书馆1957年版，第19页。

② 马永春、钟逵：《蔡伦造纸争议的评说》，《光明日报》1992年11月22日。

纸成了占支配地位的书写材料。东晋末年的豪族桓玄一度废晋称帝，他曾下令说："古无纸，故用简，非主于敬也。今诸用简者，皆以黄纸代之。"统治者的大力提倡，为纸的使用普及起到了推波助澜的作用。而纸的推广使用，则有力地促进了书籍文献资料的大幅增加和科学文化的进步与传播。

任何伟大的发明都是属于全人类的，都是人类共享的。中国在造纸术发明之后，并没有垄断专用，而是与全人类共享，成为人类共同的文明成果。美籍华裔学者钱存训指出：自纸发明以后，"纸不仅盛行于中国本土，且更流传广被于全世界。在东方，纸在4世纪前传至朝鲜，5世纪初传至日本。在南方，大约3世纪前传至越南，7世纪前传至印度。在西方，3世纪时传至中亚，8世纪时转至西亚，10世纪时传至非洲，12世纪时传至欧洲，在16世纪时传至美洲，并在19世纪传至澳洲。从公元前纸在中国发明，经过了两千多年的悠长时间，至此造纸术乃广被于全世界。"①

高丽纸与和纸

纸和造纸术很早就传到朝鲜半岛。据《日本书纪》记载，日本应神天皇十六年（285），百济博士王仁曾将《论语》等书卷的纸写本带到日本。百济得到并使用这种纸本，自然还要比这更早一些时候。

据说，在610年，高句丽僧人画家昙征（579—631）到日本传授造纸术和制墨技术。那么，朝鲜的造纸业不会晚于这一时期。所以，一般认为，高句丽在4—5世纪已就地造纸，当时生产的主要是麻纸，从事这样生产的是从中国北方移居来的汉人工匠。百济和新罗造纸可能晚于高句丽，但也不会晚于5世纪。在朝鲜三国时期，已经造出了优质的纸。

① [美]钱存训：《书于竹帛——中国古代的文字记录》，上海书店出版社2004年版，第117—118页。

新罗首府金城（今庆州）一向以造纸闻名，新罗纳祇王四年（420）时造纸已经相当兴盛。新罗古墓发掘时发现在髹漆棺木涂层下使用了纸。到统一新罗时期，麻纸和楮皮纸都发展得很快。

朝鲜制纸用的原料、工具和技术都与中国相似。朝鲜三国时，已经用楮、麻为原料造纸。到高丽时，造纸技术有了更大的发展，造纸原料的来源也进一步扩大，造纸业十分发达。除楮、麻以外，还有藤蔓、桑树皮、竹叶、松叶、稻草、棉、茧藁节、蒲节等作原料造纸，其中尤以桑皮最为著名。宋朝使臣徐兢在《宣和奉使高丽图经》说：高丽“纸不全用楮，间以藤造，槌捣皆滑腻，高下数等”。原料来源的扩大推动了纸的大量生产和质量的提高，尤其是皮纸的产量和质量有很大的提高。

高丽时期生产的纸的种类很多，包括白纸、白硾纸、黄纸、青纸、雅（鹅）青纸、青磁纸、翠纸、金粉纸、油纸等，质地都十分精良。高丽纸还经常向中国出口。宋人喜欢用这种纸作为书卷的衬纸。宋代文人之间还常以高丽纸相赠，视为贵重之物。

如前所述，3世纪百济博士王仁曾将《论语》等书卷的纸写本带到日本。科技史专家潘吉星的研究认为，最早把造纸技术传到日本的正是这位王仁博士。[①]

日本的造纸业在圣德太子时代有了真正的发展。前文提到，610年，高丽僧人画家昙征到日本传授造纸和制墨技术。大概从此日本开始以本地原料造纸。圣德太子令昙征指导全国遍种楮树，推广生产楮纸。在正仓院保存有飞鸟时代的纸本文物，这些纸都是楮皮纸，是完全按照中国的方法抄造的。

日本早期历史文献《古事记》《日本书纪》《延喜式》等，都记载了纸传入日本的经过、专司造纸的衙署、楮树的移植、各种纸张的制

① 参见潘吉星：《中国古代四大发明——源流、外传及世界影响》，中国科技大学出版社2002年版，第369页。

造，以及纸的书写、包装、衣着、屏风制作和裱糊墙壁房屋等用途。飞鸟和奈良两朝颁布律令，对中央所属图书寮下造纸机构有明文规定。710年，日本律令规定设立专门机构以事造纸。平安时代日本造纸生产有了进一步发展。在伊势、尾张、三河等40余地已能造出縠纸、斐纸（雁皮）、麻纸、檀纸。806—810年间，在京都设立了官办的“纸屋院”，即造纸作坊，专供朝廷用纸。《源氏物语》中说，当时日本还造出了蜡染纸、青折纸、紫纸、赤纸、胡桃色纸、交纸等加工纸。

与在朝鲜的情况一样，日本的造纸原料、技术和工具与中国十分相似。据日本学者对法隆寺、东大寺所藏日本大宝年（701—703）的户籍残卷、天平年（729—748）前后的古纸的分析，多以破麻布和楮皮为原料，其制浆技术和我国一样，采用植物灰水碱液蒸煮，并在纸浆中添加淀粉糊剂。日本早期造纸原料主要是麻类，其次是楮皮和其他木本韧皮纤维原料，造纸方法和设备都与我国隋唐时代一样。

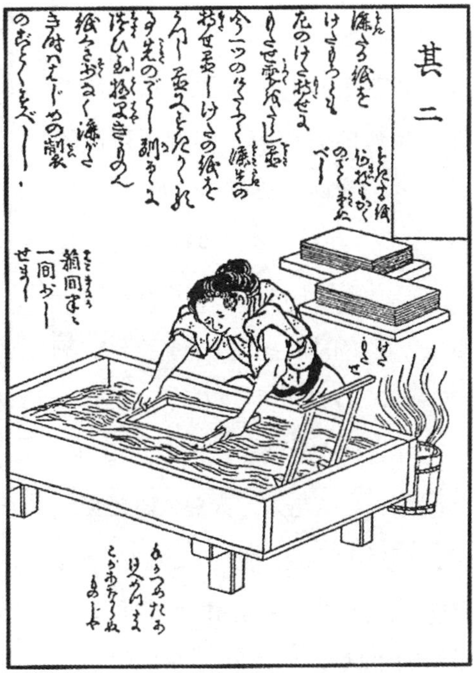

日本《纸漉重宝记》（1798）中的抄纸图

日本生产的“和纸”品质很高，是十分著名的手工艺产品。就是在机制纸占支配地位的今天，手工“和纸”仍是日本书画家喜爱使用的书写绘画材料。[①]“和纸”也曾传入中国，并受到中国文人的赞誉和好评。

① 潘吉星：《中国造纸技术史稿》，文物出版社1979年版，第149—151页。

怛逻斯战役的意外后果：造纸术西传

汉代以降，随着丝绸之路的开通，西域居于中国与西方交通的要冲，与中原地区的联系十分密切。所以当纸发明不久，就迅速传到西域，被各族人民所使用。新疆境内每次发掘比较古老的遗址，都曾发现作为书写材料的纸张，包括东汉末年至魏晋南北朝至隋唐五代的大量古纸，以官私文书、契约和典籍写本为多，也有少量佛经写本。出土文书有用汉文书写的，也有古回鹘文、突厥文、藏文、西夏文，还有中亚、西亚通行的粟特文、吐火罗文、叙利亚文、希腊文和梵文。[①]纸张由于价格低廉、携带轻便、书写容易，因而由中外商人和边吏、戍卒广为传播，4世纪起便完全代替木简，成为普遍使用的书写材料，由公文书信推广到典籍的抄写。

313年，中亚人用粟特文写在麻纸上的书信，1907年斯坦因发现于敦煌以西长城烽燧遗址中。英国国家图书馆藏

纸在西域地区流传之后，造纸技术也传播到那里，出现了自己的造纸业。有研究者认为，西域地区造纸的历史向上至少要追溯到5世纪初。[②]也有研究认为可能更早一些。7世纪时高昌确已有了造纸的“纸师”和“纸坊”。

在魏晋南北朝时期，中亚和西亚的波斯人、粟特人、大夏人就已见到并使用过中国纸。当时，波斯和粟特的商人足迹遍于中亚和西亚地区，来往于中国与西域之间，成为中华文

① 沈福伟：《中西文化交流史》，上海人民出版社1985年版，第321页。

② 潘吉星：《中国造纸技术史稿》，文物出版社1979年版，第137—138页。

化西传的重要媒介。他们在客居中国时必定使用过纸作为书写材料。当时在地中海沿岸通行的是埃及纸草和羊皮纸，波斯和康居等中亚各国都以羊皮纸作为官方和商业文书，或抄写典籍，叙利亚则用树皮作为书写材料。和埃及纸草、波斯羊皮纸相比，中国发明的植物纤维纸显得成本低廉、质地轻软，而且比纸草细腻洁白耐磨，因而引起了亚洲各国的注意，成为足迹既广、见闻亦多的波斯和粟特商人经销的一种新产品。[①]

7世纪中叶，大食与唐朝正式建立外交往来，因此，至迟在650—707年左右，中国纸就已到达大食境内。[②] 阿拉伯人在伊斯兰教初创前后，将文字写在牛犊皮上、薄薄的石片上、剥光了树叶的枣椰树枝上或者骆驼、羊的肩胛骨上。阿拉伯文的“纸”叫做waraq，本来是“叶子”的意思。这说明以前阿拉伯人大概也用过树叶一类的东西做书写材料。中国纸输入后，这个字就用来表示这种新东西了。

现在的一般研究者都把751年作为中国造纸术西传的正式年份。这一年七月，唐朝与大食在中亚地区发生战事，即著名的怛逻斯战役。

怛逻斯战役是当时世界上的两大帝国唐朝和阿拉伯阿拔斯王朝之间的一场大战，是一场在世界史上有着重要影响的重大战役。在这场战役中，唐军打了败仗。被阿拉伯人所俘的唐军兵士中，有一些是造纸工匠，这些工匠把造纸法传入撒马尔罕，在那里建立了造纸工场，成为阿拉伯帝国造纸业的开山始祖。

撒马尔罕在唐时称为康国，700年为大食将军屈底波（Kutaiba ibn Muslim）率兵占领，成为阿拉伯帝国的东方重镇。撒马尔罕有丰富的大麻和亚麻植物，加上灌渠中充足的水源，为造纸业提供了自然资源。撒马尔罕的造纸业一经建立，因为有技术熟练的中国工匠操作，所造纸

---

① 沈福伟：《中西文化交流史》，上海人民出版社1985年版，第323页。

② 潘吉星：《中国造纸技术史稿》，文物出版社1979年版，第153页。

张十分精良，成为远近闻名的商品。直到11世纪初，“撒马尔罕纸”仍在阿拉伯世界中保持很高的地位。历史学家白寿彝指出：怛逻斯战役造成的造纸术的西传，“这不只是对于大食和欧洲的造纸术引起了空前的改革，并且对于大食和欧洲的文明也发生了很大的影响。因为用这种新方法所造的纸，比他们旧用的纸太方便了，对于文明的传播和进步，起了非常重大的作用。据说：欧洲人之所以能从黑暗时代转入启蒙时代，中国造纸术的输入实占一个重要原因。这真是当初双方从事怛逻斯战争的人所梦想不到的结果”。①

在撒马尔罕的造纸业发展起来后不久，在阿拉伯世界又涌现出几处造纸业基地。794年，在呼罗珊总督巴尔马基特（Bārmakid al-Fadlibn yahya）的赞助下，在大食的首都巴格达建立了新的造纸厂。当时的巴格达是伊斯兰教的宗教和文化中心，是当时世界上最富庶繁荣的城市之一。巴格达纸厂的主要技术力量都是由撒马尔罕纸厂所提供的，据说其中就有中国工匠。纸厂投产后，哈里发哈仑·拉希德（Harun al-Rashid，786—809）的宰相贾法尔（Jàfar）便明令政府公文正式采用纸张，以代替耗资巨大的羊皮纸。由于纸的需要急剧上升，9世纪时在西亚地区又陆续出现了两个新的造纸厂。一个是在阿拉伯半岛东南的蒂哈玛（Tihāmah）建立的纸厂，不久又在大马士革（Damascus）设立了一座规模宏大的纸厂。在几百年间大马士革是向欧洲供应纸张的主要产地，所以欧洲一般称纸为“大马士革纸”（Charta Damascena）。叙利亚的另一城镇班毕城（Bambyn）也以制纸著称，所以欧洲人也曾把纸称为“班毕纸”（Charta Bambycina）。

在当时，非洲北部也在阿拉伯帝国的统治之下，所以纸和造纸术在中亚和西亚地区传播的同时，自然也很快传播到埃及。大约在900年前

① 白寿彝主编：《中国回回民族史》，中华书局2003年版，第243页。

后，在今埃及的开罗地区已经建立了造纸厂。埃及自古以来一向以生产纸草闻名于世，并长期向地中海地区输出这种纸草。但是，当中国发明的纸和造纸术传到这里以后，纸草便遇到了强有力的竞争对手，从此开始了它最终被淘汰的命运。10世纪中叶以后，纸草文书便已告绝迹，纸最终代替纸草而成为最重要、最常用的书写记事材料。①

造纸业的发展，纸的推广和普遍应用，推动了阿拉伯科学和文化事业的进一步昌盛和繁荣。830年，阿拔斯朝首都巴格达建立了“智慧宫”，由科学院、图书馆和译学馆联合组成，系统和大规模开展翻译事业。撒马尔罕和巴格达造纸厂生产的轻便的纸，为翻译事业的发展提供了最方便的条件。译学馆网罗了各国科学者和翻译家，包括伊斯兰教、景教、犹太教的学者，翻译希腊文、叙利亚文、波斯文、梵文的各种专门著作，广泛地吸收世界各国科学文化遗产。而古希腊的许多科学著作得以保存下来，几乎全赖阿拉伯文的译本。10世纪时纸在波斯湾和两河流域已经如此普遍，以致在短时期内便可抄录多卷本的科学巨著。“由于纸的应用，使8—9世纪时的翻译事业有了发展的可能，并为10世纪以后阿拉伯科学的创造性发展铺平了道路。”②由于纸张用于书写，使各种抄本得以广为流传，在巴格达、大马士革和开罗都有专门销售抄本的书商。法蒂玛王朝也在开罗创建了“科学馆”，从事科学研究和翻译事业。靠着新式纸张的传抄，开罗皇家图书馆的藏书达到了20万册，使得在公元前1世纪和389年两次被罗马人焚毁殆尽的亚历山大里亚图书馆

① [美]卡特著，吴泽炎译：《中国造纸术的发明和它的西传》，商务印书馆1957年版，第114—115页；沈福伟：《中西文化交流史》（第2版），上海人民出版社2006年版，第297—298页；何芳川：《源远流长、前途似锦的中非文化交流》，周一良主编：《中外文化交流史》，河南人民出版社1987年版，第821—822页。

② 沈福伟：《中西文化交流史》（第2版），上海人民出版社2006年版，第298—299页。

约1391年德国纽伦堡开办的造纸场。此图取自潘吉星《中国古代四大发明》，中国科学技术大学出版社2002年版

昔日的盛业重现光辉。①

中国的造纸术是通过阿拉伯人传入欧洲的。大约在9世纪，阿拉伯人造的纸就传到了欧洲。大宗的纸从阿拉伯世界传入欧洲，是在大马士革造纸厂建立以后。

西班牙是欧洲最早发展起造纸业的国家。纸的传播和广泛应用，促进了阿卜杜勒·拉曼三世（912—916）统治下的科尔多瓦文化的繁荣。当时的科尔多瓦是与巴格达、君士坦丁堡相媲美的文化中心。阿卜杜勒·拉曼三世的继承者哈克姆十分注重搜求图书，派人在亚历山大里亚、大马士革、巴格达等地搜集各种书籍和手稿，收藏总数达40万册，其中包括许多纸抄本。科尔多瓦拥有70所图书馆，其中尤以土伦多的图书馆规模最大，搜罗宏富。1058年西班牙基督教徒占领土伦多后，这

① 沈福伟：《中国与非洲——中非关系二千年》，中华书局1990年版，第516—517页。

18世纪法国纸厂。此图取自潘吉星《中国古代四大发明》，中国科学技术大学出版社2002年版

里就成了欧洲人前往游学、吸收先进的阿拉伯文化科学知识的地方。纸的大量生产更推动了西班牙翻译古典遗产的热潮，许多重要的阿拉伯学术著作以及古犹太和古希腊的重要著作在11、12世纪被译成西欧知识界通行的拉丁文。这项翻译事业规模宏大，意义深远。它在希腊古典文化和欧洲近代科学之间建起了一座桥梁，①对近代欧洲文化的发展发挥了积极的作用，为日后的文艺复兴运动奠定了基础。

14世纪是纸和造纸术在欧洲的传播取得显著进展的世纪。到14世纪末，意大利、法国、西班牙和德国南部都有了纸的生产，除了少数贵族外，纸大致已经代替羊皮纸成为通行的书写材料。

纸的广泛传播和普遍使用，对于欧洲科学文化的发展起到了相当大的作用。特别是对近代欧洲科学的繁荣和文化的进步，对于知识的传播和理性主义的兴起，乃至对于欧洲走出中世纪的蒙昧主义迷雾，开辟近代文明的新的历史纪元，都发挥了直接或间接的影响。

① 沈福伟：《中西文化交流史》，上海人民出版社1985年版，第334—335页。

一张纸铺开的人类文明史

造纸术的发明，纸作为一种新型的书写材料的广泛应用，对于整个人类文明的发展历史来说，都是具有特别重大意义的事件。

造纸术的发明在根本上改变了人们的书写材料。这是一个在人类文明发展的历史上具有重大意义的发明。从人类历史的长河来看，在人类文明形成和发展的历史上，首先经过了一个漫长的史前文明阶段。这个史前文明阶段的岁月要比我们现在所说的文明史要长得多。在那些漫长的岁月里，人类走过了他的童年，同时也从无到有，创造了许多灿烂辉煌的文化成果。比如我们常说到的仰韶文化、河姆渡文化、红山文化等等。但是，由于没有文字或其他媒体的记载，我们对于远古文明的了解非常少。许多事情我们只有通过考古和神话来重新拼图。而所谓史前文明和我们所说的文明史，其界限就在于是否有文字记载，有“文字记载的历史”就是我们所说的文明史。所以，“文字”是文明发展的至关重要的一环。恩格斯说，人类社会正是“由于文字的发明及其应用于文献纪录而过渡到文明时代”。

这样，我们就说到了和纸的发明有关的话题。因为发明了文字，总是要有一个书写文字的物质载体。各民族的先人们为此做过许许多多的尝试，创制了多种多样的书写材料。比如在中国，就先后应用过甲骨、石刻、竹简、锦帛等等。墨子说“书于竹帛，镂于金石，琢于盘盂”，就是先人们尝试过的书写材料和书写方式。其他民族也陆续发明了他们的书写材料，比如最有名的美索不达米亚的泥板、埃及纸草、欧洲和西亚的羊皮纸、印度的贝叶等等。这些书写材料在各种民族的文明发展过程中发挥了很重要的作用。但是，这些书写材料都有一些先天性的缺陷，这主要是：原材料不易获取，不易保存或流传，书写的容量小，价格昂贵不易普及，笨重而不便于阅读，不便于大规模地复制。在纸发明以前，这些书写材料限制了文化的普及，读书写字是少数人的事情，因而也就限制了文明发展的步伐。

所以，当纸出现的时候，各民族其他的书写材料就退出了文明的历史舞台，主要作为一种考古学意义上的文物而保留下来。人们开始普遍用纸来作为书写的材料，人类文明的历史开始写在纸本上了。所以，纸的出现是文字载体发展史上的重大革命。大约在4世纪时，在中国，纸已经彻底淘汰了简牍，成为主要的书写材料了。“纸的出现是人类文字载体发展史中的划时代革命。二千多年来作为世界各国通用的材料，在推动人类文明发展中起了重大作用。”①

书写材料是文化传播和文明传承的重要载体，这个载体由于变得方便和平民化，所以使文化的普及和在普及基础上的大发展成为可能。法国学者布尔努瓦在其《丝绸之路》一书中指出：“纸张是从中国为我们传来的另一种重大发明……其文化意义是无法计算的，纸张引起了拓印术和印刷术的发明。由此而开始了书籍的传播。佛教经典的经书、儒教经典的书、断代史书、科学书、医学书，所有可以传播的人类知识都能被大量印刷，并使人以相对低廉的价格获得，这就是此种发明的最早效益。”②

值得注意的一个现象是，在欧洲，造纸术和印刷术几乎是同时传播过去的。实际上，造纸术和印刷术是一个相互关联的发明。没有纸，印刷术几乎没有可能谈起。因为说到印刷，就是指在纸上的印刷。在纸上的印刷，就出现了现代意义上的书籍。

有人说，造纸术传播到欧洲延后了几百年，是由于中国人技术保密。其实不是这样。最主要的原因是地理的阻隔，还有一个需要的迫切程度的问题，就是当时欧洲文化的发展水平还没有对改变书写材料的迫切要求。而到了13世纪以后，这种需要出现了，于是造纸术和印刷术就前后跟着进来了。而在此基础上，大量印本书的出现，大大促进了欧洲

① 潘吉星：《中国古代四大发明——源流、外传及其世界影响》，中国科技大学出版社2002年版，第507页。

② [法]布尔努瓦著，耿昇译：《丝绸之路》，山东画报出版社2001年版，第265页。

人的读写生活的变化，促进了宗教改革和新思想、新科学的传播，因而出现了文艺复兴时代。

“文明之母”印刷术

从雕版印刷到活字印刷

印刷术被誉为“文明之母”。它的发明，大大提高了书籍的复制速度，有力地推动了科学文化知识的广泛传播和普及，对人类生活的各个领域的进步和发展都发生了重大影响。因此，印刷术的发明被看作是“人类文明史上的一个里程碑”。

中国印刷技术的发展，主要包括两个不同又互相联系的阶段：一个是雕版印刷技术的阶段，另一个是活字印刷技术的阶段。这是两项同样具有重大意义的发明。而这两项伟大的发明，都是中华民族的伟大创举。

雕版印刷术又称整版印刷术，即将文字反刻在一块完整的木板上，再着墨印刷。推动这一技术问世的是石刻传拓技术和印章的使用。它们为雕版印刷术提供了必要的技术基础。

关于雕版印刷术发明的年代，比较可靠的文献记载和实物证据，学术界一般公认为发明于唐代。唐初即有雕版刊刻图书之事。据唐末冯贽的《云仙散录》引《僧园逸录》说：“玄奘以回锋纸印普贤像，施于四方，每岁五驮无余。”玄奘印普贤像，当在贞观十九年（645）之后，并且印制和发行的数量也很大。另有记载说，武则天时代也曾刊过《妙法莲华经》。1966年，在韩国佛国寺释迦塔内发现了一份汉字木刻本《无垢净光大陀罗尼经咒》，据有关学者研究，认为它是在长安翻译和刻印的，大约于唐武后长安四年（704）至玄宗天宝十年（751）间，为目前发现的最早的印刷品。

现已发现的唐代印刷品，大都是中晚唐时期的。现存世界上第一部标有年代的木版印刷品是咸通九年（868）刻印的《金刚般若波罗蜜经》，是1907年斯坦因在敦煌莫高窟中发现的。这部经卷为7张纸粘连而成，长约5.3米。卷首画释迦牟尼在孤独园向长老须菩提说法的故事。卷末镌“咸通九年四月十五日王玠为二亲敬造普施”。这部经卷佛像和经文雕刻刀法纯熟，线条清晰鲜明，印刷的黑色均匀，是唐代印刷物中的精品。任何发明都要经历一个由简单到复杂、由幼稚到成熟的演进过程。在中唐时代出现《金刚经》这样具有娴熟的雕印技术的印刷品，说明雕版印刷术已经经过一段较长的发展过程，到这时已经相当成熟了。

雕版印刷术自发明以来，经不断改善和发展，至中晚唐时已经得到较为普遍的推广和使用，成为一种新兴的重要手工业部门。雕版印刷术的发明和应用，改变了书籍的制作生产形式，为科学文化知识的广泛传播开辟了广阔的道路，对人类文明的进步和发展产生了极为重要的影响。

北齐杨子华《校书图》（局部）。美国波士顿美术馆藏

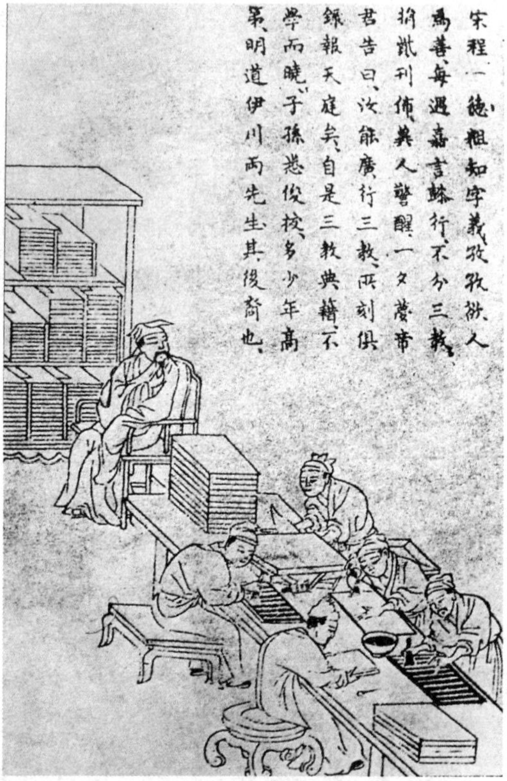

宋代的印书作坊。此图取自[美]伊佩霞著，赵世瑜等译《剑桥插图中国史》，山东画报出版社2001年版

正是由于雕版印刷术的发明，使书籍的大量生产和广泛传播成为可能。但是，虽然雕版印刷一版能印制几百甚至几千部书，但印一页必须雕一版，刻一部大书往往要多年工夫。另外，存放版片占用很大的空间。印量少又不重印的书，版片用后便成了废物。因此，在雕版印刷发展到一定程度的时候，又有了一种新的发明来克服雕版印刷的这些弱点。这种新发明就是活字印刷术。

活字印刷术发明在雕版印刷趋于鼎盛的北宋时期，它的发明者是一位叫毕昇的平民。毕昇发明活字印刷术，大约是在宋仁宗庆历年间（1041—1048）。这项发明克服了雕版印刷的弱点，非常经济和方便。它在中国和世界印刷史上都是一项伟大的创举，具有十分深远的影响。

根据沈括在《梦溪笔谈》的记载，毕昇发明的活字印刷术已是一套完整的印刷技术，几乎具备了现代排字印刷的基本原理。元代，有王祯试用木活字成功，大德二年（1298）用这套活字试印他自己纂修的《大德旌德县志》，全书6万多字，不到一个月，就百部齐成。这本《大德旌德县志》是有记录的第一部木活字印本。

王祯不仅创制了木活字印书，而且还发明了一种新的印字机械“活字板韵轮”（即转轮排字架）。这也是印刷技术史上的一项重大发明。“活字板韵轮”由大木轮、轮轴和轮架构成，使大木轮可在轮轴上转动。大木轮的轮盘上“以圆竹笆铺之，上置活字板面，各依号数上下相次铺摆”。一般用两个“活字板韵轮”，一个置按字韵排列的木活字，一个置杂字板面，字都编成号，并另造一册。排版时，人坐于两个“活字板韵轮”之间，由另一人按册中的号码唱字，即转动轮盘按号取出所需的字来，进行排版。如遇缺字，则随时刻补。“活字板韵轮”的应用，既提高了排版效率，又减轻了排字工的劳动强度，把活字印刷术提高到新的水平。

中国人发明的印刷术，从雕版印刷到活字印刷，逐步得到完善和发展，技术日臻成熟精致。和中国的许多伟大发明一样，印刷术发明以后，陆续传播到海外，对世界文明的进步和发展产生了重大影响。

八万《大藏经》如出一人之手

从中国求赐、购买经籍图书，是朝鲜历代摄取中华文化的主要形式之一。或者说，中国古代典籍在朝鲜的流布，是中华文化传播到朝鲜半岛的一个重要内容，也是一个重要的渠道和形式。中国印刷术发明后，有大量的印本书，甚至还有雕版，被作为礼品或商品流入朝鲜。在两国的贸易关系中，中国书籍在很长的时间内是朝鲜需求的大宗商品。

与此同时，中国发明的印刷术也传到朝鲜。朝鲜人仿照中国技术，利用本国产的优质纸墨，开始雕版印书。并且在借鉴中国活字印刷术的基础上，有所发展和创新，大规模地制造和使用铜活字，同时首先使用铅活字，在世界印刷史上具有特殊的地位和影响。钱存训认为，在世界印刷史上属于朝鲜的大事至少有三项：（1）朝鲜保存着目前所知世界最早的印刷品；（2）朝鲜还保存着也许是目前世界上最大和最古老的一整套木雕印版；（3）朝鲜是首先使用金属活字的国家，早于欧洲200年。关于钱氏所论第三点，学术界尚有不同的意见，有学者如我国科学技术史专家潘吉星等认为是中国首先发明和使用金属活字，然后传到朝鲜的。但无论如何，朝鲜是首先普遍使用金属活字印书的，这与中国在活字发明后仍主要以雕版印书是不同的。

朝鲜半岛的刻书事业大约起源于10世纪末。到11世纪初，朝鲜的雕版印刷已经有了较大的发展。高丽王朝建立以后，在中央设置了担任缮写、出版各种书籍的秘书省，雕版印刷了大量的儒学经典、历史和医学等各种书籍。现存朝鲜刊行的最早印本是1007年总持寺刊印的《宝箧印陀罗尼经》一卷。这是以五代吴越国王钱俶显德二年（956）杭州刊本为底本。刊本上有刊记："高丽国总持寺主、真念广济大师释弘哲，敬造《宝箧印经》版，印施普安佛塔中供养。时统和二十五年丁未岁记。"此经置入佛塔中，小卷轴装。由5张纸连成，每纸直高7.8厘米，全长240厘米。卷首有一佛变相图，图后是经文。

北宋朝廷于983年完成了《开宝藏》的刊刻。高丽成宗（981—997）于989年派遣韩彦恭出使宋朝，向宋太宗表示想在高丽也刻印藏经，请赠宋刊藏经一套，以为底本。后来又派遣高僧如可，再次表达了这个愿望。宋太宗在接见高丽使者时，当即表示完全满足高丽国王的请求，遂于989年和991年将两套《开宝藏》印本赠送给高丽。"因此990—993年间高丽已从北宋引进木版印刷技术和佛教、儒学方面最好的刊本为翻刻蓝本。"①

朝鲜印刷史上最重大的事件是11世纪刊刻工程浩大的《大藏经》。显宗元年（1010）时，契丹大举进攻高丽，夺走义州、宣川，包围了平壤。显宗南行避难，无力打退强敌。于是，显宗与群臣发无上大愿，誓刻成《大藏经》版，以借佛力的神通退敌兵。自显宗二年（1011），历德宗、靖宗以至文宗（1082），历经71年始告完成。全

① 潘吉星：《中国古代四大发明——源流、外传及世界影响》，中国科技大学出版社2002年版，第410页。

韩国海印寺藏经版殿内景

藏6000卷，主要依据《宋开宝藏》及《契丹藏》（《辽藏》）。这就是高丽旧藏经或称初雕藏经。刻成以后，板藏岭南八公山符仁寺，称为高丽之“大宝”。

然而，100多年后，这件高丽“大宝”却毁于战火。1232年，蒙古兵入侵高丽，符仁寺所藏的《大藏经》版被烧掉。蒙古兵力强盛，高宗王瞰与群臣束手无策，于是又效法显宗，立愿重刻《大藏经》，希望“诸佛圣贤三十三天”的力量，使敌人远遁。从高宗二十四年（1236）发愿，在避难的首都江华岛设立大藏都监，于晋州设分司，开始雕造，到高宗三十八年（1251）刻成，历16年而功毕。全藏共6791卷，刻版81258块，因此号称“八万《大藏经》”。“八万《大藏经》”每块经版宽69.5厘米，长23.9厘米，每版22行，每行14个字，总字数约5200万之多。30余人校对各种不同的经版，精密地进行校正，据称无一错漏。在平整而有光泽的版面上雕刻的成千上万的字，均以欧阳询体刻成，8万多块经版如出一人之手，其高超的木版雕版印刷技术水平在世界文化出版史上占有重要的地位，具有很高的艺术价值和文献价值。

韩国伽倻山海印寺

“八万《大藏经》”的全部经版在高丽王朝时代曾收藏于江华岛传灯寺内，到李氏王朝太祖七年（1398），为安全起见，被保存在所谓“三灾不到”之福地海印寺中。这部高丽《大藏经》版，至今仍完好地保存在庆尚南道海印寺里，因此海印寺有“海东敦煌”之称。1995年，海印寺的《大藏经》版和藏经殿被列入世界遗产名录。

高丽刻印“八万《大藏经》”，是世界佛教文化史上的一件盛事，也是世界印刷史上的一件盛事。

“五山版”汉籍与日本刻书业

在唐代中日文化交流的高潮中，唐朝的印本书籍已经由来华的日本遣唐使、留学生或学问僧带回日本，使日本人很早就知道有这样一种中国人发明的书籍的存在形式。

目前可以断定的古代日本最早的版刻印刷实物，是8世纪中期的《百万塔陀罗尼经》。日本奈良时代的女皇称德天皇命高僧道镜为太政大臣，主持造塔刻经，用6年时间制造了100万个高13.5厘米的小木塔，塔基中钻凿有手指般粗细的小洞穴，印制了《无垢净光经根本陀罗尼》等四种“陀罗尼经”，置于之中，共100万份，称为《百万塔陀罗尼经》。陀罗尼经的刻板版材用樱木，印以麻纸及楮纸，均染以黄柏。分置于京畿地区法隆寺、东大寺、药师寺、大安寺、元兴寺、福兴寺、西大寺、弘福寺、崇福寺、四天王寺共10寺中，每寺10万塔10万经。[①]国际学术界普遍认为，《百万塔陀罗尼经》是目前所知的仅晚于朝鲜庆州佛国寺《无垢净光大陀罗尼经咒》的印刷品。据此也可以认为日本是中国之外最早发展木版印刷的国家。

8世纪时日本竟以6年时间印刷100万份佛经，同时制成100万座佛塔，实在是一项伟大的工程。美国学者卡特说这是世界史上的实质性事件之一和最美好的事件之一。那么，奈良这次大规模的印刷活动，技术是从哪里来的呢？木宫泰彦指出：“从当时的日唐交通、文化交流等来推测，我认为是从唐朝输入的。”[②]日本学者秃氏祐祥也指出：“从奈良时代到平安时代与中国大陆交通的盛行和中国给予我国显著影响的事实来看，此陀罗尼的印刷绝非我国独创的事业，不过是模仿中国早已实行的做法而已。”他还进一步指出，是754年东渡日本的鉴真和尚一行

---

① 严绍璗：《汉籍在日本的流布研究》，江苏古籍出版社1992年版，第124页。

② 潘吉星：《中国古代四大发明——源流、外传及世界影响》，中国科技大学出版社2002年版，第405页。

向日本人传授了这种技术。[①]

中国的印刷术再次东传大约是在10世纪后半期。北宋雍熙元年（984），日本僧人奝然与其徒五六人入宋，参拜各地佛迹，并受到宋朝皇帝的接见与赐予封号。987年奝然回国时，将模刻的旃檀释迦像、十六罗汉画像和宋朝皇帝诏赐的一部蜀刻《大藏经》带回日本。为记载这件事，日本文献上第一次采用“摺本”（印刷书）一词。此后，还有一些日本入宋僧将中国印本佛经带回国。由于中国印本佛经传入日本，大概日本人也了解了中国的雕版印刷技术，于是在日本出现了刻书印书事业。

日本初期刻印的几乎全部是佛经，多为和尚、尼姑以及善男信女，舍财刊版。他们同中国一样认为刻经印施是大功德，可以消灾延寿，普度众生，超度亡魂，往生极乐。所以，在12世纪后，刻经事业接踵而起。当时在日本最享盛誉的是“春日版”和“高野版”。所谓“春日版”，即是京都春日社僧侣的刻书；所谓“高野版”，则是在高野山上的金刚寺梓行。这两种版本的刻书，都是佛典与僧传，尤以密教方面的典籍居多。

日本刻书事业的高潮出现在镰仓时代。在禅宗佛教传入日本并日趋兴盛之际，中国的印本佛典和儒家典籍也大量传入日本，宋学也在日本获得了广泛的传播。这些都促进了日本刻书事业的兴盛和繁荣。这时日本刻书大都是中国宋元版的复刻本。最早模仿唐样版本的是京都泉涌寺版。俊芿及其弟子陆续从宋地带回大批律部经卷，为了谋求律宗的振兴，就在泉涌寺复刻宋版律部，名“泉涌寺版”。主持泉涌寺版开版的，都是入宋僧或其弟子。

这一时期规模最大、影响深远的则是“五山”刻书事业。在当时禅

① [日]秃氏祐祥：《东洋印刷史研究》，转引自潘吉星：《中国古代四大发明——源流、外传及世界影响》，中国科技大学出版社2002年版，第405页。

宗勃兴、宋学东传的文化条件下，为了适应五山学僧钻研禅学与汉文化的需要，在五山中盛行起复刻中国文献典籍的事业，出现了竟相刻刊中国书籍的隆盛局面。所谓“五山版”，就是指从13世纪中后期镰仓时代起，至16世纪室町时代后期，以镰仓五山和京都五山为中心的刻版印本。“五山版”的出现，是日本印刷史上的一个重要成就。

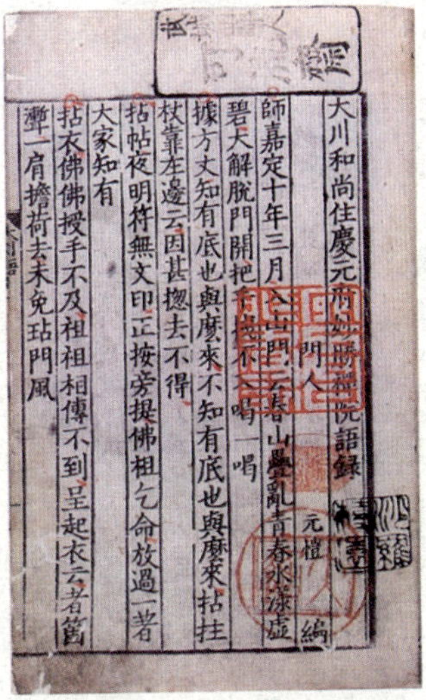
大川和尚住慶元府妙勝禪院語録
門人 元愷 編
師嘉定十年三月入山門云春山疊亂青春水漾虛
碧大解脫門開把手攜不入喝一喝
據方丈知有底也與麼來不知有底也與麼來拈拄
杖靠左邊云因甚揔去不得
拈帖夜明符無文印正按旁提佛祖乞命放過一著
大家知有
拈衣佛佛授手不及祖祖相傳不到呈起衣云者箇
辮一肩擔荷去未免玷門風

五山版《大川和尚语录》（局部）。华东师范大学图书馆藏

在日本的刻书事业中，有很多来自中国的刻工参与其间，带来了中国先进的雕版印刷技术与工艺，为日本的刻书印刷事业的发展做出了重要的贡献。

纸币与纸牌：雕版印刷术传入欧洲的载体

纸币是欧洲人所接触的最早的印刷形式。欧洲人通过纸币，不仅了解到作为新型书写材料的植物纤维纸，而且得知了雕版印刷术这一中国人的伟大发明。欧洲人了解纸币，主要是在元代中西交通大开之际，许多东来的使节、商人和教士直接接触到中国发行的纸币及其在商业活动中的作用。

中国是世界上使用纸币最早的国家。中国最早的纸币，是北宋初年的“交子”。元代是纸币最盛行的时期，市场上除银元宝外，几乎都是纸币。元世祖中统元年（1260）发行“中统元宝交钞”，以白银为本位，面额则同铜钱单位，不限地区和年月流通使用。到至元二十二年（1285），通过一系列措施，使“中统元宝交钞”成为全国唯一法定的货币。至元二十四年（1287）又发行“至元通行宝钞”，作为主要纸币流通。元朝中央政府还设立诸路宝钞都提举司，完善管理制度，使元代

南宋的货币会子（左）及印制的铜板（右）。国家博物馆藏

成为纸币发展的高峰时期。[①]

纸币的神奇，不仅仅它体现了造纸与印刷术的完美结合，而且更体现了符号与物质之间隐秘的对应关系。元代来华的许多西方人士都对纸币发生很大兴趣，并作过报道和介绍。其中最早向欧洲介绍纸币的是元代来华传教士鲁布鲁克（Rubrouc）。他在回到法国后，于1255年曾提到中国人用纸币作商业贸易。他说：“中国普通的钱币是用棉纸做成，像手掌一样大小，上面印有一些线条和记号，像蒙哥汗印章的样子……至于在俄罗斯人中通用的钱币，是用上有彩色记号的小片皮块做成的。”[②]在此之前，欧洲人可能根本没有听说过用纸作为交易媒

① 阴法鲁、许树安主编：《中国古代文化史》第3册，北京大学出版社1991年版，第38—42页。

② [美]卡特著，吴泽炎译：《中国印刷的发明和它的西传》，商务印书馆1957年版，第97页。

介的事。英国科学家和哲学家罗吉尔·培根（Roger Bacon，1561—1626）很快就读到了鲁布鲁克的报道，他在约1266年写作的《大著作》中形容这种纸币为“一张桑叶制成的片子，上面印着一些线条”。马可·波罗对纸币的作用作了更详细和直接的观察。他简要地介绍了桑树皮制纸的情况，并极详尽地叙述了造纸币的过程、流通系统、在交易中的使用及破旧纸币的更换等情况。[①]

除了纸币外，纸牌也是欧洲所知道的最早的雕版印刷品之一。纸牌也是由中国发明的，传说最早是汉将军韩信发明了纸牌游戏，起初叫“金叶子格”“叶格”“叶子戏”，后来又称为“马吊”。实际上，纸牌也是中国最早的雕版印刷品之一。纸牌在宋以后普遍流行，在南宋的杭州已有专门出售纸牌的铺子。

许多西方学者认为，扑克牌最早起源于东方。英国科学史家李约瑟（Joseph Needham，1900—1995）在《中国科学技术史》中将桥牌的发明归功于中国人。法国著名东方学家莱麦撒（Abel Remusat）明确指出：“欧洲人最初所玩的纸牌，其形状、图式大小及数目，皆与中国人所用者相同，或亦为蒙古人输入欧洲。”[②]很可能是在元代中西交通大开之际，纸牌传到了欧洲。比较多的说法是，1292年马可·波罗离开中国时，把包括纸牌在内的许多中国物品带回威尼斯，并立刻引起了人们的兴趣，很快在民间流传开。纸牌传入欧洲后，逐步被改造成为扑克牌。此后又经过数百年的演变，逐渐变成了今天国际公认的扑克牌样式。

纸牌在14世纪末叶已经开始在欧洲流行。在欧洲流行纸牌不久，就出了印刷纸牌的行业。15世纪初，印刷纸牌成为一项重要的工业产业。

纸牌是欧洲最早的雕版印刷品之一，它对于欧洲雕版印刷业的发展起到了重要的推动作用。几乎在纸牌大量流行的同时，也出现了其他雕

① [法]沙海昂注，冯承钧译：《马可·波罗行记》，中华书局2004年版，第89页。
② 张秀民：《中国印刷术的发明及其影响》，人民出版社1958年版，第182页。

圣克利斯道夫像，印刷于1423年，现存最早的欧洲木版画。此图取自潘吉星《中国古代四大发明》，中国科学技术大学出版社2002年版

版印刷品。现存最早的欧洲雕版印刷品是印制于1423年的圣克利斯道夫（St. Christopher）像。那个时候留存到现在的图像印刷品有几百幅，但绝大多数都没有注明年代。所以这幅圣克利斯道夫像并不一定是最早的，只是因为它在注明年代的少数作品中是最早的。很可能在此之前雕版印刷已经流行了一个时期。这些雕版最初印于德国南部和威尼斯。1400—1450年间逐步普及于中欧大部分地区。它们以宗教为主题，都是关于圣徒画像和《圣经》故事的。后来则由印制宗教画像发展到印刷书籍。在15世纪中叶的时候，威尼斯就已经成为欧洲印刷业的中心。后来，意大利、德国、荷兰先后成为欧洲雕版印刷的早期基地。

欧洲早期的雕版书籍与中国的雕版书籍很相似，在版面形制、刻版、上墨、刷印及装订等各工序操作上，完全是按照中国技术方法进行的，因而具有元代线装书的面孔，只是文字横排，而不是竖排。[①]这也可以看出中国与欧洲在印刷技术上的前后相承的关系。19世纪英国学者罗伯特·柯松（Robert Curzon，1810—1873）曾经指出，欧洲雕版书籍几乎在一切方面都和中国的模式完全相像，“我们只能认为，欧洲雕版书的印刷方法也一定是严格按照中国的样品复制的。把这些样品书带到欧洲来的是早期去过中国的人，只是他们的名字没有能够流传到今天而已”。[②]

欧洲活字印刷技术与中国的渊源

中国发明的雕版印刷术大约在14世纪末15世纪初传到欧洲，并在意大利、德国、荷兰等地得到推广和应用，印制了纸牌、雕版画、印本书籍等雕版印刷品。但是，由于欧洲各国使用的都是拼音文字，与雕版印刷并不适合，所以欧洲的雕版印刷事业并没有像在中国和东亚各国那样获得充分的发展，构成印刷史上一个有独立意义的阶段。相反，欧洲人一般只把活字印刷的发明，算作印刷术的开始时期，而把雕版印刷只作为准备期间的一个重要步骤而已。在他们看来，活字印刷的发明才是印刷术的发明。这种看法肯定是片面的、偏颇的，不仅不符合雕版印刷曾在世界文明史上发挥了巨大作用的历史事实，也不符合欧洲印刷技术发展史的基本史实。但是，从另一方面来看，这种看法也说明了（尽管是片面地说明）活字印刷对于西方文明发展的影响，更具有特别重要的意义。另外，产生这种看法还有一个原因，就是雕版印刷在欧洲历史上独

① 潘吉星：《中国古代四大发明——源流、外传及世界影响》，中国科技大学出版社2002年版，第434—435页。

② [英]柯松：《中国和欧洲印刷史》；转引自[美]钱存训：《中国科学技术史》第5卷第1分册《纸和印刷》，科学出版社、上海古籍出版社1990年版，第279页。

立存在的时间并不长。在雕版印刷术传入欧洲半个多世纪以后，欧洲人就开始应用活字印刷了。

欧洲早期的活字印刷大约出现于15世纪上半期。有一位生于威尼斯西北的费尔特雷镇的叫帕姆菲洛·卡斯塔尔迪（Pamfilio Castaldi of Feltre，1398—1490）的意大利雕刻家，据说他在看过马可·波罗带回的中国书籍（一说是几块印刷汉文书籍的木板）后曾经从事过活字印刷。他于1426年在威尼斯印过一些折页，据说还保存在费尔特雷镇的档案中。伦巴第地区在1868年塑造了一座雕像，纪念卡斯塔尔迪把活字印刷术介绍引入欧洲。有人认为卡斯塔尔迪所见到的书籍或木板，不是马可·波罗自己带回的，而是在马可·波罗回国半个世纪以后，回到意大利的许多无名旅行者之一从中国带回来的。

荷兰人劳伦斯·柯斯特·封·哈尔兰姆（Laurens Coster von Haarlem，约1370—1443）于1430年用活字印刷过一本宗教手册，但字迹很不清晰。当时可能还有一些人进行过活字印刷的试验。因而，荷兰也自称是欧洲最早发展活字印刷的国家。

德国出生的银匠普罗科普·瓦尔德福格尔（Prokop Waldfoghel，1367—1444）也曾在活字印刷方面进行过尝试。他在布拉格居住期间，已经获得了有关东方铸字印书的技术信息。因为布拉格是中国丝绸运到欧洲的一个主要终点，有许多到过东方的商人行旅在此逗留，东方印书技术的消息在这里已有传播。后来有关金属活字的技术信息又从布拉格传到纽伦堡、斯特拉斯堡和美因茨等地。瓦尔德福格尔后来迁居阿维尼翁，他在1441—1444年发展了一种生产书籍的“假写技术”。所谓“假写技术”，就是指不用手写，而以字块拼合，印出像手写的文字。他用的材料有铁字、钢字、锡字和木字，亦即是进行金属活字印刷。

对于欧洲印刷史有重大意义的是德国人古腾堡（Johannes Gutenberg，1397—1468）的活字印刷技术。古腾堡早年从事过雕版

古腾堡活字印刷《圣经》书影

印刷工作。1448年，他以铅、锑、锡合金制成欧洲拼音文字的活字，并制造了活字印刷机。1450年，他铸出大号金属活字，印刷了《三十六行圣经》（36Line Bible）。1455年，印刷了小号字拉丁文《四十二行圣经》（42Line Bible），即著名的《古腾堡圣经》。这部《圣经》的版面为30.5厘米×40.6厘米，每版面两页，双面印刷，共1289页，分2册装订。每版四边有木版刻成的花草图案，木版版框内植字，为集木版与活字版为一体的珍本。这是古腾堡技术生涯的最大成就。

在古腾堡活字印刷术及其印刷机在欧洲问世后不久，15世纪中期直至15世纪末，在意大利、法国、荷兰、匈牙利、西班牙、英国、丹麦、瑞典等国都先后出现了德国人按照古腾堡技术创建的印刷所，共有250家之多。有的印刷所在古腾堡的印刷技术基础上作了创新和改进。[①]这种新的印刷技术受到了广泛的欢迎，出版书籍很快成为每一个大城市的光荣和有利的生意。

16世纪初，一个富裕而有名的学者阿尔都斯·马努提乌斯（Aldus Manutius）在威尼斯经营了一家有名的阿尔丁印刷所（Aldine Press），其印刷的希腊和拉丁古典文学名著的精美版本到现在还被认为是印刷艺术上的杰作。[②]在文艺复兴时代那些很有影响的古希腊哲学和科学著作，包括亚里士多德等人的作品都是在他的印刷所里首先印制的。当时代许多著名的人文主义者都是马努提乌斯的朋友，经常在他的

① 杜美：《德国文化史》，北京大学出版社1990年版，第51—52页。

② [美]海斯、穆恩、韦兰著，中央民族学院研究室译：《世界史》中册，生活·读书·新知三联书店1975年版，第608页。

印刷所聚会，提出印刷出版那些古典著作的建议。在那个时代，“印刷工厂和书店也是人文主义运动的中心，这既因为那里是图书（包括他们的知识产品）出版和发行的地方，也因为那里是交流的场所”。[①]意大利人文主义思想家埃拉斯谟（Desiderius Erasmus，1466—1536）把活字印刷术说成是世界上一切伟大发明中最伟大的发明。

那么，在古腾堡发明活字印刷术与中国的印刷术之间有没有什么联系呢？西方学者一般对欧洲的雕版印术来源于中国都持肯定的结论，但对活字印刷术与中国的关系，却有不同的说法。有的人认为，欧洲的活字印刷术是一种独立的发明，与中国没有必然的联系。还有的人主张，现在还没有发现充足的证据来证实中国的活字印刷与欧洲的活字印刷有直接的关系，但也不能就断然否定两者的关系，最好的办法是暂时不做结论。也有一些人曾肯定地认为中国活字印刷对古腾堡发明的直接影响。例如奥斯丁会修士门多萨（Gonzalez de Mendoza，1545—1618）《大中华帝国史》就指出，古腾堡曾受到过从阿拉伯来的商人带来的中国书籍的影响，并以此作为他的发明的最初基础。另有一则传说，说古腾堡的妻子出身于威尼斯的孔塔里尼（Contarini）家族，因此古腾堡也和卡斯塔尔迪一样，见到过某些旅行者带回威尼斯的中国印刷雕版，这使他受到启发，才发明了活字印刷。

20世纪初的法国学者格斯曼（Pierre Gusman）对于解释中国活字印刷的向外传播，又提出了两种可能性：一是活字印刷通过俄罗斯传入欧洲，据说古腾堡在他留住布拉格期间学会了这种方法；二是由一群亚美尼亚人传入欧洲，据说他们以前曾和维吾尔人有过接触，以后曾住在荷兰，当时正是哈尔兰姆进行活字印刷尝试的时候。传播这种木活字的或者是那些往来于欧亚之间的传教士、商人和旅行家。他们将这些木活

① [法]费雷德里克·巴比耶著，刘阳等译：《书籍的历史》，广西师范大学出版社2005年版，第141页。

字带到欧洲，从而启发了欧洲人对活字印刷的实验。

至于间接的影响，中国的作用则是确凿的和显而易见的。任何新的发明都需要一定的技术前提和条件。那么，中国发明的纸，是印刷发明的基础；而由中国传入欧洲的纸牌、雕版画以及大量的中国印本书，还有当时关于中国印刷方法的各种报道，无疑都对欧洲人使用活字印刷术起到推动刺激的作用。

总之，中国发明的印刷术，包括雕版印刷和活字印刷，通过艰苦的努力，完成了西传的漫长历程。它的西传，直接启发和促进了欧洲印刷业的产生和发展；而印刷技术在欧洲的推广和应用，则在近代文明的进程中发挥了巨大的作用。

印刷术点亮了欧洲启蒙之光

印刷术在欧洲出现不久，便受到社会各界的普遍欢迎和高度重视。由于最初的印刷品都是宗教宣传品，所以宗教界对印刷术的推广和应用十分欢迎，因为他们感觉到这种发明对于宗教信仰的传播是十分有益的。特别是在那些不识字的群众中布教，表现圣徒和《圣经》故事的雕版画起了很大的作用。1476年，共生会修士们在罗斯托克城（Rostock）发表宣言，称印刷术是“一切学识共同之母”，“教会之辅佐人”。他们自称是“天主的司铎”，说教时“不用口说之语言，而用手写之语言”。

印刷术的应用价值为宗教界人士所称道，但是与此同时，它也是促进宗教改革、甚至激发起与宗教精神相对立的科学和理性主义精神的重要力量。实际上，欧洲印刷事业的发轫与宗教改革有密切的联系。宗教改革领袖马丁·路德（Martin Luther，1483—1546）在提到印刷术时认为：“它是上帝无上而终极的恩典，使福音得以遐迩传播。”在近代欧洲的宗教改革运动中，印刷术确实起到了相当重要的作用。正是由于印刷技术的发展和推广应用，使新教运动的观点能够以小册子、传单和宣言的形式广泛流传。在宗教改革中发挥了巨大作用的纲领性文件、马丁·路德的《九十五条论纲》（*Ninetyfive Theses*）由于印刷厂赶印，两周内就传遍德国，4周内传遍全欧洲。当时人们形容《九十五条论纲》的传播犹如天使传达基督福音那样快。

印刷术在欧洲的迅速发展和广泛应用，也反映了时代对这种新发明的需要。在经过中世纪的黑暗时代之后，欧洲正处在文艺复兴那个理性主义精神觉醒的新时期。“这个时期也显然是传播知识、发展贸易和强调用白话而不是用古文进行新文学创作的时期。在那种复杂的情况下，在传播公开的、可接受的、地方的经验和知识方面，印刷术是一种主要的媒介。……印刷术具有人文主义和公开性，在商业上颇有活力，能够开拓人们的眼界，帮助人们认识世界和改造世界，因而得到了广泛应用。”①

印刷术的发明根本上改变了图书的流通方式和人们的阅读方式，使阅读不再是少数人的特权，而变成了一种可以大众共享的文化形态。对于文明的发展史来说，这是一个具有重大意义的变化。我们在世界各国文化的发展史上都看到，印刷术的推广和使用，彻底改变了书籍的存在形态，同时也就出现了一个书籍大发展的时期，因而也就出现了一个文化大繁荣、大进步的时期。法国学者费雷德里克·巴比耶（Frédéric Barbier）指出：“在15世纪80年代，由于印刷书的出现，手写书大多被弃之一旁；随后，在16世纪初，印刷书最终摆脱了手写书的具体形式的束缚，公众的增加导致了图书种类越来越丰富、文本的新的分布方式和此后可能进入的另一个层次的阅读。”②

印刷术发展了，书籍的成本低廉了，使用方便了，读书的人迅速地

① [英]德博诺编，蒋太培译，李融校：《发明的故事》上册，生活·读书·新知三联书店1986年版，第133页。

② [法]费雷德里克·巴比耶著，刘阳等译：《书籍的历史》，广西师范大学出版社2005年版，第118页。

增加起来。有许多统计数字表明，在印刷术推广之后不久，欧洲各国出版的各类书籍，不仅仅是宗教方面的书籍，还包括科学技术、文学艺术的书籍，成倍地迅速增长，印刷、出版以及书籍的销售成为一个新兴的有利可图的产业。据统计，在1450年至1500年间，欧洲大约有27000余部作品印刷刊行。

“印刷术释放了书写文字的力量，成为现代文明发展的动力，加快了人类获取知识的步伐。”[①]由于印刷术的应用，把学术、教育从基督教修道院中解放出来，使学术中心由修道院转移到了各地的大学。恩格斯曾经指出：印刷业的发明以及商业发展的迫切需要，不仅改变了只有僧侣才能读书写字的状况，而且也改变了只有僧侣才能受较高级的教育的状况。学术文化不再是修道院所垄断的了，促进了教育的大发展和知识的世俗化，由此出现了中世纪后期文化科技艺术发展的高潮，迎来了文艺复兴的新时代。

到了18世纪启蒙运动时代，文艺复兴时期人文主义著作印本再次引起人们的广泛兴趣，以至法国大革命将古腾堡褒奖为第一位在欧洲传播“启蒙之光”的匠人，而将印刷术当作各民族的“自由火炬”。许多研究者都注意到印刷品文化在启蒙时代的重要性。“从几大卷的百科全书到低级趣味不入流的书籍，从几十卷的大型丛书到批评宣传小册子，从小说到带插图的科学著作，‘印刷自由’意义上的出版自由是18世纪的斗争之一……在大革命热潮中，孔多塞（Condorcet，1743—1794）欢呼印刷品是‘不可驯服的力量’，这股力量把出版自由强加到了一切权力之上，它把启蒙思想传播开来了。”[②]

印刷术的发明和广泛应用对于近代西方历史文化的影响是多方面

---

① [新西兰]史蒂文·罗杰·费希尔著，李瑞林等译：《阅读的历史》，商务印书馆2009年版，第191页。

② [法]让—皮埃尔·里乌、让·弗朗索瓦·西里内利主编，杨剑译：《法国文化史》第3卷，华东师范大学出版社2006年版，第34页。

的，甚至可以看作是近代西方历史的重要的转折点。印刷术的广泛应用促进了欧洲的现代化，对政治、社会和文化等方面产生了激烈而深远的影响，使它成为一种社会变革的媒体和力量。

献给世界的古代“文化工业”系列

造纸术的发明、印刷术的发明，这是中国献给全世界的古代“文化工业”系列。

造纸，从收集、梳理造纸原料，以至后来的栽种、培育竹木芦苇等造纸原料，到粉碎、浸泡、腐化原料，到全部造纸过程，这是一个系列性、连锁性的工艺生产过程，是一种工业生产，虽然还是手工业的，但已经使用了部分机械，已经是集群性生产，有了生产作坊，先是宫廷生产，后成民间生产。印刷术亦如此，从选木、炮制和处理木材，到截材、制材，再到写字、刻字，以至拣字、排版，直到印刷，是一个更复杂、更多方面的系列性、连锁性工艺生产过程，也是一个更复杂的工业生产，它需要更具技术性和文化性的劳动者和印刷作坊。当然，也在手工业生产中，使用了更多的机械。而且，与印刷伴行的，还有制墨工业、制笔工业，以及为印刷的特殊需要而产生的造纸工业。这样，在“印刷”这一作业的营运中，就产生了很广泛的工业生产过程。

如果把造纸和印刷两个生产流程连接起来，那就是更复杂、更多方面、更具技术性的工业生产过程了。因此，我们可以将之称为“造纸—印刷工业”生产。

这种工业生产，不同于其他工业生产，比如不同于缫丝、织绸、制陶瓷等生产的地方在于，它不是一般地体现为一种人类的文化，它自身就是文化生产，是为文化生产服务的。

因此，我们可以称之为“人类古代文化工业生产系列”。这一文化工业生产系列的产生，是中国献给世界、献给人类的。

因为是这样一种性质的文化生产系列，所以，它在中国和从中国传到全世界，对人类文化的发展所起到的作用和具有的意义，就大大不同于其他任何发明创造，不是局部的、不是片面的、不是一时的，而是整体的、全面的、永恒的。它使人类的文化水准大大提高了，文化发展速度大大提高了，也使文化在人类社会的发展中的作用大大提高了，它更使文化能够走出宫廷和贵族的樊笼，而进入寻常百姓家了，这又更进一步掀起了文化发展的浪潮。因此，这一文化工业生产系列使人类文化发展发生了大转折，进入新的时代。

实际上，纸和印刷术在西方的出现，引起了整个社会、政治和文化上的剧烈变动。正如英国文学家和史学家韦尔斯（Herbert George Wells，1866—1946）所指出的，由于纸和印刷术的发明和应用，欧洲（其实也是全人类）好像“打开了一扇门”“放进了一线光明”，而且，“知识倏然地燃烧起来”。而知识一旦燃烧起来，“就不再是少数者的特权”，于是“这扇门开得更大了，门后的光更明亮了”。[①]

如果我们从工业生产的角度来看纸和印刷事业的发展，那么，我们还要注意到这个生产背后的商业动机和市场需求。所有的科学发明，真正能够广泛普及并且深入人们的日常生活之中，主要得益于商业行为的推动。在中国历史上，正是从唐后期雕版印刷的推广，开始形成了早期的图书市场，宋代是雕版印刷业的黄金时代，也是图书贸易的黄金时代。以后历代，图书贸易蓬勃发展，许多雕版印刷中心城市也是图书贸易中心，甚至还发展成为国际贸易，比如大量中国典籍的印本书流传到朝鲜和日本，都是以商业为载体，作为商品贩售到那里的。

法国学者马尔坦（Henri-Jean Martin，1924—2007）和费夫贺（Lucien Febvre，1878—1956）在《书籍的诞生》中指出：“从一开始，印刷就是一种工业，与其他工业遵循同样的原则；而书籍就是一种

---

① [英]赫·乔·韦尔斯著，吴文藻等译：《世界史纲——生物和人类的简明史》，人民出版社1982年版，218页。

商品，人们制造它们的首要目的就是为了谋生。”“书籍的市场一直就像其他的市场一样。对于制造书的工业家来说，对于卖书的商人（书店和出版者）来说，都有着价格和资金来源的问题。”①

另一方面，也可以说，造纸术和印刷术也是人类文明发展到一定阶段的结果，是应运而生的。钱存训说：纸和印刷术是人类文明发展进程达到一定成熟水平的产物，这个进程创造了纸和印刷术这种工业系列产生的历史条件，其中就包括资本主义的生产和商业的因素。当然还包括其他的因素，比如另一位法国学者伯罗斯特（Jean-François Belhoste）就从冶金业的发展与活字印刷术的关联来研究，这种研究说明的是其他领域的技术发展对活字印刷术的推广同样是很重要的。他指出：“活字印刷术的成功显然有赖于当时欧洲的经济与文化的有利背景，尤其是像人们立刻指出的那样，存在着对文本的成批生产的需求。……同时，技术方面的总体发展也为这项发明提供了有利的框架。”②

同样地，纸和印刷术的推广，又在很大程度上参与推动人类文明的历史进程，也参与和推动其他产业或工业的发展。

恩格斯在论述欧洲“在中世纪的黑夜之后，科学以意想不到的力量一下子重新兴起，并且以神奇的速度发展起来”的原因时，“再次把这个奇迹归功于生产”，而“生产”之得以发展起来，他指出了四个原因，其中之一是“印刷机出现了”。并且，他还写道：“以前人们夸说的只是生产应归功于科学的那些事；但科学应归功于生产的事却多得无限。”③

---

① 引自韩琦、[意]米盖拉编：《中国和欧洲——印刷术与书籍史》，商务印书馆2008年版，第129页。

② [法]伯罗斯特，《印刷术和冶金业：两种关联的历史（15—16世纪）》，转引自韩琦、[意]米盖拉编：《中国和欧洲——印刷术与书籍史》，商务印书馆2008年版，第144页。

③ 《马克思恩格斯全集》第20卷，人民出版社1972年版，第524页。

这里，恩格斯一方面将印刷术中的印刷机的出现列为生产，另一方面，同时肯定了生产对科学发展的“功劳”。而印刷机作为“文化工业”，对科学发展的作用，则更直接、更有效、更带“原创性”。按照恩格斯的论证，正是生产的发展带来了文艺复兴那个科学的时代，“这是地球从来没有经历过的最伟大的一次革命。自然科学也就是在这一场革命中诞生和形成起来”。而印刷机正是这场地球上从未有过的革命的发动机之一。

因此，可以说，因为有了古代的文化工业系列，才有人类近代文明的产生，并引发了人类现代文明、现代文化工业的产生和发展。

“历史推手”火药

火药最初是用于医学的

火药的发明，是中国古代科学技术发展的一项重要成果，李约瑟甚至把火药的发明说成是“中古时期中国社会最伟大的成就之一”。中国的火药发明之后，陆续传播到海外各国，对各国的文明和历史发展，乃至对于世界历史的演变和发展，都发生了重大影响。即使在现代社会生活中，它也仍然发挥着十分重要的作用。现代战争中的常规武器，建筑工程中开山辟路的爆炸物，把各种飞行器乃至人类送上太空的运载火箭，都是以中国古代发明的火药和火器技术原理为基础的。

中国古代发明的火药，是一种由硝石、硫磺和含炭物质按一定合理比例配制而成的混合物，它能在没有外界助燃剂参与的情况下迅速地燃烧，结果产生大量气体和化学能。[①]发明火药的前提条件，首先在

① 潘吉星：《中国火箭技术史稿》，科学出版社1987年版，第11页；王兆春：《中国火器史》，军事科学出版社1991年版，第1页；[英]贝尔纳著，伍况甫等译：《历史上的科学》，科学出版社1959年版，第194页。

于对硝石、硫磺等物质特性的了解和认识。特别是对硝石的了解和认识，是发明火药的关键。没有对硝石特性的认识，就不可能有对火药的发明。

恩格斯指出："在中国和印度，土壤中含有大量的硝石，因此很自然地，当地居民早就了解了它的特性。"①硝石即现代化学上所说的硝酸钾（KNO_3），是一种钾盐。早在2000多年前，中国人就开始从药物学的角度认识和利用硝石。天然硝石是一种矿物质，存在于含有钾、钠、钙、镁的土壤中，当有足够的空气和水分时，由含氮的有机物分解而成。人们可以从含有天然硝石的土壤中，用水沥滤、蒸发和结晶等方法提炼质地较纯的硝。

在世界科学发展史上，中国是最早发现硝石提纯技术的。《史记·扁鹊仓公列传》详细记载了淳于氏用硝石给人治病的情况："淄川王美人怀子而不乳"，淳于氏"复诊其脉，而脉躁。躁者有余病，即饮以硝石一齐，出血，血如豆比五六枚"。1972年，考古工作者在甘肃武威旱滩坡发现了一批东汉早期的医学简牍，这批简牍共92片，所载方剂30多个，所列药物名称100多味，有植物类、动物类和矿石类等，矿石类药物共16种，其中就有硝石。大约成书于西汉末东汉初的《神农本草经》同时记载了硝石和朴硝："硝石，味苦寒，主五脏积热，胃胀闭，涤去蓄结饮食，推陈致新，除邪气。炼之如膏，久服轻身。""朴硝，味苦寒，主百病，除寒热邪气，逐六腑积聚，结固留癖。能化七十二种石。炼饵服之，轻身神仙。"

中国人对硫磺特性的认识也是从药物学的角度开始的。在《神农本草经》中，硫磺被列为"中品药"，位于雄黄和雌黄之后，为中品药的第三位，称为"能化金银铜铁"的奇物。火药最初是被作为药物来对待的，硝石和硫磺都可当作药物，并且是从药物学的角度来认识的。"火

---

① 《马克思恩格斯全集》第14卷，人民出版社1964年版，第193页。

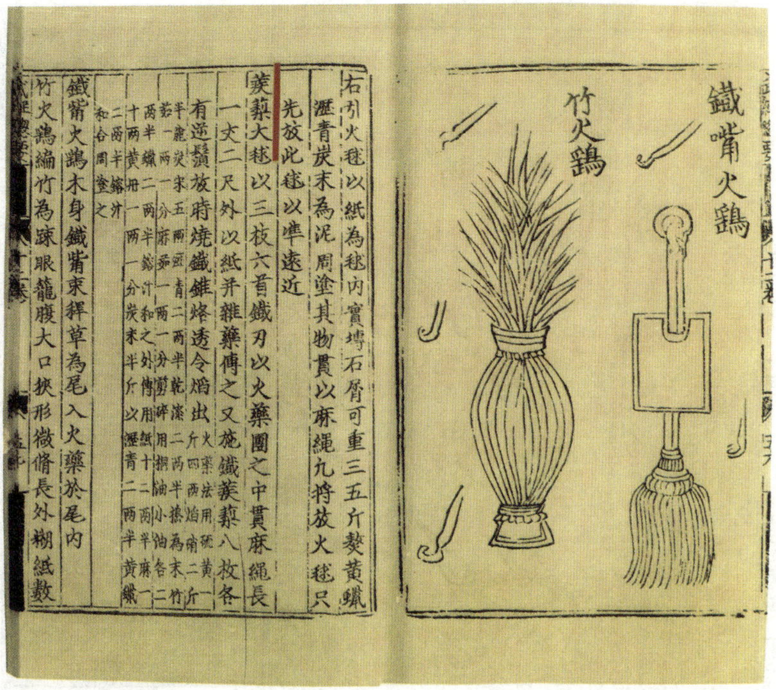

东晋葛洪记述的两种火药配方。《抱朴子·仙药》书影

药”一词的“药”字，其本意就在于此。所以把硝石、硫磺和炭构成的起火爆炸混合物叫作“火药”。正是对于火药的医药性能方面的认识，导致了火药在医学方面的应用。而火药治病的传统一直延续下来。李时珍《本草纲目》中还有火药治病的明确记载。

关于中国火药出现的最早年代，尚不可考。但可以肯定的是，至迟在唐代中期（9世纪）已经有了关于原始火药的明确记载。成书于当时的《真元妙道要略》中提到硝石、硫磺、雄黄与蜜烧之，引起着火现象，以致房舍烧烬，是一种弱性火药燃烧后引起的后果。李约瑟把《真元妙道要略》看作为中国最先发明火药的“久已称著的证据”。在五代末北宋初（10世纪60年代），中国已有了真正的军用火药。军事家们把硝、硫、炭按一定的组配比率配制成火药，制成火器用于作战，从而在兵器发展史上开创了新的时代。

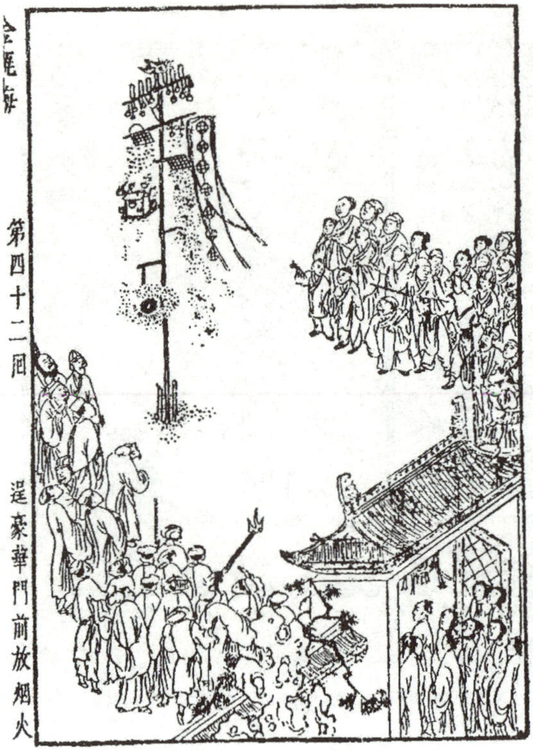

宋代的大型成架焰火。《金瓶梅词话》插图

火药的发明，是古代中国科学技术的重要成就，是中华民族对世界文明的伟大奉献。恩格斯指出：“现在几乎所有的人都承认，发明火药并用它朝一定方向发射重物的是东方国家。……在中国，还在很早的时期就用硝石和其他引火剂混合制成了烟火剂，并把它使用在军事上和盛大典礼中。”①

神奇的火器家族成长史

火药的发明和它的实际应用大体上是同步的。由于火药技术的应用，导致了火药武器的创制和应用，并引起了兵器史上的重大变革。科

① 《马克思恩格斯全集》第47卷，人民出版社2004年版，第427页。

明佚名《明宪宗元宵行乐图》（局部）。国家博物馆藏

学史家潘吉星指出：“由黑火药制成的火器，较前此所用的冷武器具有无比的技术优越性。”“火器的出现和使用是人类武器发展史中划时代的革命。……逐渐将中外其他旧式武器取而代之，成为近千年间人类在战场上通用的作战武器。”[①]火药和火器的扩大使用，是武器技术的重大变革，它大大提高了军队的战斗力和作战的质量，进而改变了作战方式和战场上的面貌。而火器的应用和发展，又促进了火药技术的进一步提高和完善。

中国火药发明的初期，便把它应用于军事目的。据史籍记载，唐

① 潘吉星：《中国古代四大发明——源流、外传及世界影响》，中国科技大学出版社2002年版，第547、548页。

昭宗天祐元年（904），郑璠攻豫章时就曾使用了“飞火”攻城。“飞火”就是在箭杆上绑一个火药团，点着引信，用弓发射出去，去烧敌军。这是我国最早的火药武器。到宋代时，人们对火药的制造和使用又有了很大的提高。宋开宝二年（969），兵部令使冯继升等首次发明制造火药箭。开宝八年（975），宋军利用了这种火药箭和火炮作为攻灭南唐的重要武器。宋真宗咸平三年（1000），神卫水军队长唐福献所制火毬、火蒺藜，两年后，又有冀州团练使石普献所制火毬、火箭，并在朝廷做表演。宋敏求《东京记》中说，北宋汴梁有规模庞大的兵工厂，内分11目，其中有一目叫“火药窑子作”，专门制造火药，品种有毒药烟球、蒺藜火球和火炮，这些都是属于燃烧性的火器，也是宋代使用最广泛的火器。

12、13世纪，即宋、金、元交替之际，是中国历史上战事频繁的时代。宋、金、蒙古三个政权经常互相交战，战事不断。在当时的主要战场上，各方都大量使用火器，战场上硝烟弥漫、火光冲天、响声震耳。由于火器在战争中的广泛应用，又进一步促进了火器的发展。

在这一时期，还出现了原始管形火器的萌芽。1132年，南宋将领陈规在守德安时，制作了长竹竿火枪。长竹竿火枪也就是喷火枪，它以竹筒喷射，在形制上已与火药纵火箭有很大的不同。100年后，金军创制了另一种“飞火枪”。金军使用的这种飞火枪，枪小而轻，便于单兵携带，能独立作战，可以喷射火焰烧灼一丈多远的敌军。飞火枪是我国火器发展史上第一次装备集群士兵作战的单兵火枪。[①]1232年，在蒙古军攻打开封时，金军守将赤盏合喜率部使用这种飞火枪，成为金军的得力火器。有的学者认为，金军在1232年开封府战役中使用的飞火枪在形制和构造原理上都属于火箭武器，是已知最早的火箭。

当时出现的另一种管形火器是南宋寿春府地方于1259年创制的突火

① 王兆春：《中国火器史》，军事科学出版社1991年版，第32页。

枪。这种突火枪已经具备了管形射击火器的三个基本要素：身管、火药和弹丸（子窠）。突火枪以巨竹为筒，在筒内装填火药和子窠，火药燃烧后产生的气体推力能将子窠沿着枪的轴线方向射出，产生击杀作用。有人认为，这里所说的子窠即是子弹的雏形。因此，南宋人创制和使用的突火枪被公认为是世界上最早自发运用射击原理的管形射击火器。而管形射击火器的出现，则是火器发展史上一个具有重大意义的创新和突破。到了元代，则创制和使用了金属管形射击火器。而这种以金属铸造的管形射击火器则是现代枪炮的前身。

元代的金属管形射击火器叫作“火铳”。大约在元代晚期，至少在14世纪初年，已将火铳用于实战。

元代火铳是自发运用发射原理的较为先进的管形射击火器。这种火铳在创制成功后，便用于装备军队作战。据《元史·达礼麻识理传》记载，元至正二十四年（1364），达礼麻识理为了对抗孛罗帖木儿的军队，在铁旛竿山下布列的队伍中，已是“火铳什伍相联”，可见其装备的火铳数量已很可观。这说明到了元朝末年，我国已经有了专习火器的火器部队，这应该是我国最早的火器部队。火铳也被元末农民起义军广泛使用，例如在朱元璋的军队中就装备有较多的火铳。

元代火铳，刻有“至顺三年二月十四日绥边讨寇军”，是已发现的最早的管状火器实物。国家博物馆藏

明代不仅在铳类火器的制作和应用上有很大提高，而且发展了利用火药燃气反冲力推进的火箭类火器。这里所说的“火箭”，已不同于宋代使用的“火药纵火箭”。这种火箭以固体黑火药为发射剂，借直接反作用力而发射出去。按照流体力学原理，当定量流体以高速从压力较高的地方向低压区喷射时，它就会产生相当的反作用力。如果这种反作用力作用在一个能发生运动的物体上，这个物体就会沿着反作用力的方向发生运动。这就是中国传统火箭的工作原理。这同近代火箭发动机原理是一致的。[①]中国传统火箭可以看作是近代火箭的祖先。

明代火箭技术的一大成就是创制了二级火箭，它是将两个单飞火箭首尾相连，以达到增加火箭射程的目的。“火龙出水”是这种二级火箭的代表性制品。“火龙出水”火箭的制造原理是，在龙腹内放置数枚火箭，由一总药线相连。龙头、龙尾下部再放置内含重1.5斤发射药的火箭筒各二枚，火门向下，亦用总药线相连。再将龙腹内火箭总药线与龙

元代使用火药武器场景图。此图取自刘迎胜《话说丝绸之路》，安徽人民出版社2017年版

① 潘吉星：《中国火箭技术史稿》，科学出版社1987年版，第1页。

头、龙尾下火箭筒药线相连。点燃龙头、龙尾火箭筒总药线后，整个火龙便迅即飞出，这是第一级火箭。当第一级火箭发射药燃尽后，又引燃龙腹内的火箭，于是从龙口内喷射而出，继续前进。这是第二级火箭。因为第一级火箭内含6斤发射药，所以推力相当大。如果在水面上发射，可飞行二三里之远。这可能是当时世界上最先进的重型远射程二级火箭。

二级火箭的创制，表明明代火箭技术发展到了历史上前所未有的高峰。李约瑟把明代的二级火箭称为“原始的阿波罗火箭”。

总之，通过几百年的发展，中国的火器制造已经达到了很高的水平。“从12世纪起到15世纪，即从宋代到明中叶以前，中国已在世界上最先用火药制成炸弹、手榴弹、金属火铳、喷火筒（火焰喷射器）、反作用火箭、集束火箭、多级火箭、火箭弹、火炮、地雷、水雷、定时炸弹、信号弹、烟雾弹等火器家族中的一系列成员，品种齐全，用途各异。这些火器投入生产后，与冷武器并用于战场上。”①

蒙古军队与朝鲜的火药交锋

中国火药和火器技术的大规模外传，主要是从元代开始的。当时的元朝军队东征西战，大规模对外用兵，大量地使用了当时已经发明的火药和各种火器。因此，他们也就把火药和火器以及相关的制作技术传到了他们征战过的地方。火药和火器技术外传的事例很好地说明了其可能引发战争对人类文明可能造成破坏，也同时可能成为文化传播的一个重要渠道，进而对人类文明的发展和进步起到不同程度的促进作用。

火药和火器技术在中国发明不久，就传播到朝鲜境内，并且得到推广和应用。在中国失传的火器，有时可以在朝鲜的传世遗物中看

① 潘吉星：《中国古代四大发明——源流、外传及世界影响》，中国科技大学出版社2002年版，第550页。

到。如南宋时爆炸火器震天雷，就可以在朝鲜古物中见到其遗制和详细构造。

关于火药和火器技术传入朝鲜半岛的具体年代尚不清楚，但从12世纪以来，在《高丽史》中可发现有关“发火”军、“火攻”“炮击”“放铳筒”等记载。12世纪初，在高丽军“始立别武班……凡有马者为神骑，无马者为神步，跳荡、梗弓、精弩、发火等军”。12世纪30年代，高丽军征伐妙清叛乱军，攻击西京（平壤）时采用“火攻”战术。由此可见，12世纪前期，高丽已掌握了火药和火器制作技术并应用于军事活动。据《李朝实录》载，15世纪的梁诚之曾说：“火炮之制，自新罗而始，至高丽而备，及本朝而尽善。”概括了火器在朝鲜的历史发展线索。①

13世纪前期，蒙古军队曾侵入朝鲜，使用各种火器于战事。南宋绍定四年（1231）九月至绍定五年（1232）正月，在龟州战役中，蒙军使用火炮攻城，锐不可当。另一方面，朝鲜人也在抗击蒙军侵略时使用火器作战。1254—1259年间，高丽押海人曾用“炮”击退车罗大率领的蒙古水军的进攻。

13世纪60年代以后，元朝政府与高丽关系十分密切，曾调拨大批火药和火器装备高丽军队，为高丽士兵广泛掌握火药和火器技术创造了有利条件。

明代元兴后，高丽与明朝保持着密切的往来。当时，为了清剿倭寇，高丽曾向明朝请求军事援助，要求赠给合用的器械、火药、硫磺、焰硝等物。明初朝廷对火药、火器控制极为严格，但这次却向高丽调拨焰硝50万斤、硫磺10万斤以及各种火器。

从明初一直到万历年间，明朝军器局和兵仗局制造的各种火器不断

① 朴真奭：《中朝经济文化交流史研究》，辽宁人民出版社1984年版，第121—122页。

运往朝鲜。日本学者有马成甫在《火炮的起源和它的流传》中，共收录了4件碗口炮、2件威远炮、1件虎蹲炮，以及4件大型天字号、4件地字号、8件玄字号、4件黄字号等大中小各型火炮的实物资料，此外还有15件胜字号手铳和一些火箭、喷筒等实物资料。这些实物现分别收藏在日本或韩国的博物馆里。

在中国火药和火器大量流传到朝鲜的同时，朝鲜人也积极开展火药和火器的研制。在朝鲜火药和火器技术发展史上，崔茂宣起到了相当重要的作用。1373年，崔茂宣于礼成江口找到了“粗知”焰硝采取法的中国商人李元，崔茂宣对他“遇之深厚”，特意请他到自己的家里，从李元那里学会了火药制作技术。其后，崔茂宣向高丽政府建议，要求进行试验，但“皆不信，至有欺诋”。他不得不在私下进行研究，“使家僮数人，私习其效”。经过艰苦努力，终于试验成功，并向政府多次建议制造火药和火器。1377年，辛禑王同意采纳崔茂宣的建议，在中央政府设火㷁都监，任崔茂宣为提调官（或称“判事”），主持制造火药和火㷁（即火铳）等。这是朝鲜有明确记载的火药生产的开始。

崔茂宣在火㷁都监主事期间，不仅生产火药，还在研究过去的“炮机”“铳筒”等武器的基础上制造了不少新“火器”。据《高丽史》和《李朝实录》等记载，高丽在1373—1395年间制造的“火器”有：火箭、火筒、火㷁、火炮、大将军、二将军、三将军、六花石炮、信炮、铁翎箭、皮翎箭、蒺藜炮、铁弹子、穿山五龙箭、流火、走火、触天火，共计17种。它们的威力都很大，使“观者莫不惊叹”。其中火炮“把炮弹能发射到远距离，而且是最有威力的武器”。[①]

崔茂宣还亲自把火药和火器用于实战。1380年，全罗道按抚使郑地、名将罗世和崔茂宣指挥配有火器的高丽舰队在全罗道与几百艘来犯

① 朴真奭：《中朝经济文化交流史研究》，辽宁人民出版社1984年版，第122—124页。

倭船展开激战。由罗世任舰队元帅，崔茂宣任副帅。他们在镇浦港口的水战中一举燃毁全部敌船，取得大捷。事后，郑地慨叹道：“予生平遇敌众矣，未若今日之快也。”顺便说一句，指挥这次抗倭水战的舰队主帅罗世是元代流亡到朝鲜的中国人。

崔茂宣为朝鲜火药和火器的发展做出了重大贡献。他在临终前，总结自己从事火药和火器研制的经验，编写了《火药修炼法》一书，委托其夫人留给后世，这是朝鲜历史上第一部有关火药和火器技术的专著。

李氏朝鲜时期，政府也十分重视火药和火器的制造，并将火药和火器广泛用于军队装备。1419年，世宗李祹曾率文武百官亲临江面观看演试火炮。1430年，有的地方虎狼为害，世宗亲自下令给“发火”50柄，以除民患。“发火”是一种由纸制火药筒制成的爆炸或纵火武器，其中包括火箭装置。1433年，世宗又至京城东郊观看演试火炮，其中有新制作的“火炮箭”，一发二箭或四箭。可见当时朝鲜的火器技术已经达到一定水平。

种子岛“铁炮传来”

元代初年，忽必烈曾两次派兵跨海东征日本。由于元军不习水战，又遇海上飓风，所以两次东征均以失败告终。但在这两次东征中，元军大量使用火药和火器，使日本人受到很大震动，看到了火器在战争中的巨大威力。日本有许多史籍记载了元军用火器同日军作战的情况。

虽然元军两次东征日本都没有成功，但让日本人了解到火器在战争中的巨大威力。日本人多方试图从朝鲜那里了解火药和火器制作的技术秘密。但是，朝鲜政府对此十分警惕，下令沿海各道严防“将火药秘术教习倭人。自今沿海各官煮硝宜禁之”。所以，在很长一段时期内，日本人并不了解和掌握火药和火器技术，直到16世纪时才开始仿制从中国传入的火器。

据日本人南浦玄昌在《南浦文集》中的《铁炮记》一文中记载，天文十二年（1543）八月二十五日，“大明儒生五峰”即当时活跃在中日之间的著名海商汪直，与西南蛮种贾胡（即葡萄牙商人）以及其他100多人，乘一艘大海船遭遇风暴，被迫在九州南部的种子岛靠岸。船上携有火器。他们将所带“铁炮”即鸟铳卖给了岛上领主时尧西梃，并传习火药和火器之法。这就是著名的“铁炮传来”事件。日本史家认为这一偶然事件是火药和火器技术传入日本的最初交流活动，“开启了日本的火枪时代”。从此以后，火药和火器在日本逐渐发展起来。另据欧洲的史料记载，这艘商船是从宁波开往葡萄牙的，葡萄牙著名的旅行家平托（Fernao Mendes Pinto）就是乘这艘船回国的。所以所谓日本的“铁炮传来”事件，平托是亲历者之一。

与火药和火器有关的烟火技术，在日本的发展也是比较晚。烟火在日语中叫“花火”。较早的记载是织田信长（1543—1582）的《信长公记》卷十四，其中提到天正九年（1581）在幕府放爆竹的事。稍后，三浦净心（1635—1716）在《北条五代记》卷八提到天正十三年（1608）八月在北条氏与佐竹作战后，于夜间点花火慰问将士。德川幕府时期，中日交通和贸易往来比较频繁。庆长十八年（1613）有中国南方善造烟火者随商船到达日本，受到德川家康的接见。他们向德川家康献上中国铁炮二门和望远镜、烟火等，并一起观看中国人演放烟火。

阿拉伯兵书中的契丹火箭

阿拉伯世界在中国火药和火器技术的西传过程中起到了桥梁作用。阿拉伯是火药和火器西传技术的第一站，经过这一站而后才传到欧洲。

火药和火器传入阿拉伯世界主要经由两条路线。一条路线是在南宋时期从中国东南沿海经过海路直接传入埃及，一条路线是在元朝蒙古军队西征时经陆路传入阿拉伯国家。

南宋时，中国与阿拉伯的海路交通十分发达，来往商船不断。当时通往阿拉伯的中国商船都备有自卫武器，船上有弓箭手、盾手和发射火箭的射手多人。阿拉伯人很有可能从南宋以来通过海上贸易渠道得知中国火药和火器的知识。另一方面，当时也有许多阿拉伯人到中国经商旅行或侨居，他们也可能在中国看到过节日焰火，接触过火药和火器，并把这些见闻传播回去。例如有许多埃及人和摩洛哥人就在中国亲眼看到过杭州城里风行的“流星”或“花火”。再例如，1161年宋金采石战役中宋军使用“霹雳炮”时，据说就为在场的阿拉伯水手所目睹。

13世纪时，蒙古军队发动了几次大规模西征，直接在阿拉伯境内战场上使用各种火器。据波斯史学家拉施特（Rashidal-Din Fadl Allah，1247—1317）记载，1258年蒙古军在郭侃率领下攻占阿拔斯王朝首都巴格达时，曾使用了“将火药筒绑在枪头上的武器”即火箭。1234年蒙古灭金后，开封府等地库存火药、火器及守军中的火箭手、工匠等，尽为蒙古军所有，并立即编入蒙古军之中。后来历次西征时，这些火箭手也随大军西进，并在阿拉伯地区驻扎。

阿拉伯文献中最早提到中国火药知识的是药物学家伊本·贝塔尔（Ibnal-Baitar，1197—1248）著于1240年的《医方汇编》。在这部书的“巴鲁得”条目下说：“这是埃及老医生所称的中国雪（talgā-s-Sīn， taljal-sīnī），西方（马格里布和安达卢西）普通人和医生都叫‘巴鲁得’，称作‘焰硝花’。”[①]这里的“巴鲁得”一词的含义在当时就是指硝。阿拉伯人把硝称作“巴鲁得”“中国雪”或“焰硝花”。硝石是宋元时中国对外贸易的出口商品之一。阿拉伯人因为硝石来自中国，所以又取名称之为“中国雪”，而“焰硝”则是汉语“焰硝”的音译。当时侨居在中国的阿拉伯人对中国的烟火感到十分新奇，他们将中国这一发明称为“焰硝花”。

另一位生于伊拉克的阿拉伯学者库图比（Yūsuf ibn Ismā ‘il al-

① 沈福伟：《中国与非洲——中非关系二千年》，中华书局1900年版，第534页。

Kutubi，大约生于1311）将白塔尔的《医方汇编》加以缩编，改称《行医须知》，在其中对硝石有较白塔尔更详细的记述。

在13世纪下半叶阿拉伯有一部著名的兵书，是阿拉伯军事家哈桑（Al-Hassan al-Rammāh Najm al-Dīnal-Ahdab，1265—1295）所著的《马术和军械》。这部著作中详述了各种火器、烟火、火药配方和硝石提纯技术等方面的问题，书中广泛引用了中国资料。哈桑在书中叙述了火箭、火毬、烟火等，药料成分中包括硝石、硫磺和木炭，还有树脂、亚麻子油及某些金属装填物。哈桑还在书中提到了一种火罐，为陶质，或以玻璃、纸或金属制成，内实以火药，外覆以硫磺、沥青、蜡、焦油、石脑油等。将火罐抛出，能起到炸弹的作用，类似中国宋金时使用的震天雷。

从以上介绍的古代阿拉伯文献的有关记载可以得知，早在12世纪下半叶阿拉伯人就已经接触到中国的烟火、火药和火器的有关知识或信息。13世纪，随着蒙古大军的西进，阿拉伯人已经掌握了制造火药和火器的有关技术。

硝石是宋元时期的中国出口商品，其中包括对阿拉伯国家的出口。硝在阿拉伯国家起初用于医药和炼丹术，后来也被应用于玻璃制造业。大约在13世纪初，硝开始用来制造火药。大概在阿拉伯人研制火药之后不久，便将其应用于作战。在第七次十字军战争期间（1248—1254）阿拉伯人使用了含硝的“烟火剂”，用带长尾羽翼的箭，射向敌阵。只见飞行的箭如火龙经空，似闪电疾飞，火光照耀，变黑夜为白昼，欧洲十字军终于被击退。①

在哈桑的《马术和军械》一书中介绍了一种“契丹火枪”，枪头叫“契丹火箭”。这是采用金人的飞火枪，用火箭作为燃烧体。14世纪初的另一部佚名阿拉伯兵书《为阿拉而战》，也载有陆战时用的火枪和水

---

① 王兆春：《中国兵器史》，军事科学出版社1991年版，第44页。

战时用的火箭，都叫“契丹火箭”。这是在一根长形的火箭上，“安上长而尖的头，以备水战”。在交战中，箭发敌船，“箭头嵌入船板，便延烧以致无法扑救”。这两种“契丹火箭”，前一种是陆战时交手中的火枪，后一种是水战时由管形火器中发射的火箭，由于是从管形火器中发射，所以这种火箭已类似突火枪中的子窠。①

大约在13世纪末至14世纪初，统治中东地区的马木鲁克人将蒙古人传去的火筒和突火枪加以改制，发展成为一种叫做“马达法”的管形射击火器。“马达法”一词在现代阿拉伯语通称“火器”。“马达法”的形制主要有两种：一种是用一个木制短筒，装置火药，在筒口安上石球，点燃火药就冲击石球。另一种筒身较长，先装火药，然后安上铁栓，再在筒口装箭，火药点燃后，由铁栓推动铁箭射击。日本火器史研究者有马成甫指出：阿拉伯人的火器“马达法”，同中国金军所用的飞火枪，南宋创制的突火枪，同属管形火器系列。“马达法”是二者的发展：飞火枪用纸筒、突火枪用竹筒作枪筒，“马达法”用木筒作枪筒。②

欧洲人在与阿拉伯人的交战中学到火药知识

火药和火器及其有关的技术和知识，通过阿拉伯传到欧洲。

古代欧洲文献中最早的火药知识全都来自阿拉伯国家。13世纪下半叶，欧洲人将一种有关火攻战术的书《制敌燃烧火攻书》译成拉丁文。原著是13世纪中叶的一位匿名阿拉伯人所作。这是流传到欧洲的最早一本讲火攻法的书。据说在1804年，拿破仑曾下令将这本书付印，发给部队的将领。这本书中收集了历来用于火攻的35个方子，其有5个涉及火药和火器。

---

① 沈福伟：《中西文化交流史》，上海人民出版社1985年版，第356页。

② [日]有马成甫：《火炮的起源及其流传》，转引自王兆春：《中国火器史》，军事科学出版社1991年版，第42页。

《制敌燃烧火攻书》所记载的有关火药和火器的配方及制作技术，反映了当时阿拉伯人的知识水平，而这些知识和技术都直接与中国有关，是从中国传过去的。不仅如此，这部著作的意义还在于，它大概是欧洲人最早接触到有关火药和火器的技术资料。

欧洲人不仅从阿拉伯的文献中获得有关火药和火器的知识，而且在与阿拉伯人的战争冲突中认识到火药和火器的威力以及在战争中的重要性。14世纪时，火药和各种火器，包括管形射击火器，已广泛用于阿拉伯军事装备，并在同欧洲人的战事中多次使用。欧洲与阿拉伯的军事冲突中，促进了欧洲人学习和掌握使用、制造火药和火器。

火药和火器的知识和技术经阿拉伯人的媒介传入欧洲后，迅速得到推广和应用。大约在14世纪上半期，欧洲就已经开始制造并在实战中应用火器了。现存欧洲最早的火器图形，是在牛津礼拜堂发现的一张1326年的瓶形火炮图画，瓶口插一枝箭，后有武士正点引线。这份档案是1326年伦敦主教为英国国王爱德华三世加冕时的加冕辞，关于火炮的图画画在加冕辞的下方。在霍开姆（Holkham）发现的一份1326年的档案中，也有一幅类似的瓶形火炮的图画。这类瓶型火炮与中国宋金时期铁火炮的形状十分相似。意大利一处中古时期的教堂有1345年和1364年的壁画，1345年画的是水战中用手铳射击，1364年画的是堡垒内外的战士用手铳，堡垒外有一尊竹节形火铳，尾部无竹节，火门在尾部，铳口安有石球；有人正在点燃药线。形制和英国的“提拉尔”一样，尾部没有竹节，说明它出于和手铳同源的“马达法”。

意大利是欧洲最早制造和使用火器的国家。1326年，意大利人便掌握了火器的技术秘密，佛罗伦萨制造铁炮和炮弹，欧洲开始造出了第一批金属管形火器。1379—1380年热那亚人和威尼斯人为争夺海上贸易而发生战争，他们在基奥贾岛（Chioggia）上的要塞附近发生了一场激烈的争夺战，在这次战役中发射了火箭。西方火器史家都认为基奥贾战役中使用的火箭是西方制造火箭的可靠的早期记载。

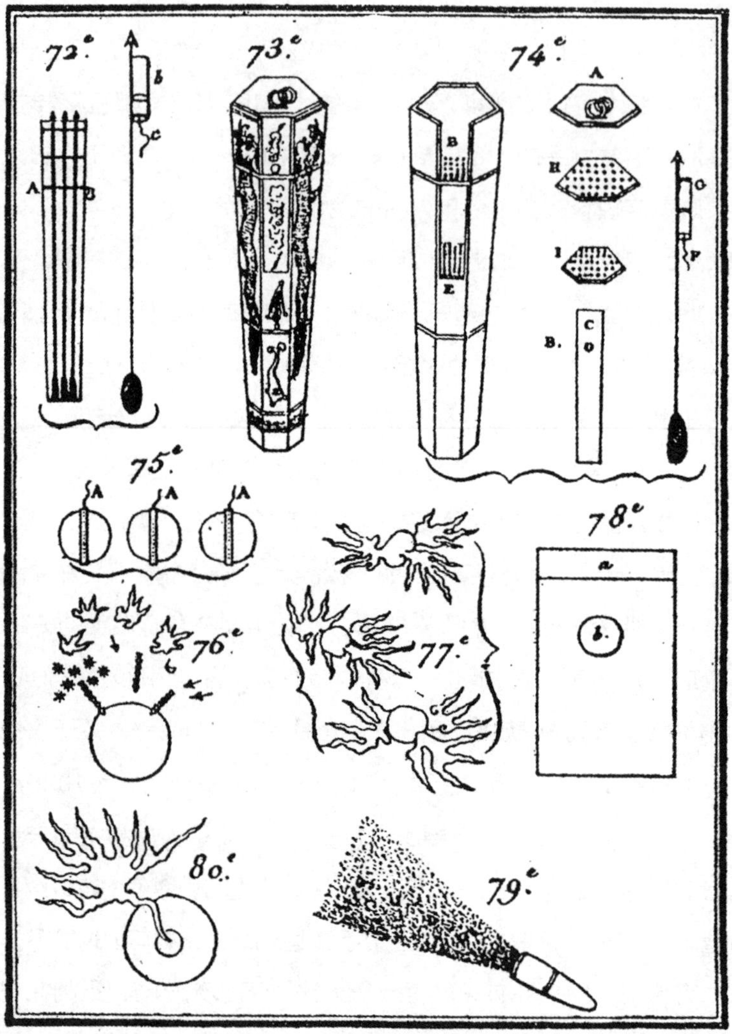

法国传教士钱德明所著《中国兵法论》中转载的《武备志》中的火器图

与火器相关的烟火制造技术，在欧洲也是首先出现于意大利。佛罗伦萨人和锡纳亚人都善于制造烟火。意大利许多地方都定期表演大型烟火。

英国也是比较早使用和制造火炮的欧洲国家。1342年，英国的德比伯爵和索尔兹伯里伯爵参加了阿耳黑西拉斯战役，向摩洛哥学习使用大炮。1345年，英法克莱西之战，英国使用了24尊铁炮、60磅火药，炮手雷尔门·拉西埃（Rarmond Larchier）曾接到土劳斯国王送来的2尊铁炮、8磅火药、200枚铅弹。1345年，英国又制造100件莱巴杜火器，已粗具三眼铳或四眼铳的雏形。两年之后，1347年，英国又仿造“马达法”，制造一种提拉尔火炮。

16世纪后半期，由火药制成的烟火在英国盛行起来。1572年，英国女王伊丽莎白一世（Queen Elizabeth I，1535—1603）巡视沃里克附近的坦普尔场（Temple Field），沃里克伯爵（Earl of Warwick）兼炮兵总监，用烟火、爆仗欢迎女王。从这以后，英国文献多次提到用火箭庆祝重要事件。

法国和德国大约也是在14世纪时开始使用火器。约在1405年的德国军事工程师康拉德·凯泽尔（Conrad Kyeser von Eystädt，1366—1405）的《战争防御》一书，谈到了火箭、枪炮和一些奇异的火药配方，反映了当时德国人对火药和火器知识的认识水平。这本书中谈到纵火箭、烟火、火箭、炸弹、火枪等。书中的火药配方引自《制敌燃烧火攻书》，火药成分除硝、硫、炭外，还有砒霜、雄黄和石灰，与中国的火药方相同。他提到的“飞龙”是用绳子绑在火药筒上，“飞龙”药料成分中也含有油质物。书中介绍的“飞鸟”则类似中国的“神火飞鸦”。

火药改变了欧洲的历史进程

大约在14世纪上半期，中国发明的火药和火器技术已经在欧洲广泛传播，并很快得到推广，应用于军队装备和各种战事。当时，欧洲正处于历史大变革的前夜。火药和火器的传入，对于这场历史大变革起到了重要的推动作用，从而对世界的历史进程起到了重要的推动作用。

18世纪法国启蒙思想家孔多塞指出，火药和火器的发明，改变了作战方式，使战争这种“艺术”发生了一场革命。他说：“铁盔铁甲，几乎是无懈可击的骑术、使用长矛、长枪或刀剑——这种贵族对平民所具有的优势终于全都消逝了；而摧毁对人类的自由的和对他们的真正平等的最后这道障碍的，却是由于最初一眼看去似乎是在威胁着要消灭整个人类的这样一种发明。”①

对于火药和火器西传的重大历史意义，恩格斯作了更为精湛的概括：“在14世纪初，火药从阿拉伯人那里传入西欧，它使整个作战方法发生了变革。……火器一开始就是城市和以城市为依靠的新兴君主政体反对封建贵族的武器。以前一直攻不破的贵族城堡的石墙抵不住市民的大炮；市民的枪弹射穿了骑士的盔甲，贵族的统治跟身披铠甲的贵族骑兵队同归于尽了。”②

恩格斯还指出：“但是火药和火器的采用决不是一种暴力行为，而是一种工业的，也就是经济的进步。不管工业是以生产什么东西或破坏什么东西为目的，工业总是工业。火器的采用不仅对作战方法本身，而且对统治和奴役的政治关系起了变革的作用。”③恩格斯在这里指出的火药和火器的意义，就不仅仅是在军事装备上的改进和作战方式的改变，而且深入到社会文化的层次，着重指出了它对于经济进步的意义，推动了社会生产力的发展，同时也成为引起社会变革的一个契机。军事的变化，经济的发展，以及社会政治关系的变革，都是在这一时代的欧洲具有重大历史意义的事变。从中国传去的火药和火器对摧毁欧洲封建制度起到了重要作用，从而给欧洲历史和文明的发展进程以极大的推动。

另一方面，在资本原始积累过程中，西欧殖民势力向各地进行殖民侵略，也把火器带到非洲沿海地区和三大洋其他地区。15世纪起，葡萄牙的管形射击火器有了很快的发展，并且广泛用于军队装备。在资本主义殖民扩张过程中，火器也成了一种得力的工具。正如英国科学史

① [法]孔多塞著，何兆斌、何冰译：《人类精神进步史表纲要》，生活·读书·新知三联书店1998年版，第97—98页。

② 《马克思恩格斯选集》第3卷，人民出版社1972年版，第207页。

③ 《马克思恩格斯选集》第3卷，人民出版社1972年版，第207页。

家贝尔纳（Claude Bermard，1901—1971）所说的："从那时起到本世纪中叶，火药就让西欧人在世界海道上称雄。火药又使欧洲人能拿他们的文化型加在其他的文化型上，后者在文化和武功双方，都并不低于前者。火药更直接地使他们能把世界上可以罗致的资财都集中在他们手里，如此他们就有了累积的资本，来资助工业革命。"①

但是，火药的用途不仅仅是用于火器的制造和战场上的应用。火药的发明和应用，对于近代科学的进步与发展，也有着重要的意义。正如李约瑟所说的：火药的发明不仅仅应用于战场上，更加激动人心的是，"除了开矿、采石及人类交通运输线路建设——所有民用工程项目——中应用爆破外，火药作为人类所知的最早的化学爆炸物，还在各种热机发展中起着必不可少的作用"。②比如对火药爆炸现象的分析和研究，导致人类发现了氧，并由此为全部现代化学奠定了新的起点。炮弹在空中的运动（弹道学）促进了动力学的新研究。爆炸本身所具有的力，和炮弹从炮膛里的排出，证明了有一些天然力，特别是火，其力量是可供实用的，而这一点激励了蒸汽发动机的发展。关于火药对于近代科学的意义，贝尔纳指出："归根到底，是火药对科学的影响而不是它对战事的影响，将产生最大的影响，使机器时代得以出发。火药和大炮不只爆破了中古时代的经济世界和政治世界；它们更是毁灭中古世界的思想体系的两股主力。……制造火药、火药的爆炸、炮弹从炮筒放射出去以及出膛后的飞行，都提出了一些问题，其实际解决引导人们去研求一些属于一个新种类的原因，并创立几门新科学。"③

---

① [英]贝尔纳著，伍况甫等译：《历史上的科学》，科学出版社1959年版，第159、195页。

② [英]李约瑟：《中国科学技术史》第5卷第7分册《军事技术：火药的史诗》，科学出版社、上海古籍出版社2005年版，第XXII页。

③ [英]贝尔纳著，伍况甫等译：《历史上的科学》，科学出版社1959年版，第159、195页。

“领航世界”指南针

磁石的发现与罗盘在中国航海的应用

指南针是中国古代“四大发明”之一。指南针是依据磁铁的指极性原理制作的辨别方向的工具。指南针的发明为人类的实践活动提供了极大的便利。特别是磁针罗盘在航海事业上的应用，提高了航路的准确性，为远洋航行提供了很大的便利，从而推动了世界航海事业的巨大变革和发展。在15世纪前后的欧洲大航海时代，罗盘发挥了重要的作用。正是由于罗盘的使用，才使达·伽马发现印度新航路、哥伦布发现美洲大陆和麦哲伦的环海航行成为可能，并由此促进了欧洲商业贸易的扩大和工场手工业的发展，为资本主义的产生和发展提供了必不可少的前提。

指南针发明所依据的是磁力作用原理。大约在战国时代，中国人就发现了磁石可以吸铁的特性和它的指极性。利用磁石的指极性，发明了一种正方向定南北的仪器，叫做“司南”。这种司南由“司南杓”和“地盘”两部分组成。“司南杓”是用一块天然磁石，按照它的极性，把它磨成圆底的杓子，它的指南的一端称为“杓柢’；“地盘”用铜制成，中央有个光滑的圆槽，四周刻着八卦、天干、地支，以表示方位。使用时，把杓放在光滑的地盘中央，推动杓转动，当它静止时杓柢（柄）所指的方向就是南。由于它在使用时必须配有地盘，所以后人把指南针也称为“罗盘针”，这种司南就是“罗盘”的前身，或者也可以说是世界上最早的“指南针”。

从司南到指南针，经历了一个漫长的演进过程。关于指南针发明的确切时间，至今尚无从确认。但在大约11世纪初的文献中，已经有了关于指南针的早期文字记载。成书于1040年的《武经总要》曾提到一种“指南鱼”，是一片经过磁化的叶子状铁片。《武经总要》前集卷一五中载有制“指南鱼”的方法。从现代的知识看，这是一种利用强大地磁

北宋水浮法指南针模型

场的作用使铁片磁化的方法。把铁片烧红，令“正对子位”，可使铁鱼内部处于较活动状态的磁畴顺着地球磁场方向排列，达到磁化的目的。蘸入水中，可把磁畴的规则排列较快地固定下来。而鱼尾略微向下倾斜，可起增大磁化程度的作用。[①]《武经总要》所记载的这种人工磁化方法的发明，在磁学和地磁学的发展史上是一项具有重要意义的事件。

1041年，宋代天文学家、星占学家和堪舆学家杨维德在其所著相墓书《茔原总录》中则明确记载了指南针：“客主的取，宜匡四正以无差，当取丙午针。于其正处，中而格之，取方直之正也。”这段话的意思是说，要定东南西北四正的方向，必须取丙午向的针，然后在丙、午的位置，“中而格之”，找出正南的方向。亦即让针指丙午中间的方向，则午向就是正南方向。这条记载中所说的针，虽没有明确指出是什么针，但从字里行间可以断定是磁针无疑，说明当时已把磁针与罗经盘配套，作为定向的仪器，并且已发现了地球的磁偏角，定为正南偏东7.5度。[②]

宋代科学家沈括在《梦溪笔谈》中对指南针有更详细的记载。沈括

① 杜石然等：《中国科学技术史稿》下册，科学出版社1982年版，第11页。

② 阴法鲁、许树安主编：《中国古代文化史》第3册，北京大学出版社1991年版，第208页。

明确指出指南针是方家（堪舆家）首先发明和使用的，用的是“磁石磨针锋”的人工磁化方法制成。从现代科学的观点看，这是一种利用天然磁石的磁场作用，使钢针内部磁畴的排列规则化，而让钢针显示出磁性的方法。这种方法既简便又有效，为具有实用价值的磁体指向仪器的出现，创造了重要的技术条件。

北宋缕悬法指南针模型

11世纪时，指南针在中国已是常用的定向仪器，有多种装置方法，并已由指南针发现了地球的磁偏角。由此可以推断，指南针至迟发明于11世纪初。

从应用的角度看，指南针发明的最重要的意义在于它在航海事业上的应用。在指南针未发明以前，中国古代航海主要是凭地文定位技术和天文定向技术来导航。具有相当水平的地文和天文航海术，使海船得以在晴空下越洋远航。但是，在漫长的航行中，不可能总是晴空万里，视野清晰。因此，随着航海事业的发展，亟待有一种全天候的恒向导航仪器。正是由于指南针的应用，使人们获得了全天候航行的能力，人类第一次得到了在茫茫大海上航行的自由。从此，陆续开辟了许多新航线，缩短了航程，加速了航运，促进了各国之间的文化交流与贸易往来。

指南针一经发明，很快就被应用于航海事业。在这方面中国也是领世界之先的。北宋时期，中国在世界上最早使用指南针导航。明确记载相关史事的，有下列四种宋代载籍，即朱彧的《萍洲可谈》、徐兢的《宣和奉使高丽图经》、赵汝适的《诸蕃志》和吴自牧的《梦粱录》。

罗盘是一种使指南针固定，以便在航行中定向的装置。罗盘最初叫地螺。淳熙年间（1174—1189）曾三因的《因话录》中所称的地螺，是古代堪舆家用的由方形栻占地盘向圆形的罗经盘过渡的名称。“针盘”是早期罗盘的一种形式，它由水浮针与圆形方位盘结合而成。方位盘上，依十二地支将整个圆周分为十二等份；在十二地支之间再等而分之，填以天干八字（甲、乙、丙、丁、庚、辛、壬、癸）与八卦四字（乾、艮、巽、坤），构成每字相差15° 的二十四方位罗盘图。如再以每两字间夹缝为一方位，则可构成每向差7° 30′ 的四十八方位罗盘图。在使用时先以子、午定北、南，再观航向与其方位字的关系，如正好吻合，则为“丹针”，称“某针”或“丹某针”；如航向在某二方位字之间，则为“缝针”，称“某某针”。[①]

使用罗盘导航大大提高了航路的正确性，使船只在固定的航线上安全航行，为船只在起航港和目的港之间定期往返提供了保证。不仅如此，航海罗盘的使用还导致了针路和航海地图的出现，使海上航行进一步完善。

明代郑和下西洋是大规模的航海活动，如此大规模的远航，说明当时中国的造船和航海技术已经十分先进，其中已经广泛使用罗盘。

罗盘在航海事业上的普遍应用，是当时的远洋航海事业发展的需要。另一方面，正是因为罗盘为人们提供了可靠的导航仪器，使人们获得了全天候远洋航行的能力，大大促进了远洋航海事业的发展。宋元时代，中国商船远洋航行空前活跃，与指南针的发明和罗盘的应用有很大关系。

① 孙光圻：《中国古代航海史》，海洋出版社1989年版，第440页。

随中国商船驶向阿拉伯的罗盘

宋元时代，我国的航海事业十分发达。中国的商船不但往来于中国沿海商埠与朝鲜、日本以及南洋诸岛之间，而且远航到印度洋和波斯湾沿岸诸国。中国发明的指南针也随着中国航海家的踪迹传播出去，成为各国航海家使用的导航仪器。

大约在12世纪后期和13世纪初，指南针就传到了阿拉伯人手中。因为当时中国商船是波斯湾和南海之间海上贸易最活跃的参加者，与阿拉伯航海家多有接触。有一些中国船还雇用波斯的船员和船长，因此中国船的一些先进的装备很容易被阿拉伯船采用。宋代开始使用的平衡舵，大约在10世纪已被用于红海的阿拉伯船。使用航海罗盘这样先进的航海技术导航，也很快被阿拉伯航海家所掌握。据法国学者雷诺（J. T. Reinaud）和谟里（A. Maury）的研究，阿拉伯海员之确切使用罗盘的时间是在13世纪初年。在阿拉伯和红海地区，海员使用的罗盘被称为“针圆”或“针房”；海湾地区的伊朗人则称之为“吉卜赖·纳玛”（Qibla al-ibrah）。[①]阿拉伯和波斯船上的罗盘都按中国罗盘形式采用四十八分向法。波斯语、阿拉伯语中表示罗经方位的“khann”，就是闽南话中罗针的“针”字。[②]

在1230年编纂的波斯轶闻集《故事大全》中，有类似中国的指南鱼寻求航路的故事。其中有一则故事说，一位乘客乘船在海上航行时，看到船长用一块凹形的鱼状铁片放在水盆中，此浮鱼头部便指向南方。船长解释说，以磁石摩插铁片，铁片就自然具有磁性。阿拉伯船长所使用的这种海上导航仪器，与《武经总要》中记载的陆上行军时使用的指南鱼是一样的。

---

① 张广达：《海舶来天方，丝路通大食——中国与阿拉伯世界的历史联系的回顾》，周一良主编：《中外文化交流史》，河南人民出版社1987年版，第771页。

② 沈福伟：《中西文化交流史》，上海人民出版社1985年版，第347页。

1281年，阿拉伯矿物学家贝伊拉克·卡巴扎吉（Bailak al-Qabajaqī）在《商人辨识珍宝手鉴》一书中说，当他乘船航行于叙利亚海上从特里波利前往亚历山大里亚城的时候，海员使用借助木片或苇箔托浮在水面上的磁针辨别方向。“海员们说，航行在印度洋上的船长们不用这种木片托浮的指南针，而用中空的磁铁制作磁鱼，磁鱼被投入水中之后浮在水面，头尾分别指示北方和南方。”①

阿拉伯航海用指南针基本上用的是水浮式磁针，这与中国的传统是一致的。大部分阿拉伯文献都强调这种仪器指南比指北更重要。波斯文称磁罗盘为指南，与中国名有相同的意思。中国人和阿拉伯人都以南的方位为尊，这与欧洲人是不同的。

罗盘领航的大航海时代

大约在12世纪末，欧洲的文献中就有了有关指南针的记载。大概首次提到磁罗盘的是英国人尼坎姆（Alexander Neckam，1157—1217）。他在12世纪末所写的《论自然的性质》中说，这是一根放在支轴上的针，当让它自行停息的时候，它就给航海者指出航行的方向。② 在尼坎姆的记载之后，还有各种关于磁针帮助航行的文献记载。

13世纪时，欧洲的航海者中似乎已经广泛地知道了指南针。意大利商船首先采用了罗盘，并很快推广到印度洋、地中海航运界，引起了巨大的变革。欧洲在使用中国罗盘以后，加以改进，采用支轴装置罗经，用一个支轴的尖端顶在磁针中部，使磁针水平旋转，在航海上

① 张广达：《海舶来天方，丝路通大食——中国与阿拉伯世界的历史联系的回顾》，周一良主编：《中外文化交流史》，河南人民出版社1987年版，第772页。

② 参见[美]海斯、穆恩、韦兰著，中央民族学院研究室译：《世界史》中册，生活·读书·新知三联书店1975年版，第613页。

使用较水针方便，称为“旱针”。14世纪初，意大利人阿马尔费塔尼（Amalfitani）发明了一种“罗盘卡”，即字盘装在磁针上，盘随针转的旱罗盘。

13世纪下半叶，欧洲的航海家得到中国航海家绘制的印度洋航海图。这种航海图为远洋航行提供了进一步的便利。据记载，法国国王路易九世（Saint Louis Ⅸ，1214—1270）在1270年乘意大利热那亚船从法国南部港口艾格莫特（Aigues-Mortes）启程，跨地中海赴北非的突尼斯。船沿意大利西海岸南行6天后，乘客们仍没有看到撒丁海岸。国王有些担心，这时船上的官员向他出示地图，指出船现在所处的位置，并说明他们正在靠近意大利南部的卡利亚里（Cagliari）港。这是欧洲第一次提到在海上航行时使用海图。因为图上标有各地针位和观星数据，因而又被称为“针图”。①

航海图绘制源于我国晋代地图学家裴秀用经纬线表示地理方位的“分率制图法”。裴秀作《禹贡地域图》，开创了中国古代地图绘制学。李约瑟称他为“中国科学制图学之父”，是与欧洲古罗马时代托勒密齐名的世界古代地图学史上东西辉映的两颗灿烂明星。裴秀的“分率制图法”后来传到波斯和阿拉伯世界。14世纪初意大利人受阿拉伯人这种绘制航海图方法的启发，开始结合罗盘的方位线用分率制图法绘制航海图。无论是商船还是军舰远航都需要备有线路图、航海图和指南针，这三项成果被称为中世纪航海业的“三项技术革命”。

1300年前后，实用航海图如雨后春笋般地在欧洲问世，打破了欧洲制图界传统的T-O寰宇图的体系。意大利和西班牙的航海家不仅认识到罗盘在航海上的作用，而且将已经中断了1000多年的希腊人的定量制图学再度引入航海图的绘制中。正是由于罗盘的实际使用，促使欧洲

① 潘吉星：《中国古代四大发明——源流、外传及世界影响》，中国科技大学出版社2002年版，第498-499页。

的航海家重新注意到托勒密的坐标系统。这种使用罗盘方位线或叙驶线的航海地图，使得航海家能够精确地探索海岸的走向，绘制精密的地图。15世纪的欧洲航海图已经重新确立了托勒密的制图原则，到了杰拉尔德·麦卡托（Geradus Mercator，1512—1594）在使用圆柱正形投影法绘制世界大地图时，便奠定了现代地图科学的基础。麦卡托于1569年发表了长202厘米、宽124厘米的世界地图。他在以投影法绘制的地图上，经纬线于任何位置皆垂直相交，使世界地图可以绘制在长方形上。由于可显示任两点间的正确方位，航海用途的海图、航路图大都以此方式绘制。而这些成就，正是由于受到中国航海家们传给欧洲的罗盘和航海图的启发而实现的。[①]

19世纪中国航海罗盘。
英国伦敦科学博物馆藏

指南针传入欧洲，在欧洲的大航海时代起到了重要作用。由于指南针表明方向的结果，地图精确起来，并且地图的绘制也有了普遍性。这导致了达·伽马发现印度新航路、哥伦布发现美洲大陆和麦哲伦的环球航行，并由此促进了欧洲商业贸易的扩大和工场手工业的发展，为资本主义的产生和发展提供了必不可少的前提。美国学者伯恩斯（Edward Burns）等人所著《世界文明史》中指出，西班牙人和葡萄牙人能进行大航海活动的原因之一，“即地理知识的进步和指南针以及星盘的传入使得航海家们有勇气出海去冒险”。在早期葡萄牙亨利王子培训航海家队伍时，帮助舵手掌舵的有“星相家”，这是一些精通领航业务的专家，他们会看罗盘，能算出罗盘偏差并在地图上标出子午线。在麦哲伦

① 沈福伟：《中西文化交流史》，上海人民出版社1985年版，第348—349页。

作环球航行时所使用的船只上，备有不可缺少的罗盘，必需的航海仪器也有大量的储备，包括罗盘、罗盘针、沙漏计时器、星盘、比重秤和星座一览表等。

德国学者雅克布（Georg Jacob）在《论东方文化对于西方文化之影响》中说：“罗盘针是中国人最重要的发明，它开放了我们的眼界。”“我们近代的世界观的形成全靠深入异邦文化的精神，只有罗盘针的发明才能够帮助我们到这种境界。”[①]英国科学史家贝尔纳也曾说过，罗盘的使用，“破天荒第一次开放了大洋，供人探险、战争和贸易，引起了巨大而迅速的经济的和政治的效果”。[②]

① 朱谦之：《中国哲学对于欧洲的影响》，上海人民出版社2006年版，第32页。

② [英]贝尔纳著，伍况甫等译：《历史上的科学》，科学出版社1959年版，第193页。

第四章

普济世人的中医药学

中医药学：中国人的生命科学

中医是中华民族的文化符号。中医承载着中国古代人民同疾病作斗争的经验和理论知识，通过长期医疗实践，逐步形成并发展成一脉相承的医学理论体系。中医是一种不能被任何其他文化形态替代的医药学术，是一种与现代医学截然不同的知识体系。

中医中药在中国古老的大地上已经运用了几千年，经过几千年的临床实践，证实了中医中药无论是在治病、防病，还是在养生上，都是行之有效的医学体系。

大概还在原始社会的时候，我们的祖先就在生产生活的实践中了解了一些防病治病的知识，比如“神农尝百草”的传说，就是代表了那个时代的人们所了解的医药学知识，以及和疾病斗争的经验。到了春秋战国时代，医药学开始从过去“医巫不分”的状态下独立出来，基本形成了中医的理论基础，出现了解剖和医学分科，并且已经采用至今沿用的中医传统的“四诊”，使用了砭石、针刺、汤药、艾灸、导引、布气、祝由等治疗方法。西汉时期，开始用阴阳五行解释人体生理。东汉医学家张仲景对“八纲”（阴阳、表里、虚实、寒热）已经有所认识，总结了“八法”。华佗则以精通外科手术和麻醉名闻天下，还创立了健身体操“五禽戏”。唐代孙思邈根据前人的理论总结经验，收集5000多个药方，并采用辨证治疗，因医德高尚，被人尊为“药王”。唐朝以后，中国医学理论和著作大量外传到朝鲜半岛、日本、中亚、西亚等地，对当地的医药学发展起到了很大的促进作用。两宋时期，中央政府设立翰林医学院，医学分科接近完备，并且统一了中国针灸由于传抄引起的穴位紊乱，出版《图经》。到明朝后期成书的李时珍《本草纲目》，则成为中药药理学的集大成者。

中医发展的历史，一方面是中华民族在与自然相处、与疾病斗争的过程中形成的经验和知识的发展，另一方面也是与中华文化的发展密切相联系的，始终植根于中华传统文化的土壤之中，是中华文化的一个重要组成部分。中医与中国传统文化的其他形态相为连通，共成一体，充实着中国传统文化的精神内核和实际内容。

中国传统思想文化是中华文明一切成果的思想母体。中医学也正是由这一母体孕育出来，并在其哺育下茁壮成长。因此 ，它与中国传统文化之间存在着亲缘关系。正是这种亲缘关系，使得中医学从传统思想文化这一丰腴的母体中，源源不断地吸收其养料 ，积淀起深厚的内涵与功力 ，从而保持了经久不衰的魅力。

中国传统思想文化是儒、道、释三种流派思想长期融合而来的。这三派思想，都对中医学的形成与发展影响深远，尤其是强调人与自然界协调统一的“天人合一”观，不仅是中国传统文化的精髓之一，也直接缔造了中医学的基本框架，为中医学的发展找到了出发点与归宿。中国传统思想的重要内容，如阴阳观、五行观、元气论等，在中医的园地里得到了淋漓尽致的发挥。中医对天地自然的认识、对生命与疾病的认知，以及据此而发明的治疗技术、养生方法等，凝聚着中国人独有的自然观念和人文情感，蕴涵着中国人一直持守的思维模式与生命哲学。“天行有常”，并不因尧或桀的作为而变易，而“人以天地之气生，四时之法成”，自当顺应自然，而后可以“长有天命”。先秦这样的生命观，引导了中国医学的持续发展和繁荣。

中医认为疾病的发生，多与违背自然规律有关，与精神情志失调有关，于是强调外慎风寒，内调情志；中医还认为内在的病变一定会表现为外在的征象，于是主张“司外揣内 ”；中医强调治疗疾病的关键在于祛除“千般疢难，不越三条”的邪气，扶助“冲气以为和”的正气，于是有了扶正与驱邪的治则治法。所有这些，既是医学家专门提出的概念，也是一般人普遍理解的思想。中医还强调天人关系，提倡顺应自然，调和七情，葆精毓神，养生全德，深刻地影响了并仍在影响着中国人的处世方式乃至价值取向。中医学的最终目标并不止于治病，更进一步是帮助人类达到如同在《黄帝内经》中所提出的四种典范人物，即真人、至人、圣人、贤人的境界。

中医是中国传统文化不可分割的一部分，它不仅仅是简单的医疗技术，更是中国人的生命观、生命哲学。中医首先体现为一种人对自身的认识，这不仅仅是解剖学意义上的认识，也包含对人的存在本身的认识。中医本身就是一种文化，是中国人传统的生活方式，是中国人世代相传的生活智慧和生活艺术。在现代社会中，传统的中医面临巨大的挑战而生生不息，代代有传人，正是由于它有着悠久的历史和坚实的文化基础。

中医药风靡亚洲

中医药学的传播与东医集成而自立

早在西汉时期，中国与朝鲜之间就有了医药文化方面的交流。据朝鲜《三国遗事》卷三“顺道肇丽”“阿道基罗”条的记载，当时去朝鲜的中国僧侣顺道、阿道、墨胡子等会施医疗，出入于宫廷，边传教，边施疗。之后以施疗为主的僧医逐步增多，曾一度在朝鲜盛行僧侣医学。随后，葛洪《肘后备急方》、陶弘景《本草经集注》也相继传去，朝鲜把中国养生法及炼丹、炼金术称为“仙道术”。在医事制度方面，百济按照中国南北朝时期将医者与药者分工成为太医丞和药藏丞的做法，设置了医博士和采药师。693年，新罗仿照中国医学教育制度，置医学博士二人，以中国医书《本草经》《甲乙经》《素问》《针经》《脉经》《明堂经》《难经》等科目教授学生，后又增加《新修本草》课程。中医学典籍如《伤寒论》《诸病源候论》《千金方》和《外台秘要》等也陆续传入新罗。796年，唐政府颁行《广利方》，令各州府县抄写流传。新罗当局得知，即遣使向唐政府请求该书。

朝鲜石制药碾。韩国首尔古宫博物馆藏

到了高丽时期，更大量引进中医中药学，引进中国的医药典籍和人才，使朝鲜半岛医药事业有了大规模的发展。

高丽引进中医中药学的一个重要措施，是从中国延请医学人才，为高丽王族治病和传授医术。宋朝对于高丽振兴医学，曾给予种种协助。据史书记载，宋朝曾8次共116人赴朝从医或教医，其中绝大多数是朝廷遣派的医官。

除宋朝派医官赴高丽外，在当时寓居高丽的中国移民中，也有精通医术者。如1058年，医士江朝东与泉州商人肖宗明等来高丽，由于高丽文宗的挽留，江、肖等遂在高丽定居。移居高丽的北宋进士慎修及其子慎安之，都精于医术。他们于中医药学在朝鲜半岛的传播，也有所贡献。

高丽除请中国医生来教授传播医学外，也曾派学生入华学医。如1030年，高丽派遣过元显等293人赴宋献医学医。

中医中药学在朝鲜半岛的传播，还有一种途径，就是中医中药典籍的流布。宋朝重视医学，刊印了许多医书。通过官方赠送和民间私携，有不少中国医书流入高丽。宋大中祥符九年（1016）和天禧五年（1021）高丽使者郭元、韩祚各自回国时，真宗两次将新撰刊刻的《太平圣惠方》1000卷赠送高丽。宋熙宁无年（1073），太仆卿金良鉴入宋，中书舍人卢旦回访答谢，高丽请求医药书籍等，宋廷即予以满足。宋建中靖国元年（1101），高丽使者任懿、白可信回国时，徽宗赠送《太平圣惠方》1000卷和《神医普救方》1100卷。同时，高丽还大量翻刻中国医书。由于中朝医药交流较广泛，朝鲜所收藏的中国医书善本较多。高丽宣宗帝于宋元祐八年（1093）遣黄宗慤来中国呈送《黄帝针经》善本9卷。当时，中国《针经》已亡佚，宋朝以此《黄帝针经》为底本重新颁行。

李朝时期，中医中药学在朝鲜有了更广泛的传播，推动朝鲜医学的进步与发展，并最终促使朝鲜医学自立体系。

李朝时期，中朝医学在人员方面的交流十分频繁。明洪武年间，中国闽中道士杨宗真去朝鲜从医，高丽任他为典医。永乐五年（1407）九月，朝鲜派王子来中国，随员中有医生“判典医监事”杨弘达等人。洪熙元年（1425）七月，明朝太医张本立和辽东医生何让应邀赴朝为世宗国王治病，与李朝御医共商治疗方案并传授医方。宣德二年（1427），明朝医士王贤入朝，参与朝鲜世宗王疾病的诊疗。宣德六年（1431），张本立再度赴朝。宣德八年（1433），明朝医士毛琰随使入朝，为医学教授。万历二十六年（1598）四月，衙门医官潘纵、严期周应李朝国王宣祖之邀为从医教授。万历四十五年（1617），李朝内医院教习御医崔顺立等在临症治疗中，对某些医药内容遇到疑问，经李朝朝廷批准入明，请求明太医院解答和讨论。明廷任命御医傅懋光为正教，太医朱尚约、杨嘉祚及教习官赵宗智为副教，在太医院设习，为崔顺立等提出的犯题质疑进行答疑，“尽心教习”，并互相讨论多次。问答内容由傅懋先撰成《医学疑问》一书。

中国的医药学典籍也多有流布朝鲜。明清之际，《本草纲目》《医宗金鉴》等中医药学巨著一经刊行便很快传入朝鲜。据说其时朝鲜藏有中国医药典籍213种。大约中国医籍一有新刊，其必搜致。

朝鲜对中国医书广为翻刻刊行。朝鲜李朝宣祖年间出版的《考班撮要》载，自1430年到1585年，刊行有《黄帝素问》《灵枢》《八十一难经》《直指方》《圣惠方》《得效方》《伤寒类书》《医学正传》《脉经》《衍义本草》等70多种。

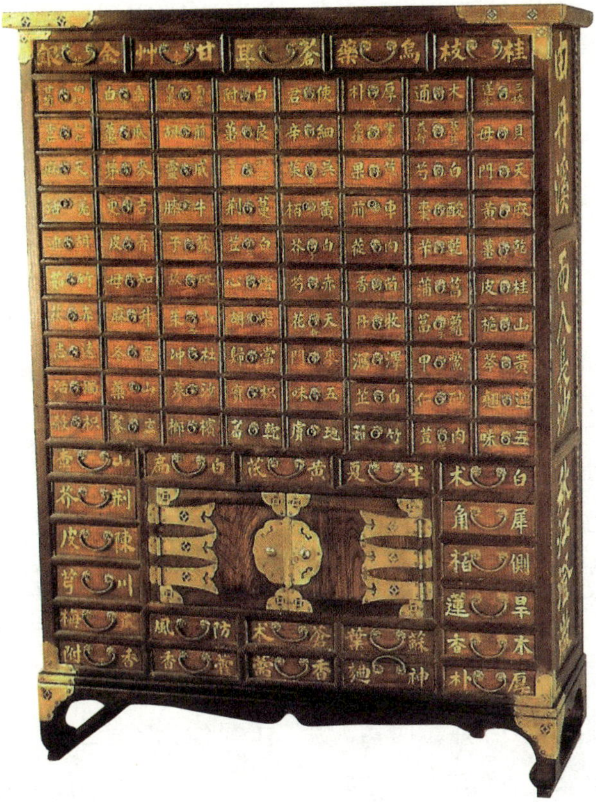

朝鲜药橱。韩国首尔国立中央博物馆藏

中药材也大量传入朝鲜。朝鲜多次遣使到中国求取人参、松子、五味子、葫芦、虎骨、鹿角、鹿脯等药。在官方或民间贸易中，中药材始终是输往朝鲜的大宗货物之一。

中国医药学的广泛传播，促进了朝鲜医学事业的发展。李朝重视中国医书的整理研究和中国药“乡药化”的事业。李朝前期，出现了《乡药集成方》《医方类聚》和《东医宝鉴》等朝鲜三大医学巨著，标志着朝鲜医学在广泛接受中医中药学影响的基础上开始自立体系，独立发展。

高丽时代有名医金永锡撰《济众立效方》，为高丽人第一部自撰医书。枢密相公崔宗峻雅好医药，见宫内茶房所集药方甚佳，遂增益编成《御医撮要》二卷，此书以中国的《本草经》《千金方》《素问》

《太平圣惠方》和《圣济总录》为基础，刊于高丽高宗十三年（1226）。这两部医书的出现，说明高丽人学习、引进中国医学，进而消化和应用，为本土医学的形成和发展奠定了基础，促进了朝鲜医学理论体系的形成。

李朝初有《乡药济生集成方》《本朝经验方》等刊行。这些医药书为《乡药集成方》的完成奠定了基础。《乡药集成方》是奉李朝国王世宗之命，集贤殿直提俞孝通、典医监正芦重礼、典医监副正朴允德等撰成于1433年。《乡药集成方》共85卷，“以中国医书为经，以朝鲜传统医籍为纬”，理论部分悉依《太平圣惠方》（引用1240条），并引《圣济总录》（399条）、《千金方》（325条）、《肘后备急方》（152条）、《妇人大全良方》（251条）等中国医书或非医书212种。所引朝鲜本土医书《济众立效方》《三和子乡药方》等9种214条。[①]《乡药集成方》广引中国医籍，并以中国医学的理论、方药为主体，但同时也将本土乡药经验融于其间，在朝鲜医学的发展史上占有重要地位。

1445年，朝鲜编辑完成了《医方类聚》一书，历时3年，达365卷。《医方类聚》体例仿《太平圣惠方》，收方5万余，共约950万字，别为95门，先论后方，并具出处，依年代先后排列。《医方类聚》将中国唐、宋、元历朝和明初刊行的153种医书，对原文不加修订，而系统地按疾病门类进行类聚。因此，只靠这本书就能够了

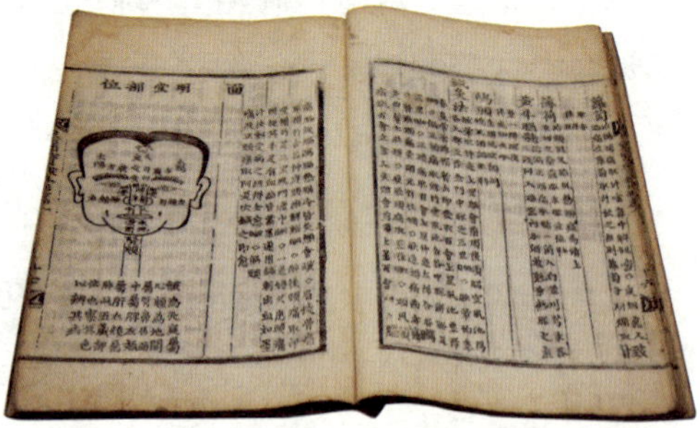

朝鲜许浚《东医宝鉴》书影

① 参见崔秀汉：《〈乡药集成方〉及其引书考》，《中华医史杂志》1987年第4期；马伯英等：《中外医学文化交流史——中外医学跨文化传通》，文汇出版社1993年版，第29—30页。

解唐、宋、元和明初的医学发展水平。它被誉为“东方医学的集大成者”“东方医学的宝库”。

1596年，李朝宣宗诏命太医许浚、杨礼寿、金应铎、李命源、郑礼男及儒医郑碏等设局撰集《东医宝鉴》，后因战事而延搁，战后宣宗又命许浚“独为撰成”，至1613年刊行。《东医宝鉴》共25卷，分内景、外形、杂病、妇人、小儿、汤液、针灸，共23篇108门，辑录中国医书83种、朝鲜医书3种，上迄《内经》，下迄金元四家及明医王纶、李梴、龚信、龚廷贤等人的著作。所引医论方药均注明出处，民间单验方并收，选方丰富实用，故此书被誉为“朝鲜最佳医籍”。许浚也因此在朝鲜被称为“古今第一名医”。“东医”之称，盖由此书而起，标志着朝鲜医学脱离中医学的依存关系而自立体系。

不过，东医学的建立并不意味着朝鲜医学与中国医学脱离了关联。相反，在中国医学滋养和影响下成长起来的东医学，更加主动地吸收中医中药学的最新成果。

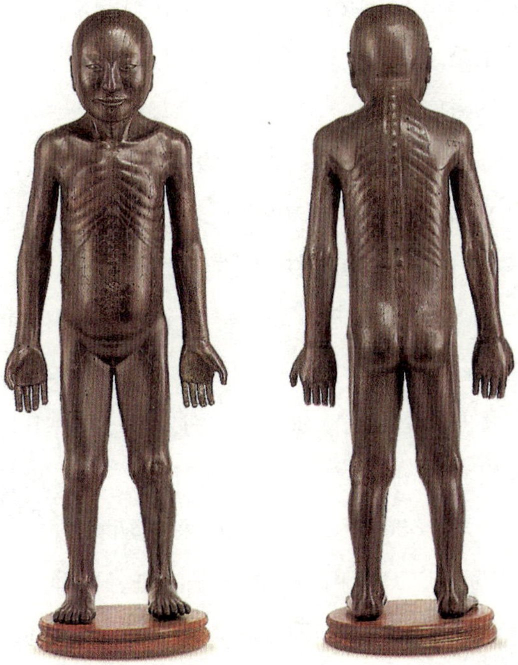

朝鲜青铜经穴人体像。韩国首尔古宫博物馆藏

中国医学的新发明如治疗天花和种人痘的方法也陆续传入朝鲜。1790年，朴齐家等人来到北京，回国时携回《医宗金鉴》一部献于李朝正祖国王。以后朴齐家任永平府使期间，曾指派一名乡吏按该书中"种痘心法要旨"所传旱苗法做试验，获得成功后传于医人李钟仁。李钟仁乃撰《时种通编》传世。19世纪初的李朝大学者丁茶山将《医宗金鉴》中的《种痘心法要旨》部分与《郑氏种痘方》合编成《种痘心法要旨》刊行。

《医心方》：唐代医学与日本经验综成之作

秦代中国的医药文化已传到日本。当年秦始皇派方士徐福寻不死药，徐福到达日本，并在那里安居。据说徐福通医术，尤精于采药和炼丹，被日本人尊为"司药神"。有文字记载的中国医学与日本的最早接触，是在允恭天皇三年（414）。据传，这一年新罗国王派名医金武赴日为天皇治病。后来，雄略天皇、钦明天皇也曾先后向新罗求医，有的是因为皇室成员或天皇本人患病，有的是因为疫病流行。新罗曾应请分别派出医家去日，以"韩医方"开展治疗，而当时之韩医方即是以中药为主的医疗体系。

据有关文献记载，南北朝时，梁元帝赠给日本人《针经》一套。南朝陈文帝天嘉三年（562），吴人知聪携带《明堂图》和其他医书160卷东渡日本，开始了中日医学的直接交流。

608年，日本政府派小野妹子等来中国，其中有药师难波惠日、倭汉直福音等前来学医，可谓是日本最早派来我国学医的留学生。小野妹子得《四海类聚方》300卷以归，惠日等在我国居住有十余年之久，于623年回国，携带有《诸病源候论》等书。惠日回国后在日本传播中国医学，又于630年和654年两次来中国深造。

753年，鉴真和尚率领弟子法进、昙静、智首以及潘仙童等35人，带大量药物和香料，乘日本遣唐使船只渡海成功，东抵日本九州。鉴真在佛学外，兼明医学，初到日本后，因治愈了光明皇太后的疾病，皇室把备前国水田一百町赐给了鉴真。鉴真在营建唐招提寺时，还开出一大块田地为药园，栽培中草药。

隋唐年间，虽中国医药知识及医药典籍相继传入日本，但日本人民对于鉴别药物品种的真伪、规格、好坏尚缺乏经验。鉴真虽已双目失明，但在药物鉴别方面，鼻之嗅气，口之尝味，耳之闻声，手之扪捏，竟能鉴别无误。据《唐大和上东征传》记载，鉴真抵日后，除了讲律授戒外，还“开悲田而救济贫病”，从事民间医疗活动。今天已失传的“鉴真上人秘方”，据说就是他所开处方的记录。其他如“奇效丸”“万病药”“丰心丹”等良药处方，相传都是鉴真所创制的，从此日本“医道益辟”。藤原佐世的《日本国见在书目录》中著录的“鉴真上人秘方”，竟达一卷之多。至14世纪以前，日本医药界都祀鉴真为始祖。鉴真的弟子法进、法荣，也是中医药学的传人，他们又将医术传给新的弟子。正是由于鉴真在传播佛学的同时，把中国医药学传到了日本，使日本医学得到进一步的发展。

此外尚有传到日本的药物。756年日本圣武天皇逝世后，光明皇后把宫廷所存药品送到“正仓院”。正仓院现仍珍藏着犀角、人参、麝香、胡椒、白芨、龙骨、巴豆、远志、大黄、蜜蜡等唐代40余种中药和不同规格的陶制药碗、药壶、药瓶、药罐。唐及以后的中日贸易中，中药一直是输往日本货物的大宗。

代表唐代中国医学先进水平的各种医药书籍也多有传入日本，如《素问》《张仲景方》《黄帝针经》《神农本草》《诸病源候论》《古今录验方》《备急千金要方》《新修本草》等，为日本医学界所推崇。据藤原佐世891年所编《日本国见在书目录》所载，当时日本官方所存中医药书籍已达163部1309卷。其中包括不少后来在我国散佚的书，如《新修本草》《小品方》《集验方》等。《新修本草》是世界上第一部以政府的名义和力量编写并颁行的国家药典，刊布于唐显庆四年

（659）。此书颁行后不久即传入日本。现在日本尚存残本11卷，是留唐学生田边史得到手抄本（有“天平三年抄写”字样）。不久日本亦仿唐以《新修本草》为法定药典。《延喜式部式》规定，凡医生皆读苏敬《新修本草》。自此，医生都以把它作为最权威的药典而加以采用。

日本大宝年间以后，更加全面地模仿唐代的文化，中国的医事制度也为日本所效法。701年8月，日本文武天皇颁布“大宝令”，其中的医事制度、医学教育、医官等设置，完全采纳唐制。该法令为日本最早的医事制度。

中国医药传入日本以后，得到日本朝野重视，出现了一些著名的医家和医著，如808年出云广贞受命编纂的《大同类聚方》100卷，参考传入日本的《黄帝内经》《黄帝针经》《脉经》《甲乙经》《小品方》等而成，是为最早的日本汉医方。

10世纪，丹波康赖撰述《医心方》是日本医学史上一部极为重要的著作，丹波康赖先祖传为汉灵帝五世孙阿留王，抵日后被封为大和国桧隈郡使主，其子志努转居丹波国，赐姓丹波。《医心方》计本草及用药各1卷、俞穴及针灸疗法1卷、内科9卷、外科及皮肤病6卷、五官科1卷、妇产科4卷、小儿科1卷、服石2卷、养生3卷、食疗2卷，引用晋唐医书约150种。共7000余条，尤以《诸病源候论》《千金方》《葛氏方》等为大宗，体例亦仿之。为唐代传日医学与日本医生本土经验综成之作。

宋元以后的中日医药交流更加频繁，促进了中日医药理论、技术等方面的发展，为后世医学和文化的发展提供了良好的氛围和基础。1014年，宋僧惠清到日本，定居镇西行医，同年又奉藤原清贤之命赍砂金十两赴宋求治眼方。荣西所著的《吃茶养生记》，即记述了饮茶的事情，同时也是教导养生之术的医书。

在此期间，日本国内有名医木尾原性全（1265—1337）于嘉元元年（1303）撰《顿医抄》50卷，系撰者参照隋巢元方《诸病源候论》的目次分部，广泛征引了汉、魏、唐、宋的数十部医书，“自言所见方书凡二百有余部、二千有余卷，亦皆汉、魏、唐、宋及自所试功，莫不集载”。同时采撷日本民间俗方、僧侣和阴阳师的咒术疗法，附以己见，参合而成。它不仅反映了日本镰仓时期的医学特色，代表了同期日本医学的最高水平，而且以其丰富多彩的内容和切实可靠的临床疗效，堪与平安时期的《医心方》相媲美，历来深受汉医学者的重视。

到了明清时期，有大量的中国医药书籍经过贸易渠道输入到日本，对于日本医药事业的发展和汉方医学的形成产生了重大的影响，并形成了日本汉方医学的几大派别。

1571年，曲直濑道三（1507—1594）撰写了他的代表作《启迪集》。该书引用中国医书达63种之多，其内容以引李东垣《脾胃论》《兰室秘藏》，朱丹溪《格致余论》《丹溪心法》为最多。他尊崇中国“金元四大家”学说，尤其受朱丹溪影响很大，但又并不拘于金元医家，而是博采众长，首次提出以传统医学的理论，把握人体生理、病理、疾病表现，在此基础上察证辨治，形成较为完整的理论体系，建立了日本汉方医学独立发展的基础。曲直獭道三以后，追随者甚众，其弟子大多成为当时名医。江户前期以及其后约100年间的道三学派，即金元医学占主导地位，从而形成日本汉方医学第一支学派，即所谓“后世方派”，真正开始了中国医学日本化阶段。

日本江户时代，宋儒性理学影响渐衰，以伊藤仁斋为首掀起一场儒学复古运动，哲学上的实证主义取代了阴阳五行思辨合理主义，在医学界也掀起了复古浪潮。其代表人物有香川修庵、吉益东洞（1702—1773）等，他们认为，古代医学是从纯粹观察和实际的经验中总结出来的，没有掺杂阴阳五行思辨理论，是临床最有价值的。他们把贯穿着阴阳五行论的内经医学视为阴阳医学，把沾染了道教求仙的神农本草医学视为神仙医学，认为他们不能与张仲景的医学相提并论，故独崇《伤寒杂病论》并加以发扬。正是在这种尚古和经验实证思路指导下，以《伤寒杂病论》为基础，建立了“古方派”的学术体系。古方派的主要代表人物吉益东洞所撰《类聚方》《药征》等著作，即是选择性地吸收了《伤寒杂病论》的精髓部分，结合自身经验类编而成，使古方派发展达到顶点。此外，由于“腹诊”在《伤寒杂病论》中多见，故吉益东洞亦大为倡导之并将其具体化。吉益东洞之说，不仅与当时社会和医学背景相呼应，而且迎合了日本注重简朴务实的民族心理性格，故和者甚众，很快压倒众说，成了汉方医学之主流。

江户中期，“古方派”与“后世方派”互相对立，学术争鸣非常活跃，使汉方医学得到迅速发展，并形成了自己的学术特点及明显的学派倾向：理论上以《伤寒杂病论》为基本框架，并高度简单化，在临床上注重方证与“方证对应”，在诊断上强调腹诊的重要性，在方药上以方剂为单位，终于实现了中国医学日本化的过程，从而诞生了名副其实的日本传统医学——“汉方医学”或“东洋医学”。

几乎与此同时，西方医学也传入了日本，但真正受到注意并发生影响是在17世纪荷兰人进入日本之后。1754年，京师医官山胁东洋根据西医人体解剖，订正古医籍的错误，撰《脏志》一书，为日本近代解剖学之嚆矢，引起一些汉方医学者的注意和研究兴趣。继而，有关西医解剖、生理、临床各科、药学方面的书籍不断问世，使汉方医学家们较广泛地接触西医理论，发现其可取之处，逐渐接纳了西医，并试图将汉方医学与西医相融合，建立新型的医学体系，从而形成了历史上的“汉兰医学折衷派”。折衷派吸收了后世方派和古方派的优点，扬弃其不足并吸取一些西洋医学观点而立论，主张无论是哪一派，只要在临床有效就应选用。开发中药麻醉剂，在世界上最先成功地作了乳癌摘除术的华岗青洲、永富独啸庵，以及明治前期主宰汉方界，被称为幕末明治的汉方巨头浅田宗伯等都是折衷派的代表人物。

和刻本汉籍医书《增广太平惠民和剂局方》十卷，1732年刊行。故宫博物院藏

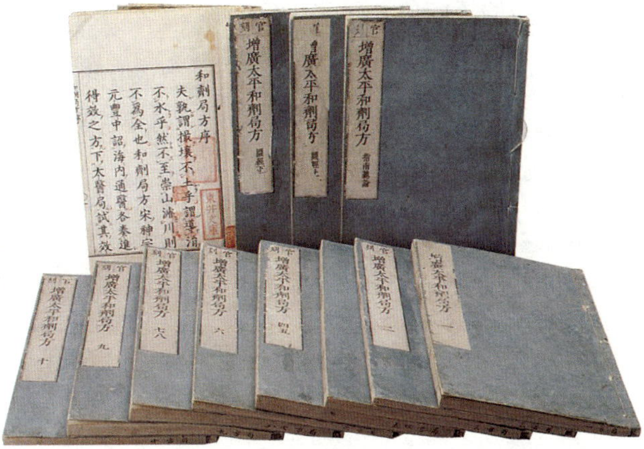

到德川幕府的末朝，传统医学的主体与折衷派分开，而出现了“考证学派”，并取得了支配地位。他们将中医经典著作的研究推向了新的高潮，其代表人物如山田正珍以及丹波氏家族。考证学派的代表人物多元孝致力于对古典医学进行训诂考证。在多元孝以后，多纪元胤收集历代中医书籍3000余种，编成《医籍考》，刊发于1831年，对中医文献学有很大贡献。

在江户时代，日本的本草学也发展起来。1709年，哲学家贝源益轩的《大和本草》16卷问世，收药物1366种，日本的本草学开创了新的纪元。该书除了一部分取材于《本草纲目》外，还有许多《本草纲目》未载的新材料，其中有其自己的观察认识，是一部有相当创造性的著作。1803年，小野兰山（1729—1810）著《本草纲目启蒙》40卷，集本草学之大成，记载品种1800余种，凡中国历代诸书所载的异名，日本的称呼，羽毛、鳞介、根叶、茎花的形色，产地的异同，莫不旁征博引，搜罗无遗。至此，本草学已经发展成为博物学了。在19世纪中期，伊滕圭介、宇田川榕庵等将本草学和洋本草学逐渐融合起来，从而产生了岩崎灌园（1786—1842）的《本草图说》96卷92册、饭诏欲斋（1783—1865）的《草木图说》30卷，特别是后者已经成为了植物学。

阿拉伯《医典》收录中医脉诊

在医药学方面，中国和阿拉伯之间也多有交流。活跃于9世纪阿拉伯的著名医生阿里·泰伯里（'Aliibn-Sahl al-Tabari），曾担任过哈里发的御医。他在850年著成的《智慧的乐园》是一本用阿拉伯语写成的医药学著作。这部著作中引证了不少中国的史料。

中医体系中的脉学，大约在唐代传入阿拉伯。被阿拉伯人称为"学术界的领袖和王子"的阿维森纳（Avicenna，原名Abu-Alihusain ibn abdullan ibn Sina，980—1037）所著的《医典》，是阿拉伯的医学经典著作，其中记载有脉学，所记48种脉象，有35种与中国医学所述相同，多采自中国晋代名医王叔和的《脉经》中的描述。关于糖尿病的症状和病因，隋代巢元方的《诸病源候论》已有记述，以后孙思邈进一步总结了该病发病过程以及药物、食治等方法，又规定了饮食、起居的某些禁忌，对此阿维森纳在《医典》中都有记载。阿维森纳描述高热病人有循衣摸床的征象，说重病患者"病人频动手指，好像从身上拿去东西，这是死的征象"。此与《诸病源候论》卷一"中风"所记甚相似："其人当妄掇空指地，或自拈衣寻缝，如此数日而死。"另外，对于麻疹的预后和用水蛭吸毒以至中国药物等医药知识，《医典》均都有反映。

中医学的许多药物也传到阿拉伯世界。据《宋会要辑稿》记载，宋代经市舶司由大食商人外运的中国药材近60种，包括人参、茯苓、川芎、附子、肉桂等47种植物药及朱砂、雄黄等矿物药。这些药材除被转运至欧洲等地外，也有一部分输布至阿拉伯地区。波斯人阿布·曼苏尔·穆瓦法克（Abu Mansur Muwaffaq）约于975年所著的《医药概要》一书中，记述了肉桂、土茯苓、黄连、大黄、生姜等中国药物。阿维森纳的《医典》中载药800余种，其中不少为中国所产。在阿拉伯的早期文献中，大黄明确载述为功用广大之良药，并肯定是从中国传栽移植的。12世纪的杰出医生伊本·贾米（Ibn Djami）曾著有《大黄考》一书，论述中国大黄的药效。他按照西方的四体液学说对大黄加以利用，使之治疗作用更为广泛，大大扩大了它的使用价值。中医视大黄药性峻猛，但在西方，大黄既作为观赏植物，又作为日常食用之品，收获时要“尝新”，在布丁、奶酪中则常配之以为美味。这种转化，是中药大黄传入阿拉伯后发生的某种药性认定上的变异，是跨文化传播中发生的变异。这种文化传播过程中发生的变异现象，实际上是经常会遇到的。

麝香是阿拉伯商人贩运的中国重要药物之一，他们对麝香的特点、使用方法、贮存和运送等问题都很熟悉。阿拉伯和波斯医生认为麝香口服可以增进内部器官活力，外涂可以强健外部器官功能，大抵与唐《新修本草》和孙思邈《千金翼方》所记相同。产于中国的樟脑也广泛应用于阿拉伯的制药业和香料业。樟脑在波斯语中的意思就是“中国木”。波斯语中的“达秦尼”即肉桂，拉齐认为“是治疗大部分胃寒病人之良药”。此外，传入阿拉伯的中国药物还有“中国根”（即土茯苓）、“中国土”（即烧制瓷器的高岭土，可作药用）等等。

传教士与中医药学西传

卜弥格：中医西传的开拓者

明清之际，有大批欧洲传教士来华，他们对中国的医药学给予了特别的注意。

在对中医的研究方面，波兰耶稣会传教士卜弥格（Michel Boym，1612—1659）是最早并且是最有成就的人之一。卜弥格的父亲原是波兰王室的御医，卜弥格虽然最后选择了神学专业，但一直对医学感兴趣，他读过不少重要的医学著作，对欧洲的医学史也很熟悉。1643年卜弥格来中国后，便开始注意到中国的医学，并展开了相关的研究。他在手稿《中国事务概述》中，就对有关脉诊治病方法的具体问题进行了研究。他说，中国有许多欧洲不知道的能治病的植物、药品和治病的方

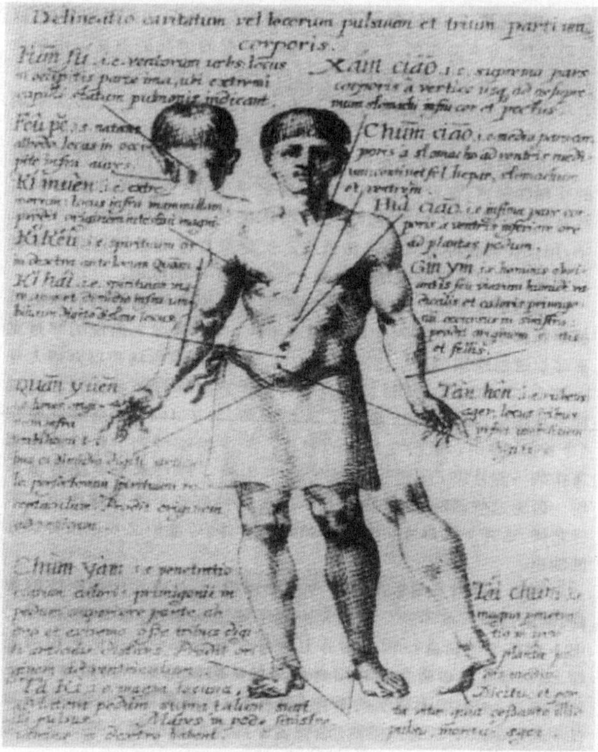

人体针灸穴位图。卜弥格《医学的钥匙》插图

法。他认为，脉诊治病的方法在中国，许多世纪以前不仅能够了解病情，而且能够准确无误地预示它的发展。

卜弥格还写过《医学的钥匙》一书。卜弥格在这部著作中介绍了各种中国著作中关于中医的基本概念，从最基本的哲学概念开始，让欧洲的读者首先了解中国哲学关于阴阳的学说。卜弥格说，在一个健康的机体中，阳和阴两种因素是平衡的。如果这种平衡被打破了，就会产生疾病。一个人的脉搏能够反映机体的健康状况，这就说明了诊脉能够治病。

卜弥格还有另外一部关于中医的著作《中医处方大全》，以“四味和五气的理论”对中药进行论述，介绍了一些药物的一般属性。这是中国的中草药第一次大规模地介绍到欧洲。“《中医处方大全》中列举了将近四百种中国动植物和矿物的名字，这在当时出版的任何一部关于中国的著作中都是没有的。”①

卜弥格的《医学的钥匙》和《中医处方大全》在欧洲产生了很大影响。波兰汉学家爱德华·卡伊丹斯基（Edward Kajdanski）指出：“17世纪最后的20年是欧洲对中国的医药最感兴趣的时候，这无疑是因为《中医处方大全》那个时候出版了好几次。这种情况的出现，是完全可以理解的，因为东印度公司热衷于把他们能够卖出高价的高级商品从中国运到欧洲，在这些商品中，就有享有盛名的‘神奇的’中国药。这样，在欧洲已经普及的茶不仅是一种饮料，而且成了一种万能的药物。”②

17世纪末，英国医生弗洛伊尔（Sir John Floyer）将卜弥格关于中医脉学的译述转译成英文，连同他自己的著述合为《医生诊脉表》一书，于1707年在伦敦出版。弗洛伊尔认为，脉诊的方法是以合理的理论原则和中国医生们几百年的实践经验为依据的。弗洛伊尔是欧洲最早发明脉搏计数器，他在书中谈到，中医脉学的论述，对他的发明曾起到启发作用。

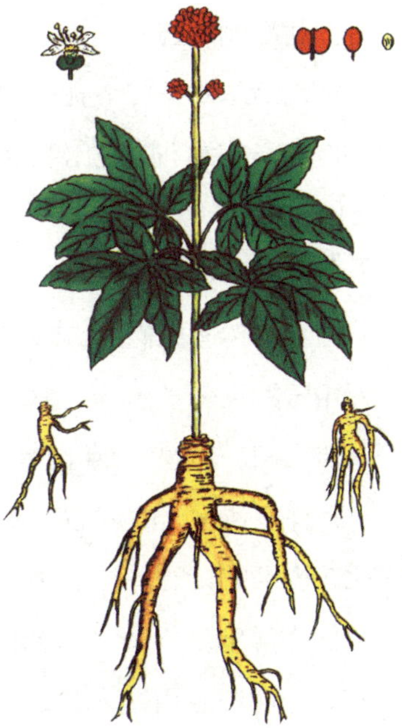

人参，卜弥格《单味药》插图

弗洛伊尔对于卜弥格的研究极为重视，公开声称自己已经懂得了卜弥格介绍的所有中国医学的原则。他运用欧洲医学的术语，对卜弥格著作中

① [波]爱德华·卡伊丹斯基著，张振辉译：《中国的使臣卜弥格》，大象出版社2001年版，第278页。

② [波]爱德华·卡伊丹斯基：《关于卜弥格中医著作的说明》，[波]卜弥格著，[波]爱德华·卡伊丹斯基波兰文翻译，张振辉、张西平中文翻译：《卜弥格文集——中西文化交流与中医西传》，华东师范大学出版社2013年版，第77—78页。

的中国医学的术语作了阐释。

弗洛伊尔不仅对卜弥格的中医理论进行了深入的研究和阐述，而且致力于中药的应用和推广。他“最爱使用当时在欧洲已是众所周知的中国药，并且根据四种味道和四种性质，把它们分类。毫无疑问，他为这些中药后来在欧洲广泛的采用，作了很大的努力”。①

他还认为，卜弥格介绍的中国药，至少有一些中国的草药、动物药和矿物药，欧洲的医生是可以用的。他建议欧洲的医生吸取中国医生用药柜的经验，称之为“英国医生的小药柜”，也就是小药房。这种小药房里很大一部分药都是从中国进口的，其中有大黄、人参根、茯苓和茶叶等药材配制的药。

弗洛伊尔对推广卜弥格的中医药学研究成果发挥了很大的作用，也对中医药学在欧洲的应用发挥了重要影响。

脉诊、针灸的西传

在来华传教士们中，除了卜弥格这样的专业研究者之外，还有许多人对中国的医药学很感兴趣。他们的研究涉及望舌苔、脉学、性病、法医、传染病、药物、外科、养生、神功、磁力、针灸等诸领域。

在许多传教士的书信和著作中，都提到人参，而且对人参的功效都有比较详细的论述。杜德美（Petrus Jartoux，1668—1720）神父在一封信中详细地描述了人参的形态、药性、生长环境、分布区域以及功效等，他还服用过人参，认为很有疗效。1711年，他把这封信发往法国，被收入《耶稣会士通信集》，1713年又被转载在英国皇家学会《哲学汇刊》上，引起了欧洲科学家的极大兴趣。杜德美考察了人参的生长环境，认为它位于北纬39度与47度之间、东经10度与20度之间。

① [波]爱德华·卡伊丹斯基：《关于卜弥格中医著作的说明》，[波]卜弥格著，[波]爱德华·卡伊丹斯基波兰文翻译，张振辉、张西平中文翻译：《卜弥格文集——中西文化交流与中医西传》，华东师范大学出版社2013年版，第83页。

他由此推断，中国可能并非是人参的唯一产地，和长白山地理纬度相近、环境相似的加拿大魁北克一带也可能出产人参。“这里有绵延不绝的山脉，山上和四周的密林使人难以进入。人参就生长在山坡上和密林中：溪涧旁、峭壁边、树下和杂草丛中皆可见其踪影。……这一切使我认为，若世界上还有某个国家生长此种植物，这个国家恐怕主要是加拿大，因为聚在那里生活过的人们所述，那里的森林、山脉与此地的颇为相似。”① 这一推断竟然得到了证实，而且西洋参的发现地正好在魁北克，发现者J·F·拉菲托（Lafitau）是在读了杜德美的信后受到启发的。因此，杜德美在发现西洋参方面起了非常重要的作用。

传教士李明介绍了中国的脉诊医术，还曾向欧洲寄送过400多种中国草药标本的绘图。传教士殷弘绪对中国的医药学十分重视和推崇，他节译了康熙三十六年出版的《长生》一书，还节译了《本草纲目》《濒湖脉学》以及种痘、人参、茶叶等方面的中国医学和药学著作。

巴多明（Dominique Parrenin，1663—1741）在华期间与中国医生多有接触并向他们请教，他还研究过《本草纲目》等中国医药典籍。他在给法国科学院的一封信中介绍流行的几种中药，如冬虫夏草、三七、大黄、当归、阿胶等，详细地介绍了各种药物的出产地、形态、性能和功效以及服用方法。他还把把样品寄回法国，除大黄外，另4种都是首次传入欧洲。法国科学院于1726年举行一次报告会，专门讨论这几种药物。

钱德明（Joseph-Marie Amiot，1718—1793）对中国的医学也有一定的研究，积极向欧洲人介绍中国的医学成就。钱德明曾在1784年写的一封信中介绍了脉学的含义，中国医生是怎么切脉的，是怎么通过脉象的不同表现进行病情诊断的。他还介绍了中国古籍对心脏、血液

---

① [法]杜赫德编，吕一民等译：《耶稣会士书中国简集——中国回忆录》第2卷，大象出版社2001年版，第52页。

循环人体生理现象的记载。

杜赫德（Jean Baptiste du Halde，1674—1743）的《中华帝国全志》第三卷是中医专辑，收有《脉经》《脉诀》《本草纲目》《神农本草经》《名医必录》《医药汇录》等的译文。此卷卷首有一中医诊脉图和一篇关于中国医术的文章，同时还介绍了许多中医处方，如阿胶、五倍子、乌桕树、治痢药等。其中的《脉诀》为来华的法国耶稣会士赫苍璧（Julien-Placide Hevien，1671—1746）所著，是一篇节录中国医书《图注脉诀辨真》和李时珍《本草纲目》相关内容的文章。

在传教士来华活动时期，中国针灸学也被介绍到欧洲。1676年，德国和英国分别有关于灸术的书出版。1683年，荷兰医生赖尼（William ten Rhyne）在伦敦出版了一本《论关节炎》的书，书中有一节为应用针刺治疗关节炎的内容，是介绍中国针灸术到欧洲的最早期的文献之一。同年，格荷马（J. A. Gehema）在汉堡也出版了《应用中国灸术治疗痛风》一书，其中谈到中国的灸术是当时治疗痛风最优良、迅速、安全和合适的方法。1684年，布兰库特（S. Blankaurt）在阿姆斯特丹出版了《痛风专论》一书，也介绍了中国的针灸术治疗风湿病的效果。此后中国的针灸术又流传到意大利、西班牙、瑞典和比利时等国。

传教士们对于中医药学的介绍，在欧洲引起人们的关注。19世纪的科学家达尔文在《人类的由来》一书中，就引用了耶稣会士们翻译的《本草纲目》中的部分内容，他用金鱼颜色形成的资料来说明动物有人工选择的问题。在《动物与植物在家养下的变异》一书中，提到“上一世纪耶稣会士出版的那部主要是辑自中国古代百科全书的伟大著作”，即是指《本草纲目》。据统计，在达尔文的著作中，提到中国医学和植物学的资料多达104处。

传教士们介绍的中医药学，对欧洲的医学发展也产生了一定的影响。“在17和18世纪时，欧洲医学应向中医学习很多东西。这种思想状态一直持续到19世纪……西医中轮番出现的不少急需解决的问题都在中医里得到解决了。例如，治疗性病、通过脉搏来诊断和预报疾病、种痘、艾灸、动物磁力疗法、针灸和药物。”①

“最早的天花克星”人痘术的西传

天花是一种古老而极为凶险的传染病，据说，17世纪仅仅在欧洲，就有4000万人被天花病毒夺去了生命。仅在1719年的一次流行中，巴黎就死亡14000人。此病在公元1世纪左右传入中国，因在战争中由俘虏带来的，故名“虏疮”。15世纪以后，由于中西之间交通发达，人员往来频繁，天花在中国广泛流行。

明清之际，中国发明了人痘接种术，开创了人类预防天花的新纪元。这种种痘法很快远传海外，1700年英国的医学家就对中国的人痘接种术有所了解。当时英国驻土耳其的大使夫人蒙塔古（M. W. Montague）在君士坦丁堡看到当地人为孩子种痘以预防天花，效果很好，颇为感动。由于她的兄弟死于天花，她自己也曾感染此病，因此，她决定给她的儿子接种人痘。1717年在大使馆外科医生的照顾下，她的儿子接种了人痘。1718年6月蒙塔古夫人返英后，又大力提倡种痘。从此，人痘接种术在英国流传起来。随后，欧洲各国也试行接种人痘。

1726年5月，殷弘绪从北京给杜赫德神父写了一封长信，此时正是种痘法刚刚传入欧洲不久。他在信中注意到欧洲流行的种痘法与中国的联系，他说，从君士坦丁堡传到英国的种痘法在中国已经流行一个世纪了。他在信中详细地介绍了种痘法的3种处方，以及每种处方的实施方法以及注意事项。

除了殷弘绪之外，钱德明、韩国英（Pierre-Martial Cibot，

① [法]伯德莱著，耿昇译：《清宫洋画家》，广东人民出版社2016年版，第234页。

1727—1780）、巴多明等人都涉及过中国的天花人痘接种技术。

殷弘绪等人对中国种痘术的介绍，在欧洲引起人们的高度重视。因为天花的流行曾夺取了千千万万人的生命，防治天花是当时医学上的一大难题。而种痘术在欧洲的传播，是18世纪欧洲人的一个热点话题。伏尔泰（Francois–Marie de Voltaire，1694—1778）就曾对中国的种痘法倍加赞扬。他在《哲学通信》中专门有一封《谈种痘》的信，他写道：“我听说一百年来中国人一直就有这个习惯，这是全世界最聪明、最讲礼貌的一个民族的伟大先例和榜样。中国人种痘的方法的确是大不相同的；他们并不割破皮肤；他们从鼻孔把痘苗吸进去，就好像闻鼻烟一样；这种方式比较好受，但是结果一样。这一点也可以证实：倘若我们在法国曾经实行种痘，或许会挽救千千万万人的生命。”①

在现代学者中，李约瑟首先查证清楚中国人发明人痘方法及外传的历史。李约瑟在1979年发表的一篇讲演中全面阐述了中国发明人痘及外传的历史和减毒原理，他说：“……在这段时间里，如我们所知的情况那样，人痘接种刚好传给了土耳其人，又经他们之手传给了欧洲人。古老的丝绸之路是可以设想的向西方传播的必经之路。”②

① [法]伏尔泰著，高达观等译：《哲学通信》，上海人民出版社1661年版，第43页。

② [英]李约瑟：《中国和免疫学的起源》，《中医药学报》1983年第4、5期。

第五章

独具东方风韵的艺术

歌以咏言，舞以尽意

独具风韵的乐舞艺术

早在新石器时代，中国人就创造了原始的乐舞艺术，并初步表现出独特的东方风韵。到了夏商周三代，已经突破了原始艺术的水平，取得了很大的进步。在我国古代石刻壁画中，生动地刻画了大量的几千年前的歌舞形象。在我国第一部诗歌总集《诗经》中，记载了当时中原地区青年男女“无冬无夏，值其鹭羽”载歌载舞的盛况。

商代的音乐和舞蹈艺术，从考古发现的乐器来看，青铜乐器已大大增多，出现了铙、钲、鼓、铃等不同种类，并有了大小相次的系列性青铜编铙；石磬的制作更加精细，并向着系列性的编磬方向发展；传统的陶埙也有了改进，体积增大，形制规整，音孔增多，这些实物资料反映出商代的乐舞取得了重大进展。商代的音乐主要有“巫乐”和“淫乐”两种。巫乐是祭祀祖先和鬼神的音乐，由巫师在祭祀时演唱，用以娱神，作为一种沟通神人的手段。淫乐是商王室的宫廷音乐，是商王享乐的靡靡之音。

西周是中国上古音乐的集大成时期，也是音乐的高度繁荣时期。周代的乐舞艺术本身就是礼乐制度的重要内容之一。周公因袭夏商礼仪，制定周礼，规定了一整套法定的礼乐制度，用来维护西周奴隶社会的等级制度。乐舞就是周礼的主要内容之一。经过周公的整理，西周的乐舞在形式上更加规范，内容上有严格的要求，使用上也有严密的等级分别，宫廷并设置了庞大的乐舞机构，统一由大司乐掌管。同时，还设立了专门的教育机构，向奴隶主贵族子弟传授乐舞知识。

西周时的乐器，《诗经》中就出现了琴、瑟、箫、管、籥、埙、篪、笙、鼓、鼛、贲鼓、应鼓、田鼓、悬鼓、鼍鼓、鞉、钟、镛、南、钲、磬、缶、雅、柷、圉、和、鸾、铃、簧29种。种类繁多的乐器，说明当时音乐的表现力已经非常丰富。《周礼·春官·大师》中还把周代的乐器按不同质料分为8类，即金、石、土、革、丝、木、匏、竹，谓之“八音”。“八音齐备”，后来就成为中国古老的传统音乐的同义语。

西汉竹制十二音律管，湖南长沙马王堆汉墓出土。湖南省博物馆藏

周代的宫廷音乐称为“雅乐”。所谓“雅乐”，就是祭祀天地、神灵、祖先等典礼中所演奏的音乐，包括用于郊社、宗庙、宫廷仪礼、乡射和军事大典等各个方面的音乐。其名称的由来，当取其歌辞“典雅纯正”之意。

周代的舞蹈艺术是与雅乐相配合的宫廷雅舞，分为大舞和小舞两种。大舞即“六代舞”，也称为“六乐”或“六部乐舞”，包括《云门大卷》《大咸》《大韶》《大夏》《大濩》《大武》。这六种舞蹈分别在不同的场合应用。六代舞都是祭祀乐舞，它们分别有不同的祭祀对象。小舞是贵族子弟跳的六种祭祀舞，包括帗舞、羽舞、皇舞、旄舞、干舞、人舞。宫中设“乐师”，教贵族子弟小舞。除了大舞和小舞外，还有其他一些用于祭祀或宴乐的舞蹈。

周代以“六乐”为中心，建立起了中国历史上第一个完备的宗庙音乐体系。除宗庙音乐外，周代音乐又可分为士人音乐、民间音乐和四夷之乐。

到秦朝时，“妇女倡优，数巨万人，钟鼓之乐，流漫无穷”。秦王朝统一六国，汇集诸国乐舞艺人，多姿多彩的七国乐舞文化及其他表演艺术汇集一起。

汉代歌舞之风极盛，宫廷里设有“黄门工倡”，即宫中的乐工、舞人。达官贵族之家多蓄养歌舞伎人，当时称为“倡”或“歌舞者”。

出土于内蒙古和林格尔的东汉墓壁画《乐舞百戏图》。南京博物馆藏

由此产生了女乐歌舞表演的新的艺术形式和舞蹈节目。汉高祖刘邦的宠姬戚夫人，擅长表演“翘袖折腰”之舞。汉成帝皇后赵飞燕，有高超的舞蹈技艺，特别是她练就一身“轻功”，舞时身轻若燕，脚上也有绝招，会走“踽步”，“若人手执花枝，颤颤然”，足见汉代舞蹈所达到的高超的技艺水平。

汉武帝之后，丝绸之路畅通，西域各民族的音乐舞蹈艺术大量地传播到中国，给汉及魏晋南北朝时的乐舞艺术以很大的影响，促进了中国音乐舞蹈艺术的繁荣发展。

及至唐代，音乐舞蹈艺术发展到一个高峰。唐代音乐大体可分为三类：一是汉魏以来的雅乐，是为帝王歌功颂德的庙堂乐章，结构板中，旋律较少变化；二是六朝清乐，主题是相和大曲与江南的吴声俚曲，较雅乐活泼新鲜，只是情调较为单一软媚，囿于男女情爱，大部分已散失不传；三是隋唐新兴的燕乐，它是广泛吸收边塞、西域乐曲和中原原有

唐代红衣舞女壁画，陕西西安执失奉节墓出土。国家博物馆藏

乐曲融合而成的一个新的乐曲系统，较之雅乐、清乐，燕乐丰富多彩，面貌繁盛，情调丰富，旋律节奏灵活多变。雅乐主要用于祭祀和朝会等隆重场合，是一种相当程序化的庙堂音乐，燕乐主要是在宴饮的场合表演的音乐和歌舞。

与音乐密切联系的舞蹈艺术，在唐代也有了很大的发展。唐朝的舞蹈丰富多彩，主要的舞蹈种类包括《九部乐》《十部乐》《坐部伎》《立部伎》等宫廷燕乐，大曲这样含有戏剧因素的舞蹈，宗教祭祀活动中的舞蹈，以及节日群众自娱性的歌舞活动。唐代的表演性舞蹈，按其风格特点大体可以分为“健舞”和“软舞”两大类。软舞舞姿优美柔婉，抒情性强，节奏比较舒缓；健舞舞姿矫捷雄健，节奏明快。

唐朝音乐舞蹈集前代之大成，并吸收域外文化之精华，日臻极境，达到前所未有的高度，充分体现了盛唐时百国朝贺、民族交融的景象，是国泰民安的完美写照。唐乐舞气势磅礴，场面壮观，集诗、词、歌、赋于吹奏弹唱；融钟、鼓、琴、瑟于轻歌曼舞；乐曲高亢悠扬，动作舒展流畅，服饰华丽多紫，堪称历代歌舞之最。

朝鲜乡乐、唐乐、雅乐的融合发展

中国的音乐舞蹈艺术很早就传入朝鲜半岛。至晚在秦汉之际，朝鲜半岛和日本列岛上均已存在一种与中国铜制大铃或早期铜铸相类似的铜制打击乐器。这种乐器，被日本学者称为“朝鲜式小铜铎”或“铜铎”。其实就是一种铜制大铃或早期镈钟。在朝鲜三韩时代的马韩最重视五月与十月的春秋两次大祭。祭祀时，要将“铃”与“鼓”悬在高高耸立的大木上，用铃、鼓的声音来侍奉鬼神。参与祭祀的氏族成员要通宵达旦，饮酒歌舞。歌舞时，往往数十人相随踏地为节，其场面非常壮观。这里所说的“铃”，就是“铜铎”。

朝鲜半岛还使用一种铜制铜铃——八珠铃。这种乐器在一个弧形铜板的四周，按八等分附有八枚球形响铃，可摇动发声。这种响铃在早于它的中国辽宁北票仓粮窑、喇嘛洞等地三燕文化墓葬中多有发现。

到朝鲜三国时期，与中国的音乐文化交流就比较频繁了。高句丽接受了在中国宫廷流行的西凉乐、疏勒乐、安国乐、康国乐等音乐，那时就已经传入筝、琵琶、阮等，吹乐器有横笛、萧、罗贝等，打击乐器有太鼓、建鼓、铙拨等。位于黄海南道安岳郡柳雪里的一座高句丽古墓（冬寿墓，造于375年）前室壁画有奏乐图，图中乐队坐，仪仗队立，有箫、鼓等。据认为在殿庭演奏的这种仪礼乐，应是鼓吹乐。鼓吹乐为中国古代重要乐种，其下又可分为黄门鼓吹、骑吹、短箫铙歌、横吹几种，而高句丽的这种殿庭鼓吹，应即为中国汉代的黄门鼓吹。从该墓的回廊大行列图可以看到，由檐鼓（枫鼓）、檐钟（镯、钲）组成的前部鼓吹，以及由二重鼓、箫、角、铎形打击乐器组成的后部鼓吹，据认为应即中国汉代的短箫铙歌。后墓室的舞乐图使用的乐器有玄琴、洞箫以

朝鲜宫廷乐器编磬。韩国首尔历史博物馆藏

及晋人创制的阮咸。位于半岛西南方的百济和中国南朝以及北朝的北魏有密切的音乐交流，产生了艺术水平较高的假面舞，这种舞蹈用吹打乐伴奏，后来还传到了日本。百济所用的乐器有鼓、角、竖箜篌、筝、篪、筚篥、笛等。

高丽时期，与中国的音乐交流仍然不断。高丽的宫廷乐广泛地接受中国音乐影响，这种影响涉及音调的进行、乐器的制作、乐谱的记谱法乃至乐队的编制等诸多方面。

宋神宗熙宁年间（1068—1077），高丽遣使向宋“请乐工”。宋派乐工前往，“数年乃还”。其后，高丽朝多次“请乐工”，演成惯例。熙宁八年（1075）三月，高丽又通过泉州商人傅旋来求借乐艺等人。宋神宗批示教坊按试子弟中选取10人赴高丽传艺。另外，高丽还派遣习艺者随入宋使臣到宋京城接受乐舞训练，在同文馆聘请教坊乐师教习宋乐舞。元祐（1086—1094）、政和（1111—1118）、宣和（1119—1125）年间，高丽又请求“大晟雅乐”和“燕乐”，宋朝廷允其所请，派乐工前往传授，并带三乐谱和乐器。

朝鲜是唯一从中国传入古典乐舞大晟乐的国家。高丽朝的音乐，分为乡乐、唐乐和雅乐三类。乡乐指朝鲜固有的音乐，有24篇。唐乐指由中国传入朝鲜的唐宋时代民俗音乐，有《献仙桃》《寿延长》《五羊仙》《抛球乐》《莲花台》等40多首曲目，宋代的词乐《念奴娇》《洛阳春》等也经常在高丽王朝宫廷中表演。雅乐指宋徽宗所赠的大晟乐。大晟乐传入高丽后，即作为正乐，用于郊祀、宗庙和朝廷典礼。

朝鲜音乐家于李氏朝鲜的成宗二十四年（1493）编撰的《乐学轨范》，全书由9卷（3册）构成，书中详细记载了朝鲜使用的乐律理论和乡乐、唐乐、雅乐的乐曲、乐语、乐器、乐队组织、舞蹈、服装、道具等。还提到乡乐使用的拉弦乐器“牙筝”是从中国传去的。《乐学轨范》可以说是集当时音乐之大成的著作，即使在今天，也还是综合有关朝鲜半岛音乐的乐理、乐谱、乐器的唯一历史文献。

唐乐在日本受到崇奉

中国的音乐舞蹈艺术很早也传到日本。唐代是中国音乐的繁荣时期，既有日本音乐家来唐学习，又有唐音乐家东渡执教，推动了中国音乐舞蹈艺术在日本的流传。

早在隋炀帝大业八年（612），曾在中国学习乐舞的百济人味摩之到了日本，传授“伎乐舞”。伎乐舞即指中国乐舞，即在露天演出的音乐舞蹈剧。圣德太子十分喜爱伎乐，召集了一批日本的青少年跟从味摩之学习，并且在雅乐寮职员令里设了伎乐师、伎乐生，把这种舞蹈定为佛教祭仪，以后就逐渐盛行起来。味摩之带去的“伎乐面”（假面具）至今还保存在东京国立博物馆。流传到日本的伎乐曲目有：《狮子舞》《吴公》《金刚》《迦楼罗》《婆罗门》《昆仑》《力士》《大孤》《醉胡》《武德乐》，称为“十伎乐”。

醉胡王面木雕，8世纪。日本奈良正仓院藏

遣唐使时期，来华的日本人中有专门为学习中国音乐而来的。如精于弹琴的良岑长松、擅长琵琶的藤原贞敏等。藤原贞敏是随遣唐使来中国的官员，他在长安从中国乐师刘二郎学琵琶，由于他精湛的艺术水平，回国后“定琵琶四调传于世”，被尊为日本琵琶的开山之祖。琵琶在日本得到了流传和发展，出现了一批琵琶的演奏家和作曲家，琵琶乐作为一种体裁在日本延续、流传至今。

唐代音乐在日本流传十分广泛，主要有唐乐、伎乐、散乐三种。伎乐已如前所述。唐乐是唐代宴会时使用的音乐，即燕乐或俗乐，它们流传到日本以后，被改造为日本的雅乐。当时传入日本的唐乐有五调，即壹越调、平调、双调、黄钟调和般涉调，曲目有100多种。这些曲目中，有些是器乐曲，有些是舞乐曲，有些是在乐器的演奏中加入唱词的，叫做“咏歌”。舞者边舞边唱，大多是用汉语原文演唱。有些曲目现在仍在日本的舞台上演奏。

散乐即我国的百戏和杂戏，它是由周代的民间乐舞发展而成的曲艺、杂耍和音乐结合成的一种节目，与唐乐一起传入日本。日本对散乐非常重视，朝廷指定散乐户，以演奏散乐为世业，受国家的保护和奖励。散乐与伎乐随着雅乐的兴盛开始从宫廷流入民间，后来与日本原有的滑稽伎结合，形成了日本特有的乐剧，即能乐。后于佛教寺院与宫廷祝典仪式基础上，产生了带有一定故事情节的歌舞剧“猿乐能”，在民间农民于丰收庆典时所举行的艺能表演为“田乐能”，二者都简称为“能”。

唐桑木阮咸。日本奈良正仓院藏

传入日本的乐器也有多种，包括琴、瑟、筝、曲项琵琶、五弦琵琶、阮咸、尺八、革案、笙、排箫（比竹）、竽、方响、鼓等。传入日本的乐器中最有影响是筝和琴。与十三弦的筝一并流传过去的还有民间的许多筝独奏曲，多数传向日本的九州。在正仓院里至今珍藏着唐代传入的七弦古琴。同时，在日本很早就流传了我国的著名琴曲《易水》《幽兰》等。琴和琴谱流传到日本以后，经过几代人的努力，形成了具有日本民族风格的琴乐。

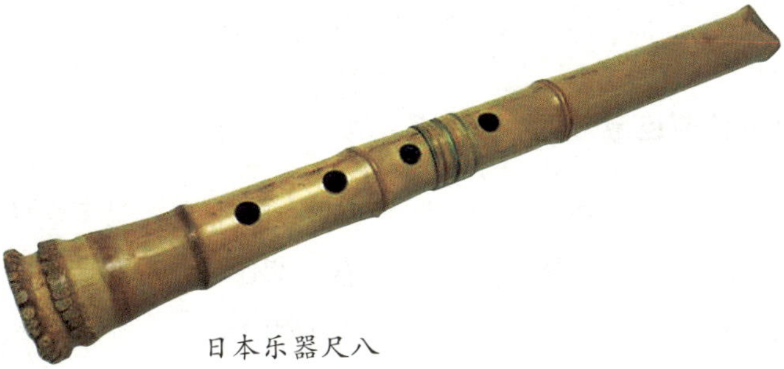

日本乐器尺八

此外，唐代一些著名的音乐书籍《古今乐录》《乐书要录》《琵琶谱》《横笛》等也传入日本。随着这些音乐理论著作的大量传入，中国的音乐理论和音乐思想也传入了日本。

唐代中国音乐的传播，对日本音乐文化的发展产生了重大影响。701年，日本仿唐设立了“雅乐寮”。雅乐寮是专门掌管音乐的机关，里面有舞师、笛师、唐乐师、高丽乐师、百济乐师、新罗乐师、伎乐师、腰鼓师等专家，分别教授学生。日本雅乐采用了唐乐宫、商、角、徵、羽五声音阶，加上变徵、变宫成为七声音阶。八度音程内设十二律音，与中国的十二律相对应。起初，日本十二律的名称是沿用中国的律名，平安朝以后才改称日本律名。此外，唐代大曲的序、破、急等形式也被日本雅乐所吸收。

我国的儒家礼乐思想传入日本以后，为日本朝廷所接受。757年，日本孝谦天皇的诏敕中出现了移风易俗的礼乐思想：“安上治民，莫善于礼。移风易俗，莫善于乐。”从孝谦天皇的诏敕中可以看出，日本对音乐价值的认识和儒家的礼乐思想是完全一致的。在这种礼乐思想指导下，日本对音乐的追求也同样是所谓的“雅正”之乐，排斥所谓的“淫乐”。

奈良时代宫廷中出现了受唐乐影响的“舞乐”，造就了一批技艺高超的舞人和乐师。这批专业艺人的出现，对丰富日本民族舞蹈的创作，完善日本民族舞蹈的技巧并提高其表演艺术，起了很大的推动作用。那时的“舞乐”，从形式上分为文舞和武舞，文舞温文尔雅，优美娴淑，武舞手执刀枪，威武雄壮。

传教士带回欧洲的中国音乐

葡萄牙传教士克路士（Gasparda Cruz，1520—1570）是有文献记载的鉴赏中国音乐的第一个欧洲人，他在其游记作品《中国志》中提到了在中国欣赏音乐的事。他还对中国的乐器作了介绍，说："他们用来演奏的乐器，是一种像我们有的中提琴，尽管制作不那么好，有调音的针。另一种像吉他，但要小些，再一种像低音提琴，但较少。他们也用洋琴和三弦琴，有一种风笛，和我们用的相仿。他们用一种竖琴，有很多丝弦。他们用指甲弹，因此把指甲留长。他们弹出很大的声音，十分和谐。有时他们合奏很多种乐器，四声同奏发出共鸣。"①

在《利玛窦中国札记》中，有对中国音乐比较详细的介绍，但利玛窦（Matteo Ricci，1552—1610）对中国音乐的总体评价不高，认为在这方面比不上欧洲人。

葡萄牙传教士曾德昭（Alvaro Semedo，1585—1658）在《大中国志》中也谈到过中国音乐。他说："中国古代很重视音乐，甚至他们的哲人孔夫子在他管辖之地竭力要做的一件事就是让人们学音乐。"他介绍中国的音乐有12音调，6种是升调，叫做"吕"，6种是降调，叫做"律"。"他们歌唱也有类似我们的音符，ut，re，mi；它们共是5个，其中有我们的ut。他们学习音乐不用符号，也不用节奏，在谱写时不用线谱，因此可以看到，在他们的合唱中，他们没有由不同部分组成的音乐，很多人合唱，调子只有一个，全亚洲差不多都是这样。所以他们的音乐只有他们本国的人才喜欢，他们最好的唱法是，一种乐器只配一种声音。"② 他还介绍了中国的乐器。他说中国人认为有7种声，他们据此制造乐器。第一种是金属制造的，有各种钟、铃、钹等；第二种

---

① [葡]克路士：《中国志》，[英]C·R·博克舍编注，何高济译：《十六世纪中国南部行纪》，中华书局1990年版，第101—102页。

② [葡]曾德昭著，何高济译，李申校：《大中国志》，上海古籍出版社1998年版，第66页。

是用玉制造的，类似于意大利的方阵；第三种是用皮制的，如鼓，有好几种类型；第四种是丝，制作各种乐器的弦，如三弦、单弦，还有7根弦的，比其他乐器更受重视；第五种用木制；第六种是用口吹的乐器，如笛子等。“有时这些乐器同时演奏，构成一曲悦耳的乐曲。”①

稍晚来华的钱德明神父对于中国音乐的研究和介绍，在传教士中十分突出。钱德明本身是一位音乐家，音乐造诣很高，除了熟悉西方音乐理论，更擅于演奏键盘乐器和吹奏长笛，多次为皇室演奏。他对中国音乐进行了比较深入的研究。他首先翻译了李光地所撰的《古乐经传》。这是一部颇有价值的中国音乐历史和理论的著作。钱德明将这本书译出后，将译稿寄给了巴黎金石和美文学科学院，但此译稿一直没有公开出版。1776年，钱德明完成了研究中国音乐的专门著作《中国古今音乐篇》，1779年在巴黎出版。在这部著作中，钱德明首先在前言中概述了中国音乐史。钱德明强调说：“如果那些不带成见的而又是适当的精力来阅读本论著的人，不会产生某种有关中国人音乐体系光辉的思想，那么他们至少也可以坚信，这是中国人自己特有的一种音乐体系。”②他希望通过这部对中国音乐介绍的著作，使这些人能够得出对中国音乐的正确评价。

《中国古今音乐篇》主要参考李光地的《古乐经传》和朱载堉的《律吕精义》写成，第一部分中介绍了中国乐器，包括八音、八种乐器、律准、五弦琴和七弦琴的调音方法等，并附有绘制的乐器图。在第二部分中论述了中国音乐的“律”，主要介绍了中国律学理论，内容涉及中国传统的三分损益律及生律方法、中国管律的长度与口径的数据、朱载堉创立的十二平均律理论。第三部分是论述中国音乐的“调”，即调式理论，书中附有三段中国祭祀仪式中赞颂祖先荣耀的歌曲，即《先

① [葡]曾德昭著，何高济译，李申校：《大中国志》，上海古籍出版社1998年版，第22—23页。

② [法]陈艳霞著，耿昇译：《华乐西传法兰西》，商务印书馆1998年版，第104页。

祖颂》。钱德明对中国音乐作出积极的评价，声称："假如有人直截了当地问我中国人是否早就具有了关于和声的概念，我敢十分肯定地说，中国人是世界上最早通晓和声学的民族，他们最广泛地吸取了这门科学的精华。他们的和声学是包括在一个总括万物的'和弦'中的，它存在于物质力量之间、精神力量之间、政治力量之间，存在于构成其宗教信仰与政府机构的一切无形的事物之间。"①

钱德明还反复强调中国音乐体系的独创性及其在世界音乐发展史上的重要地位，认为在古老的中国，伶伦（乐官）已经创造出了令人叹为观止、精彩无比的音乐，其实是完全可以与赫尔墨斯神、恩弗伊神相媲美的。中国哲学音乐家用他们的琴和瑟再加上磬，用他们乐律千古不衰的方法能够使最为凶悍的野兽为之驯服，使那些常常比猛禽还要凶残的人变得温良恭俭让。

《中国古今音乐篇》是向西方人系统介绍中国音乐的开山之作，向欧洲人展示了中国特有的音乐体系，被誉为中西音乐交流史上的一项"重大资源"，正如法国汉学家陈艳霞（Ysia Tchen）所说的那样，"钱德明神父有关中国人音乐的著作在18世纪下半叶就如同满月一般闪烁光芒。与它相比，这一时代的其他著作仅仅如同一闪即逝的小流星一般，没有产生过多大影响"。②直到18世纪末，法国研究中国音乐的一些主要著作都不同程度地引自《中国古今音乐篇》。

1780年，即《中国古今音乐篇》出版次年，法国作曲家德拉博尔德（Jean-Benjamin de La Borde)就在其著作《论古代和现代的音乐》第一卷"论中国现代乐器"部分转载了《中国古今音乐篇》中的相关内容。1785年，格鲁贤（Grosier）在所著《中国志》中也引用了《中国古今音乐篇》前言和第一部分的大量文字。1791年，法国诗人、评论家

① [法]陈艳霞著，耿昇译：《华乐西传法兰西》，商务印书馆1998年版，第156—157页。

② [法]陈艳霞著，耿昇译：《华乐西传法兰西》，商务印书馆1998年版，第209页。

甘格纳（Pierre–Louis Ginguene）在其《入门百科全书》第一卷中写了一条很长的有关中国音乐的辞条，标题为《中国人的音乐》，对《中国古今音乐篇》作了长篇综述，并转引了《先祖颂》。英国史学家温特博瑟姆（W.Winterbotham）在其1796年出版的《中华帝国的历史、地理和哲学观》中也曾引用了《中国古今音乐篇》中的大段文字，并对书中的内容表示完全赞同。

妙笔丹青，写意传情

魅力无限的绘画艺术

中国的绘画艺术历史悠久。在几千年的漫长岁月中，中国人以自己的审美体验和艺术创造才能，以毛笔和墨以及天然矿物质颜料为基本工具，创作了数量极大的绘画作品，形成了鲜明的民族风格和民族气派，并有着自己独立的绘画美学体系。

我国秦汉绘画有用模印或刻划制成的画像砖、墓室壁画、帛画等，并形成了自己古朴的风格。比较著名的有长沙马王堆一号墓中出土的轪侯夫人帛画，是迄今发现的我国最早的工笔重彩画珍品。

魏晋南北朝绘画，承前启后，五彩缤纷。士人画家，改变汉代粗犷、繁复的风格，向精密技巧方向发展。他们重视传神写照，尤其善于表现人物性格。他们又从人物画向山水画过渡，并将外来技法运用于个人的创作实践，形成诗书画统一的艺术整体。

东晋时的顾恺之提出了“以形写神”之论，相传他在建康瓦棺寺壁上绘的维摩诘居士图，光彩耀目，轰动一时。顾恺之尤其善于画人物，追求“传神”，而“传神”二字成为中国画不可动摇的传统。顾恺之的作品很多，其中以《女史箴图卷》《洛神赋图卷》最为世所推重。

南朝画家以陆探微、顾景秀、宗炳、王微、谢赫、刘瑱、毛惠远、

张僧繇最有成就。南朝士人画家一方面沿袭魏晋玄学风气下的人伦品藻，奉顾恺之的“传神写照”为人物画宗旨，另一方面，与自然进一步融合，如谢灵运“寻山陟岭，必造幽峻。岩障千重，莫不备尽登蹑”。宗炳“好山水，爱远游，西陟荆巫，南登衡岳。……凡所游履，皆图之于室”。结果，山水画也迅速发展，成为南朝画坛区别于前代的重要特色之一。

梁代张僧繇以善画佛像名世，是中国佛教绘画的开创者和推动者。据记载，张僧繇曾在建康一乘寺用凹凸画法创作壁画，所绘物象，远观具有立体感，近视则平，因此该寺又被人称为“凹凸寺”。这是宗教绘画乃至中国绘画美学史上具有划时代意义的成就。凹凸法作为一种绘画技法，处理的是三维空间、透视与色调对比诸问题，它给中国画家以巨大的启迪，不仅被画家所接受，而且颇受世人赞誉。在此基础上，后人

东晋顾恺之《洛神赋图》（局部），宋摹本。故宫博物院藏

又创造了“没骨画法”。

张僧繇是魏晋南北朝诸画家中具有总结性地位的士人画家，有不少人学习他的画风，所谓“望其尘躅，如周孔焉”。后人把张僧繇尊为“画家四祖”之一，所谓“画家四祖”，是指东晋时期的顾恺之与他的学生陆探微，南朝画家张僧繇及唐代画家吴道子。

在南北朝后期，北齐曹仲达的佛画颇享盛名。曹仲达来自西域的曹国，原来的画风带有西域的风格，但在中原既久，其画艺又逐渐染上中国民族风格，创立了“曹家样”，成为唐代盛行的四大绘画式样之一。曹仲达笔法刚劲稠叠，所画人物衣衫紧贴身上，犹如刚从水中出来一般，后人誉为“曹衣出水”。

中国自先秦以来就有用于政治教化的“图壁”。在春秋战国时期，壁画这一艺术形式已经出现在原始宗教的祠庙之中。此一传统得以延

续，现今见于汉画像砖石之上的部分图画，当初也曾都绘于各式祠庙的墙壁之上。南北朝时的壁画艺术有很大发展，壁画情节复杂、场面壮观、气势宏大，大多是以大乘经典为根据的，在图画中常常可以见到现实生活片断的描绘。在南北朝与隋之交的佛教壁画中，人物造型动作、环境背景的描绘都显示出较有写实性。

隋唐时代的绘画艺术，在中国的美术史上，形成了一个名家辈出、门类齐全、成绩斐然的绘画高峰。

隋代的画家各有异同，但大体保持着顾恺之、陆探微、张僧繇等人建立起来的“细密、精致、臻丽”的传统，被后世称为“齐梁画风”。唐代的绘画艺术，在历史上有着空前的成就。当时的绘画，已出现人物、山水、花鸟、鬼神、鞍马、屋宇等分科，标志着唐代绘画进入了全面发展的历史阶段。绘画人才的大量涌现也非其他朝代可比，至今有文献或画迹可考的画家就有400多人。在历史上享有盛誉的如阎立本、尉迟乙僧、李思训、吴道子、王维、曹霸、韩干、张萱、周昉、薛稷、边鸾等，都取得了多方面的艺术成就。

在初唐的画坛上，阎氏兄弟颇负盛誉。阎立本善画人物、车马、台

唐张萱《虢国夫人游春图》。辽宁省博物馆藏

阁，尤擅长于肖像画与历史人物画，他的绘画，线条刚劲有力，神采如生，色彩古雅沉着，笔触较顾恺之细致，人物神态刻画细致，其作品备受当世推重，被时人列为“神品”。其兄阎立德亦长书画、工艺及建筑工程，阎毗、阎立德、阎立本父子三人并以工艺、绘画闻名于世。

在初唐画苑中，最有影响的是尉迟乙僧的凹凸法，即用色彩的晕染和着色的厚重，使画面具有立体感，是不同于中国传统上以线条为主的绘画技法。这种来自西域传统的艺术技巧，对中国后来绘画艺术的发展有着深远影响。尉迟乙僧既保持了西域绘画艺术的特点，又吸收了中原绘画的艺术风格，使唐代绘画艺术更具鲜明的唐风特色。

进入盛唐时期，涌现了大批具有很高造诣的艺术家，体现了成熟的技巧，并形成了具有典型时代意义的风格样式，“唐风”式的作品开始形成，创作的作品数量有很大的增长。在这个千秀竞美的艺术整体中，富有典型意义和充满了历史意味的是产生了吴道子的“吴家样”、周昉的“周家样”两大艺术风格。他们各自以其富有个性的艺术形象，以其精湛成熟的艺术技巧，分领艺坛一时之风骚。

在绘画题材上，宋代与唐代有着明显的不同，唐代宗教的盛行而使宗教画成为绘画中的主流，宋时山水画和花鸟画日渐成为受欢迎的题材。由于城市繁荣而导致社会对绘画作品需求的加大，使职业画家数量大增，绘画商品化成为势所必然。史载汴梁潘楼酒店下有书画夜市，大相国寺庙会有书画市。

宋代承袭五代后蜀和南唐的做法，设翰林图画院，其庞大阵容和完善的建制在我国历史上无与伦比。翰林图画院是宫廷服务机构，人才济济，创作甚是繁荣，从遗留下来的大量艺术珍品，就其质量和数量方面上看，都为后世叹为观止。徽宗在位时的画院是最为兴旺的时期，画手如云，著名的有李唐、苏汉臣、张择端、刘宗古、黄宗道等。高宗南渡后重建画院，同时多方搜集名画，礼遇画人，如马和之及其他画院待诏所作，他往往为之题诗题字。孝宗、光宗时期，画院依然兴盛，这个时期有著名画家李唐、刘松年、赵伯驹、马和之、毛益、李嵩等人。画院崇尚工笔写实，描绘真实细腻、风格工致富丽，时人称为“院体”。

北宋后期，苏轼、米芾等提倡“士人画”，士人画中有一部分基本上即后世所说的“文人画”。此后文人画家出现，亦有意和职业画家“两水分流”。文人画“是指由文人士大夫创作的表现其思想感情和审美情趣的绘画。文人从事绘画活动，虽然由来已久，但真正形成潮流并逐渐发展成一种新的画风则是在北宋中后期，而到元代，文人画已经达到一个高峰”。[①] 这些文人画家们有自己独特的审美心理和独到的美学见解。“一般来讲，文人画不像宫廷和市民绘画那样写实，它着重主观意趣的表现，不作雕琢，不假繁饰，注重笔墨，画面上题写诗文，使书法、文学、绘画融为一体；思想内容以超然物外为高，题材上多描绘山水、梅兰竹石及花卉，人物画很少，表现市井生活的风俗画更为少

① 王育济等：《中国文化发展史（宋元卷）》，山东教育出版社2013年版，第261页。

北宋米芾《春山瑞松图》。台北故宫博物院藏

见。”[①] 南宋邓椿在《画继》中首次提出绘画是一个人文化修养的集中表现，“画者，文之极也，其为人也多文，虽有不晓画者，寡矣；其为人也无文，虽有晓画者，寡矣”。

民间画家、画院画家和士夫画画家各有短长、互为补充、互相促进，共同使宋代成为中国绘画史上一个全面发展的高峰时期。宋代绘画在力求达到物象形色情态的逼真自然并使之传神表意的技巧上极为精湛纯熟，人物、山水、花鸟等各类题材的创作并驾齐驱，众彩纷呈。享誉千古的巨匠大师如群星闪耀，为后世百代所仰慕与效仿。

宋以后的元明清各代，绘画艺术各有发展和创新，代不乏人，各领风骚，涌现了许许多多绘画大师和名作，体现了中华民族独特的审美趣味和艺术风格。

① 王育济等：《中国文化发展史（宋元卷）》，山东教育出版社2013年版，第261页。

南北宗画与朝鲜画风

早在古朝鲜时期，中国的各种工艺品和艺术风格就曾大量传入朝鲜，给处于文明曙光时期的朝鲜半岛以先进文化的惠泽。到了朝鲜三国时期，文化交流的规模日益扩大，致使朝鲜的艺术创造浸染着浓厚的中原风格。

例如高句丽古墓壁画，无论是题材还是技法，都可见高句丽艺术与中华文化的联系。高句丽古墓壁画是现存东方最古老的壁画的一种，不仅以其艺术性，而且以其多样性和丰富的内容，受到很高的评价。壁画墓集中分布在集安、平壤、安岳三地，壁画题材大体可以分为三类：社会生活风俗画、图案画和神灵画。427年高句丽的政治中心转移到朝鲜半岛之后，墓室壁画从题材到技法仍然继续保持着与汉文化的深厚联系。高句丽墓室壁画在吸收中原绘画技巧和表现方法上，创造了本民族的绘画特色。无论设色和用线，都达到了气韵生动的效果，具有很高的艺术地位，是东方绘画艺术的瑰宝。

唐代的雕塑、绘画、书法等艺术都陆续传播于新罗，产生了很大的

高句丽古墓壁画《飞天像》，朝鲜平安南道南浦市江西大墓（7世纪）出土

影响。新罗人广泛学习和吸收盛唐各种艺术，使新罗的艺术文化得到很大的发展。《三国史记》记载过这样一件事：新罗善德女王继位前，曾见到一幅来自唐朝的《牡丹花图》。她看后说："此花虽绝艳而必无香气。"因为鲜花和女人有相似之处，"大抵女有国色，男随之；花有香气，蜂蝶随之……此花绝艳而图画又无蜂蝶，是必无香花"。这段文字说明，唐朝的绘画艺术已传到朝鲜，而善德女王的精敏鉴赏能力也证明新罗人已达到很高的艺术修养和欣赏水平。贞元末年，有新罗商人在长安高价收购著名画家周昉的画作，最后买到数十卷，回国出售。可见当时中国的绘画作品已经有许多传到新罗。

唐代画师也有至新罗传授画技。据《三国遗事》载，《新罗古传》曾记，唐天子有宠姬，美艳绝伦，于是命善画者为之图形写真。画师奉敕图成，不慎误落赤笔，点污于脐下，欲改而不能。画献上，天子看后说："形象很逼真。只是，其脐下之志本为爱姬之内秘，此人如何得之并写之？"于是怒形于色，欲加重刑。经丞相劝谏，乃改容曰："朕昨夜曾作一梦，若能画出我梦中所见之形象，则赦之。"画师乃画十一面观音像呈上，果与梦见一致，遂获释。但此画师仍心有余悸，于是渡海至新罗同修佛事，于众生寺草画塑成大悲观音像，还在北岳金刚岭的柏栗寺塑成大悲像一躯。

除中国画师入新罗传技外，新罗也有人入华学画。据《历代名画记》载，唐德宗年间（780—805），有将军金忠义学画，"绝巧过人"，"迹皆精妙"。此金忠义为新罗国人，在唐官至少府监。

中国绘画作品和绘画艺术也广泛传播于高丽，对高丽时代的绘画艺术产生了直接的影响。高丽僧人义天在宋求法归国时，携归高丽所存的宋画有：宋哲宗所赐佛祖图影、高丽文宗真容、天竺天吉祥真容、飞山戒珠真容、宋本名画和庐山十九贤真容等。1074年，高丽遣使金良鉴入宋，访求、购买中国画，耗资300余缗。高丽又表请宋朝派遣医、药、画、塑之工，宋神宗命罗拯"募愿行者"赴高丽传授技艺。其后，高丽又遣画家随使入宋，学习、观摩宋画。

宋神宗熙宁九年（1076），高丽使臣崔思训带领画工数人，奏请宋朝允其摹写相国寺壁画。相国寺是开封一佛教名刹，唐宋时，该寺院处于鼎盛时期，殿宇宏伟，像设庄严，壁间多名家画迹。高丽画工将相国寺壁画尽模携归，将其重绘于高丽兴王寺正殿西壁。高丽人对这些壁画十分“宝惜”。

由于中国绘画画品和画技通过多种渠道传之于高丽，从而对高丽绘画艺术的发展产生了深远的影响。高丽设有图画院和画局，有工匠从事绘画创作，此外还有不少业余画家，其中包括国王和大臣贵族。高丽绘画艺术承北宋画风，名画有李宁的《礼成江图》（李宁入宋游学时宋徽宗命其所画）《天寿寺南门图》、李佺的《海东耆老图》、朴子云的《二相归休图》、恭愍王的《普贤骑象图》《鲁国公主真》《天山大猎图》等。

在李氏朝鲜时期，无论是在王宫中，或是在文人之间，都热衷于收藏中国书画。这些收藏对于李氏朝鲜绘画艺术的发展，无疑起到了相当大的作用。

李朝的画家主要有两类，一类是上层社会的文人画家，一类是来自“中人层”的专业画家或称“画员”。李朝前期的绘画艺术基本上继承了中国北宗画的画法，宗承以郭熙、李成为代表的北宋画法，以及从夏珪、马远开始的南宋院体画法和明代的院体画及浙派画法。

15世纪李朝最有影响的画家有安坚、崔泾、李上佐、姜希颜、崔寿

朝鲜安坚《梦游桃源图》。日本奈良天理大学图书馆藏

碱、梁彭孙等人。他们都受到中国北宗画风的深刻影响。17世纪以后，朝鲜画坛开始接受中国南宗画的影响。黄公望、吴镇、倪瓒、王蒙等元末四大家，明代的沈周、文徵明等吴派画家，以及清代的正统派“四王”（王时敏、王鉴、王翚、王原祁）、吴历、恽寿平等的画风，均在朝鲜广为流行。特别是黄公望、倪瓒、沈周、文徵明的画风更受欢迎，并一再被仿作。明代后期董其昌的画风和画论的影响也很大。此外，中国的《顾氏画谱》及《芥子园画传》等明清时期的画谱传入朝鲜，对于南宗画在朝鲜的流行也起了很大的作用。

中国绘画之东渡与日本画家之西来

日本的美术也是在中国美术影响下发展起来的。日本美术理论家伊势专一郎说：“日本的一切文化，皆从中国舶来，其绘画也由中国分支而成长，有如支流的小川对于本流的江河。在中国美术上更增一种地方色彩，这就成为日本美术。”①

在随遣唐使入唐的人员中，有专职的画师，他们在中国的活动也很活跃，学习唐画技艺，模仿唐代名画。如第十九次遣唐使藤原常嗣在赴长安途中经过扬州，在龙兴寺法华道场琉璃殿南廊墙壁上，看到悬挂的梁朝画家韩幹所画南岳、天台两大师画像，乃命其傔从丽田家继用卷本摹写下来。

日本僧人空海归国时携回的《真言五祖像》，据传为当时著名画家李真等10余人合作，是传世的唐代绘画珍品，至今仍藏在京都教王护国寺内。

唐朝人物、山水画的传入，刺激了日本绘画艺术的发展。756年，光明皇后给正仓院的赐品中，有21件以各种不同的绘画装饰的屏风，如风景、宫室、宴会、仕女、马匹、禽鸟、花木以及其他许多景物，

① 常任侠：《海上丝路与文化交流》，海洋出版社1985年版，第91页。

《鸟毛立女屏风》（局部），8世纪。日本奈良正仓院藏

都属于中国风格。其中著名的六扇屏风画《树下美人图》（又称《鸟毛立女屏风》），每折屏风描绘一个立在树下的身穿中国唐代服装的美女。这幅屏风画明显地受中国唐代绘画的影响，以柔和的细线，描绘美人丰润的脸庞，以及身披唐式服装的丰腴的体态。

日本这类屏风画，不仅是屏风的形体，而且画题也都是中国式的，故日本绘画史将这一部分日本画称为“唐绘”。

9世纪以后，在唐代艺术的影响下，刺激了日本美术民族风格的发展。画家们将一些文学作品画成连续的故事性的长手卷，被称为“绘卷物”，其中不乏优秀之作。《源氏物语绘卷》是绘卷物的代表性作品。作者以丰富的想象力和灵活多变的构图，巧妙地安排了各类人物和环境，人物、道具的勾勒和设色，都显得华贵而真实，整个画面透露出装饰性之美。

1972年在奈良附近发现的高松冢古坟，古坟内的壁画，由东壁南侧的《男子像》、西壁北侧的《女子像》，以及分别于东西壁中央、北壁和天井的青龙、白虎、玄武、星宿组成，是一个大的古坟壁画群。它们以细腻的笔法，栩栩如生地描绘出男子像的庄重表情，女子像的丰满体态，以及艳丽的服饰，透出几分中国唐代绘画的样式。

1998年，在奈良明日香村古坟，考古工作者使用超微型摄像机，在石室（石椁）内探察出彩色壁画，四壁为四神图，分别是东青龙、西白虎、南朱雀、北玄武，顶部为星宿图，东西斜面为日月图。年代约在7世纪后期到8世纪初，是日本发现的第二例壁画墓，其规格与高松冢一样。

从文字资料中也可以看到中国画的强烈影响，如《经国集》中收有

日本高松冢古坟西壁的女子群像壁画，创作于7世纪末8世纪初。日本奈良高松冢壁画馆藏

嵯峨天皇与3位廷臣咏清凉殿画山水图的唱和诗。读了这些诗，山水图的画面历历在目：山峦叠嶂，断崖葛藤；山下有水，渔者垂钓，鸟飞其上；林中有屋，松下有仙，云间飞鹤。这完全是中国人想象中的神仙世界。都良香的《都氏文集》中收有他赞白居易及其肖像画诗，岛田忠臣的《田氏家集》中有题竹林七贤图诗，也都是中国风味的人物画。

平安时代以后，日本人吸收和融合了中国的画风，逐渐创造了日本独特艺术风格的民族画法即“大和绘”。但是，从13世纪起，“从中国大陆上，首先是宋朝、其后是元朝传来的新的影响，又渗入日本国内，及至14世纪，即使日本绘画有了一副完全不同的面貌”。[①]

① [日]秋山光和著，常任侠、袁音译：《日本绘画史》，人民美术出版社1978年版，第88页。

入宋僧奝然带回日本大量的佛画。佛画通称“变相”，曼荼罗是佛画的一种。中唐以后佛画开始在中国流行。奝然带回日本的有部分佛像、菩萨像、罗汉像、经变图画至今仍有留存。所存留于世的这些佛画，都是版画。当时宋朝的佛画，无论是木版画还是铜版画都大量印行，深入到普通民众之中。奝然传入的大量佛画对日本绘画艺术产生了很大影响。日本自平安中期以后，大量制作类似的镜面像，明显受到宋代铜版画艺术的影响。

在奝然带回的佛画中，最有影响的是他带回的十六罗汉画，现藏于清凉寺。罗汉像在中国本来始于六朝时代，但作为罗汉画开始发挥独特妙趣的，却在禅宗大为兴盛以后，而且画法也逐渐脱离普通的佛画，专以潇洒的笔触画出飘逸的神态。到五代时出现了许多罗汉像画的名师，主要集中在四川、吴越两地，其中以贯休（禅月大师）最为著名，他所绘罗汉，“形多古野”，达到了罗汉画的完满境地。奝然带回的十六罗汉画，就是这一风格的。后来陆续传入日本的杰出罗汉画有：京都高台寺藏十六罗汉、京都相国寺藏十六罗汉、摄津多田院藏十六罗叹、下总法华经寺藏十六罗汉、京都大德寺藏五百罗汉。这些罗汉画对于日本镰仓时代的佛画颇有影响。镰仓时代创作的《释迦三尊十六罗汉》是受此影响的代表作之一，通常认为是以奝然所携回的佛画为蓝本而创作的。

还有一些入宋日僧和日本艺术家来中国学习，有的请宋朝画家去日本传授技艺，或将宋画带回日本，出现了欣赏和模仿宋朝绘画的热潮。

宋代中国绘画艺术对日本的影响，是与禅宗有密切关系的。南宋禅林风习，弟子受其师认可时，需要其师一幅肖像画（即所谓“顶相”）以为凭证。所谓“顶相”，指禅宗祖师的肖像。师父向弟子传法时，往往授以自己的顶相（肖像）作为印可的证明。在顶相的上面，还有自题赞辞或请其他高僧题赞。顶相既是弟子继承其师之法的凭证，同时也是学僧通过“顶相”追忆恩师的教导和人格的一种方式。日本入宋僧在回国时，也都把其宋朝师僧的肖像画带回日本。例如现藏于东福寺的无准师范的画像，是圆尔辨圆入宋师事师范时，请当地画工画的肖像，并请师范自己题赞。这幅肖像身倚禅椅，手持警策，可称是这类肖像画的典型，面容中施以淡薄的阴影，显示出写实的手法，这是南宋画的一般特色。一般认为这是最早传到日本的顶相图。其他入宋僧中也有许多人带回这种肖像画。宋朝禅师顶相画大量流入日本，引发了顶相在日本的繁荣，由此引来顶相在日本长达400年的辉煌，成了纵贯日本镰仓、室町乃至江户时期颇具实力的艺术样式。

与中国绘画艺术影响有关的另一种艺术形式是水墨画。浙江画家的花鸟山水画、水墨画对日本产生了重大影响。“日本人真正开始学习中国的水墨美术，约当于14世纪的镰仓时代后期，而其兴盛却要晚到15世纪左右的室町时代。日本水墨画的发展背景，肇因对于中国宋元文化的憧憬，并且与佛教禅宗思想在日本的盛行，有着密不可分的关联。”① 最初日本画僧们在作水墨画时，所爱好的题材是释迦、文殊、观音等佛像，还有圣者的达

1764年日本出版的《元明花鸟画典》书影

① 晋介辰：《马夏笔墨符号的复苏与递变——从浙派到日本》，台北《故宫文物月刊》2008年第8期。

摩、布袋等的形象，以及中国高僧和隐士们的功德，而且经常喜欢画一些象征着纯洁或高雅情操的植物，如竹、松、兰等。关于风景画则主要是作为悟道的境地，所谓“禅境图”，它解释着某位祖师怎样由于一种意外的偶然事件、或与他的师尊在谈话中，得到启发而悟道。

从15世纪前半期开始，“诗画轴”开始流行起来。禅僧们为了表现他们孤高的理想及布置清静幽雅的环境，他们常作些风景画，其中有他们在幻想中所留恋的精致的楼阁。图画上部的空白部分，则留供友人题写一些赞颂大自然怀抱中愉快生活的中国式诗句。这种特殊形式的立轴称为诗画轴。

日本早期水墨画的画风主要是模仿中国，没有明显的独创性，但却为后来的日本山水墨的形成和发展奠定了基础。“综观日本水墨画坛的缘起和发展，大约在足利义满晚年以降的北山文化时代，水墨的山水构图已是室町画坛的主流，日人以中国画本为根据的制作方式，有所谓‘笔样’及‘画样’的摹习方式。‘笔样’是着重在画家的笔法，‘画样’则是注重画本的景物组合之概念。无论从周文的画僧系统、阿弥派、狩野派等这些画坛宗师人物的画作上均可见到，南宋院体（夏珪）

日本雪舟《天桥立图》，15—16世纪。日本京都国立博物馆藏

画风是他们崇尚追求的‘笔样’及‘画样’的共同渊源之一。”① “经过元朝末期与中国的交流所引进的水墨画和禅宗的偈颂，培养了日本人对所谓‘山水’的感受能力。”“山水这一源自中国的艺术观念，不自觉中竟与日本的自然相吻合。作为‘山水画’的景致，眺望着故乡的山、河，日本人观望山水的情感也不由产生了变化。同时，‘山水’的观念也被日本那些温柔、安然的自然景色同化了。”②

风靡欧洲的“外销画”

自从明代晚期欧洲与中国直接通航以来，广州就是对欧洲贸易的主要港口，有大批的欧洲各国商人和海员到广州从事贸易活动。从18世纪起，许多广州艺术家按西方人士的喜好，采用西方的绘画技巧和风格，将港口风景、市井生活、风土人情、轮船、刑罚、花卉、动植物等体现东方风情的各类题材，描绘在纸本、油画布、玻璃、象牙、通草等各种材料上，让来广州贸易的西方人士带回本国，馈赠亲朋好友。这类画被现代学者称为“外销画”或“贸易画”。

18世纪早期广州口岸的外销画主要为纸本绘画和彩色木版画。纸本绘画被西方人称作“悬挂纸画”。这些纸画的内容多是表现中国的自然风光、风土人情和日常生活等，特别是富裕人家的快乐闲适的生活。另外，表现农民和城市手工业者的生产活动的作品也比较常见，如耕织、采茶、养蚕及家具、瓷器生产等。《十竹斋笺谱》《芥子园画传》等大量木版书籍也由传教士带回欧洲。

19世纪30年代至60年代，是广州外销画的鼎盛时期。这时的外销画具有突出的商业性，画家和画作都带有明显的广州口岸的烙印。从创

---

① 晋介辰：《马夏笔墨符号的复苏与递变——从浙派到日本》，台北《故宫文物月刊》2008年第8期。

② [日]上垣外宪一著，王宣琦译：《日本文化交流小史》，武汉大学出版社2007年版，第146—147页。

作形式、创作风格和题材上，都体现了中西合璧的色彩，是中式洋画的一种体现。一方面，外销画大量吸收了西方绘画的技巧和风格，以适应欧洲人的审美心理，另一方面，在题材上充分表现中国的风光和风土人情，以满足欧洲人对东方异国情调的趣味和审美期待。据说，“差不多每个英国人回欧洲时，都会购买一幅广州风景画回国”。在那个时候，以中国本土风景和人物为题材的玻璃画、通草水彩画的需求量极大，这种“贸易画”在摄影技术流行之前，深受西方人士的喜爱，成了他们了解东方风情的最佳媒介。所以，外销画成为欧洲人认识中国的一个图像形式。而这些外销画中的人物形象、风景风俗、花卉植物等，又常被欧洲的艺术家用到他们的工艺美术设计中。

当时在广州十三行一带出现了专门绘制外销画的职业画家。他们制作的外销画涉及西方各种绘画形式，其中有油画、水彩画、水粉画、玻璃画和通草画等。

在当时的外销画中，玻璃画也十分珍贵。玻璃画的工艺来自海外，而且制作难，其特色是画家把图案以相反的方向描绘在玻璃背面，西方称为“玻璃上的绘画”。此技巧在18世纪传到中东、西非、东南亚和东北亚。玻璃画的基本材料是玻璃、木制镜框，颜色用油彩为主，兼有水粉、水彩，总体上偏向于工艺性质。外观摆置必须有镜框等工艺辅助，经常组合安装在各类家具中，工艺装潢十分讲究。还有的是作为挂屏，挂在房间的墙壁上。18世纪中叶，英国对以中国本土风景和人物为题材的玻璃画需求极大。玻璃画画面十分优美，主要绘制内容是用鲜艳的色彩在玻璃上描绘中国风景，有时添上休闲人物。画面上方空白处则是镜面，整个玻璃镜面用镜框镶好。这样的玻璃画以其颜色艳丽、做工精良和富于异国情调而在欧洲大受欢迎。玻璃画的题材非常广泛，反映中国人社会生活的方方面面。现藏于荷兰莱顿国家人种博物馆的19幅玻璃画，是1785—1790年间绘制的，其内容有广州珠江沿岸商馆区风光、广州黄埔锚地、珠江荷兰炮台风景、中国花园、中国家庭生活情景、盂

蓝色蚀花玻璃人物外销画。广州博物馆藏

兰盆会、龙舟赛、拜见官员、宫廷宴会、打猎、下围棋、婚礼情景、觐见皇帝、皇家花园、皇帝春耕仪式、收割庄稼、制作瓷器、种植茶叶、纺织丝绸等。

通草片水彩画，因笔法相当细腻精致，题材繁多，内容丰富，写实性强，色彩异常亮丽，加上价格便宜，在19世纪盛极一时，为来访广州的西方人士所钟爱。水彩画的题材也十分广泛。1796年，美籍荷兰人范巴兰（A.E.von Braam Houckgeest，1739—1801）从广州将一组水彩画带到美国。这批画大约1700张，分成38卷，包括多个主题，如港口图、风景画、广州及其附近风光、贸易情景、船舶画、鸟类、昆虫、海关面貌、商人肖像以及航海图和地图等，集中体现了18世纪广州外销水彩画的主要的绘制题材，涉及当时广州乃至整个中国社会生活的方方面面。

在清代广州出产的外销画作品中，有一类作品数量庞大，与广州对外贸易息息相关，这就是中国外销商品的制作过程图，包括外销瓷器、丝绸、茶叶以及其他中国物产的制作，是外销画的独特品种，这些题材反复出现在外销画中，是18、19世纪最受西方人欢迎的外销画。描绘这些主题的画作，通常成批量生产，以水彩画的形式上市，每套从12张到数十张，甚至上百张不等。每张图绘制一个工序。也有少数以油画的形式绘制，在一幅画上描绘多个生产程序。如现藏于美国麻省赛伦镇庇博迪·埃塞克斯博物馆（Peabody Essex Museum）的一幅瓷器生产过程图和一幅茶叶制作过程图，在巨幅的画面上，描绘了瓷器和茶叶的整个生产销售过程。①

外销画作为当时来广州的欧美人士最喜欢的纪念品，销售的数量非常巨大，流传到欧洲和美国各地，现在许多博物馆都有收藏。由此可知当时从事外销画绘制的画家或画师也是一个很庞大的人群。

外销画主要是面向欧美市场，受到消费者的欢迎，也引起了画家和其他工艺美术家们的重视，成为当时流行的“中国风”设计的重要参考。18世纪末外销画家蒲呱的画室出产的作品在欧洲被制成版画印刷出版。伦敦出版商米勒（Miller）用英、法两种文字印刷出版了一套由戴德利（Dadley）制作的有关18世纪末中国街头商贩的图册，题为《中国服装：60幅附有英、法文说明的版画》，这套图册的原型是英国人马逊（Mason）在广州购买的蒲呱画室的产品。图册的说明中写道：“这些是关于中国人各种习惯和职业的正确图画……在朋友坚持下，这些十年来没有公开展示过的私人藏品终于出版了。这些精确的图画一定会带给人们对那个遥远国度的各种生活习惯和技术的新的认识和乐趣。”②

英国东印度公司也收藏了大量的外销画。1805年，英国东印度公

① 江滢河：《清代广州外销画中的瓷器烧造图研究——以瑞典隆德大学图书馆收藏为例》，《故宫博物院院刊》2008年第3期，第100页。

② 江滢河：《清代洋画与广州口岸》，中华书局2007年版，第130页。

外销画《广州白云山上的庙宇》，约1816年。广州博物馆藏

司在广州订购了一批“各种各样的事物”的图画，这些画都是水彩画或水粉画，描绘的主题包括神像、庙宇、船舶、广州官员的家庭室内情景，以及其他很多家具和装饰品。1846年在英国出版的康纳（Julia Corner）所著《中国和印度史》，其中有大量插图，都是以中国外销画为原本制作的，并注明“英国东印度公司的藏品”。英国画家汤玛斯·艾隆（Thomas Allom）在许多外销画的基础上重新绘制，于1831年在伦敦出版了《图书中国》4卷，有128幅插图，被认为是当时欧洲人能够得到的最详细、最丰富的中国图画的出版物。

欧洲绘画艺术的中国趣味

在近代欧洲，一方面，由于大量工艺美术品的传入，形成普遍的审美意识的“中国趣味”；另一方面，也有一些中国山水画、人物画流传欧洲，为欧洲画家提供了直接欣赏借鉴中国绘画艺术提供了可能。所以，和当时收藏中国瓷器、漆器等工艺品一样，中国画也为人们热心搜寻珍藏。“当时的人们，已为中国画的气氛和非常的带有奇妙形式所陶醉，而心情向往。他们最初在瓷器中所发现的并深为喜爱的风致，在丝绢中所发现的使他们为之倾倒的绚烂多彩，在中国画里又重新接触到了。”①英国学者G·F·赫德逊曾指出：“洛可可风格直接得自中国，这在一定程度上是美术史家公认的。……法国在18世纪之初兴起了一种充满中国特征的新风格，曾在一段短时间内支配了大多数欧洲国家的情趣。”②

接受中国绘画艺术影响而突出表现洛可可风格的，最杰出的是法国画家华托（Jean Antoine Watteau，1684—1721）。华托是法国绘画艺术史上很重要的人物，正是他使法国绘画摆脱了刻板的巴洛克风格，而开启了洛可可画风。在技术上，华托在许多方面借鉴了中国画法，给风景画注入了一种独立的生气。他以山水烘托人物，把山水作为背景。他使用半透明的颜料作画，喜爱玫瑰色、天蓝色、紫藤色和金黄色的调子。从这些色调和构图所呈现出来的画面，产生一种非常和谐的效果。特别是他描绘的风景，重峰叠嶂、流云黯淡、烟雾迷蒙。

华托名作《舟发西苔岛》描绘在一座小丘上，一些盛装的贵族男女坐在枝叶茂盛的树木和花环簇拥的维纳斯像下面，另几个已经步下小丘走向岸边，那儿有金色的船只和快乐的小爱神们在等待他们；远处，在朦胧的烟雾中显现出那个幸福之国的岛屿的轮廓；一对对恋人渴望到达那儿，以领略爱情的真正幸福。这些沉湎于爱情的人们，融合于山石树木大气之中，给人以无限亲切悠然之感。③“任何仔细研究过宋代山水画的人，一见这幅画的山水背景，不由不会立刻感到二者的相似。他不能使景物与画中人合为一气；他所画的蓝色的远景，

---

① [德]利奇温著，朱杰勤译：《18世纪中国与欧洲文化的接触》，商务印书馆1962年版，第41页。

② [英]G·F·赫德逊著，王遵仲等译，何兆武校：《欧洲与中国》，中华书局1995年版，第247页。

③ 李浴：《西方美术史纲》，辽宁美术出版社1980年版，第378—380页。

法国华托《舟发西苔岛》，1717年。法国巴黎卢浮宫藏

仍旧保持自己独立的存在。形状奇怪的山峰，一定不是他平日所见的山水；……它们的形状却和中国的山水十分相像。用黑色画出山的轮廓是中国式的；表示云的那种奇妙的画法也是如此。华托喜欢用单色山水，作为画的背景，这正是中国山水画最显著的特点之一。”[①] 华托还画过不少中国景物和人物画，但都是凭想象画成，画中的境界反映了他幻想中的东方。

在法国画家中，具有中国情调的还有贝伦（Jules Berain）、基洛（Gillot）、毕芒（Jean Baptiste Piliment）、布歇（Francois Boucher，1703—1770）等人。毕芒曾印行一套和华托风格很相近的雕版画，题名《中国茅舍》，在小小敞开的茅舍之下，有中国人，有古怪的柏树，婀娜的蔓草，有代表人们所熟悉的中国桥梁的弧形物，亦有

① [德]利奇温著，朱杰勤译：《18世纪中国与欧洲文化的接触》，商务印书馆1962年版，第41页。

杂花，完全是一派中国田园风光。布歇是法兰西学院院长，国王的首席画家，戈贝林皇家作坊的艺术总监。他早年十分崇拜华托，曾把华托留下的多种素描刻成版画，出版了《千姿百态》画册。布歇继承了华托的优雅传统，吸取中国画的螺旋形构图和漂浮意象，从而使他的一些绘画具有明显的中国特色。他曾为蓬帕杜夫人画过肖像画，还为她设计过服装和装饰品，他设计的图案成为当时出入宫廷的贵妇人们所效法的榜样。布歇富有装饰的才能，他的绘画也都具有装饰的要素，如《爱之目》《牧歌》等。他以擅长花鸟著称，也画过一幅山水画。他创作的《中国皇帝上朝》《中国捕鱼风光》《中国花园》和《中国集市》这4件油画，画面上出现了大量写实的中国物品，比如中国的青花瓷、花篮、团扇、中国伞等等，画中的人物装束很像是戏装，与当时的清朝装束还离得比较远，但中国特色还是很明显。其中《中国捕鱼风光》，上有蔚蓝的晴天，下有一二中国建筑物，其前有一老人垂钓，旁有一妇人作观水之状，有一小童持伞荫蔽老人，深得中国画之神韵。

中国绘画艺术对英国水彩画的发展有着直接的影响。英国画家亚

法国布歇《中国集市》，挂毯画样，18世纪。法国贝藏松美术馆藏

历山大·科仁斯（Alexander Cozens 1717—1786）和约翰·科仁斯（John Robert Cozens，？—1794）父子，是首先以水彩作风景画的画家。他们作设色山水，常以中国墨打稿。这一技法在浪漫主义时期及其后成为一种普遍的艺术表现形式，它就受到传统中国绘画技法的强烈影响。据英国史家记载，在水彩画发展初期，很多画家用中国墨。

风景画中的大师顿诺（Joseph Mallord Willian Turner，1775—1851）也曾试用中国墨。他一生创作了几百幅油画，几千幅水彩画和速写，给英国艺坛带来了巨大的活力。他运用最丰富的色彩来表达光与空气的效果，形成了明暗对比鲜明的格调，并具有诗意般的情味。他的水彩风景画颜色十分单纯，但具有丰富的色彩感。他最善于表现晨夕的光景，浓郁的大气充满了画面。《失事船沉没以后》是他最完美的作品之一，表现出他在色彩和水彩技法上的高度造诣；他的名作《意大利的纳米湖》，是以单纯的墨色为主来表现景色的空气感，颇有中国画味道。①

略早于顿诺的另一英国画家根兹巴洛（Thomas Gainsborough，1727—1785）在晚年画了不少风景画，深受中国影响。其最后杰作《绿野长桥》，洒脱出尘，一如江南风光。

诗以言志，文以载道

缤纷多彩的文学艺术

中国的文学艺术缤纷多彩、形式多样，诗词歌赋、传奇小说，作品迭出，出现了一个又一个高峰。

《诗经》是中国第一部诗歌总集，汇集了从西周初年到春秋中期

---

① 李浴：《西方美术史纲》，辽宁美术出版社1980年版，第508—509页。

500多年的诗歌305篇，代表了当时文学的最高成就。《诗经》是中国古代诗歌的开山之作，是中国古代文化的重要典籍。至汉代，《诗经》被儒家奉为经典，成为“六经”及“五经”之一。“它的思想倾向与艺术风格影响后世文学至远至深，一部中国文学史，可以说是在《诗》的导引下得以发展的。”[①]

春秋战国时期，随着士阶层的兴起，文学由官方的文告、集体的著述逐渐发展为个人的独立创作，出现了孟子、庄子、荀子等对后代有重要影响的作家和屈原这样的伟大诗人。

屈原是我国文学史上第一位伟大的诗人。屈原及其作品的出现，创造了我国诗歌史上的一个全新时代，即诗歌从集体歌唱到个人独立创作的时代。屈原的作品创造了一种叫做“楚辞”的新诗体，在中国诗歌史上占有重要地位。这一新诗体比起以四言为主的《诗经》来说，在篇幅、句法、表现方法上，都有了许多发展，大大增强了诗歌的表现力。

两汉时期，人们对文学的兴趣空前浓厚，喜爱歌舞和辞赋成为一时的风气，出现了一些以主要精力从事文学创作的人。汉代文学创作繁荣，名篇佳作迭出。沉博绝丽的新文体汉赋是这一时代文学的代表。汉代文学还兴起了一种诗歌体裁“乐府诗”，就是两汉时期的民歌。汉代文学是中国文学史上一个承前启后的重要发展阶段。

魏晋南北朝时期，被鲁迅称为“文学的自觉时代”。所谓文学的“自觉时代”，就是文学从经、史诸学中走了出来，文学所特有的抒泄忧郁、娱悦性情的审美功能逐渐被人们所认识，走上了独立发展的道路。曹丕首先提出文学本身具有独立存在的价值和不可磨灭的无限性品格。之后，西晋人陆机著《文赋》，对文学创作进行了更详细的论述。魏晋南北朝是中国文学史上第一个具有文学的自觉意识、在各方面富于创新精神的时代。它为后代的文学确立了一些重要的原则，提供了多样

① 冯天瑜：《中华元典精神》，上海人民出版社1994年版，第55页。

的发展可能性。当时的文坛兴旺，创作繁盛，名人辈出，高潮迭起，呈现出全新的气象。诗歌创作空前繁荣，在散文、骈文、辞赋等文体上也都展现出这个文学自觉时代的风貌。佚事和志怪小说创作也初具规模。

唐代是文学艺术史上一个光辉灿烂的时代。大唐以诗文而鸣，独步一时，令后人神往、敬仰、追寻和陶醉。正是绚丽多彩、气度非凡的万千诗篇营造了唐代文学的巅峰状态。唐代是诗歌创作空前活跃的时代，诗人辈出的时代，同时也是全民族诗情勃发的时代。从皇帝到平民，从达官贵人到贩夫走卒，无不写诗爱诗。唐代的君主大都喜爱或能作诗歌。受到特别重视的进士科考试，也以诗歌为重要内容。唐代诗歌在中国历代诗歌中最华美、最丰富，艺术水平也最高。它和唐代书法、绘画、音乐一起，配之以强大国力、空前的自信与开放，形成令后人无限想往的大唐风韵、盛唐之音。

唐诗是中国古代文学的高峰。鲁迅曾有好诗都被唐人做完了的感喟，并非真的好诗全然做完，后人已没诗可作，而是唐诗已经达到历史高潮，具有永久的魅力。在古代诗歌体裁这个范围内，后人已经很难超越了。

与唐诗耀眼夺目的光辉相映成趣的是，唐代的词、散文、小说等文学形式也有很大的成就。

宋代文学的最高成就是宋词。就像人们说唐代文学首先而且要特别着重讲唐诗一样，讲宋代文学，则首先要讲宋词。宋代词的创作呈现出空前繁荣、多姿多彩的面貌，在中国文学史上占有特殊地位。由于词是合乐诗体，既可传诵于文士案头，又能流播于乐人歌喉，流传广远，风行于社会各阶层，拥有广泛的创作队伍。

话本是宋代出现的一种新的文学形式。话本来自民间，产生于口头文学的说话艺术。话本小说是宋代产生的通俗文学。话本小说多方面的艺术创造，使中国古典小说的现实主义艺术更加走向成熟，为明清两代古典小说的繁荣发展，打下了重要的基础。

宋徽宗《文会图》。台北故宫博物院藏

元代文学呈现出异常活跃而繁荣的面貌。元代文学与以往时代的文学最显著的不同是，一直居于正统地位的诗歌、散文相对衰微，俗文学，特别是戏曲文学兴盛起来。与唐诗、宋词并称的“元曲”包括戏曲（杂剧）和散曲两个方面，是既有联系又有区别的两种文学形式。

明代文学的最突出成就是小说的成熟。从文学发展的历史看，中国古典小说经过唐、宋、元三代的酝酿、准备、发展，无论在艺术方法以及情节、人物塑造、结构和语言诸方面都积累了相当丰富的艺术经验，为明代小说的繁荣打下了坚实的基础。同时，小说、戏曲以其自身的创作成就，显示了它们不容忽视的社会作用和文学价值。明代小说达到了很高的成就。在这一时期，小说数量大，作者多，名作多，思想内容广，艺术成就高，样式齐全。就题材来说，有历史演义、英雄传奇、神魔、世情、公案等；就体裁而言，有长篇小说、短篇小说，短篇小说又包括拟话本、小说与笔记，各体皆备，作品丰富，并且出现了《三国演义》《水浒传》《西游记》等经典名著。

在明代小说发展的基础上，清代的小说，包括中短篇小说和长篇小说，都取得了辉煌的成就，达到了中国古代文学小说发展的高峰。清代文学的主要特征是现实主义小说取得了空前的成就，特别是出现了《儒林外史》《红楼梦》这样具有世界影响力的巨著。

从《十抄诗》至《小说语录》

宋元时期，唐代李白、杜甫、白居易等人的诗，宋代司马光、王安石、苏轼等人的文章，都曾大量传入高丽，受到高丽文人的欢迎。其中苏东坡在高丽文人中影响尤其大。高丽诗论家崔滋（1188—1260）在诗论集《补闲集》中，评价本国诗人时，多与中国诗人诗作相比较。他指出高丽文坛学习苏轼的整体趋势及之所以学习苏轼的原因：“近世尚东坡，盖爱其气韵豪迈，意深言富，用事恢博，庶几效得其体也。”

为了使国人更广泛地了解和学习中国文学，高丽文人还编选、注解

清赵冕《写东坡词意图》。扬州博物馆藏

中国文人的诗文集。比如《十抄诗》是高丽时期一部唐人七律选集，全书收录唐代30位诗人的作品300首，每人10首，故名《十抄诗》。这些高丽文人的选注，更广泛地传播了中国文学作品，扩大了它的影响。司马光的散文被列为臣僚们阅读的教材，范镇的文章为“契丹、高丽皆传诵”的读本。

宋人文集不断传入朝鲜半岛。林逋、梅尧臣、欧阳修、王安石、苏轼、黄庭坚、陈师道等大家名家的诗集，在当时和后来都在朝鲜有传抄和翻刻。宋人所编的诗文选本，也传入高丽，并且得到广泛的传播。其中《宋文鉴》《瀛奎律髓》《圣宋名贤五百家播芳大全文粹》还成为高丽选编宋人诗文选本的直接的资料来源。

中国小说经过唐、宋的发展，到了明代已经发展到比较成熟的阶段，成为当时文学的主流。在流传到李朝的汉文书籍中，有不少明清时代的文学作品。它们在朝鲜上层和民间社会广为流传，对李朝时代的文学创作产生了直接的影响。

关于中国明清小说等文学作品传播于李朝的情况，生活于16世纪末17世纪初的朝鲜学者许筠（1569—1618）在《闲情录》中所引的书目，包括《太平广记》《世说新语》《高士传》《列仙传》《何氏语林》《事文类聚》等。据许筠的记载可以得知，这些书最迟在16世纪后半叶时已传入朝鲜。此外，从许筠的《西游录跋》所记来看，中国历代演义当时均已传入朝鲜，包括《三国演义》《隋唐演义》《两汉演义》《齐魏演义》《五代演义》《唐演义》《北宋演义》等。

明清两朝来华的朝鲜使团对于中国小说等文学作品在朝鲜的传播起到了很大的作用。他们除了大量购置中国文学作品携带回朝鲜外，还对当时流行的文学作品多有评论和介绍。《三国演义》《水浒传》似乎是使臣们最熟悉的小说，各种《燕行录》中经常提及。

据有关学者的估计，在整个李氏朝鲜时代，传入的中国小说不下数百种。其中最受欢迎是10部作品是：《世说新语》《太平广记》《剪灯新话》《三国演义》《东周列国志》《西东汉演义》《水浒传》《西游记》《今古奇观》《红楼梦》。[①]“朝鲜中期以后，更多的小说传入朝鲜。当时的读者，对文言文比较熟悉，但对白话文不太能通，因此显宗十年（1669）在《水浒传》《西游记》中搜集白话的难句词而编辑了《小说语录》。由此可知，当时中国小说非常受欢迎且大量流通的事实。”[②]

① [韩]闵宽东：《中国古典小说在韩国之传播》，学林出版社1998年版，第367页。
② [韩]闵宽东：《中国古典小说在韩国之传播》，学林出版社1998年版，第6页。

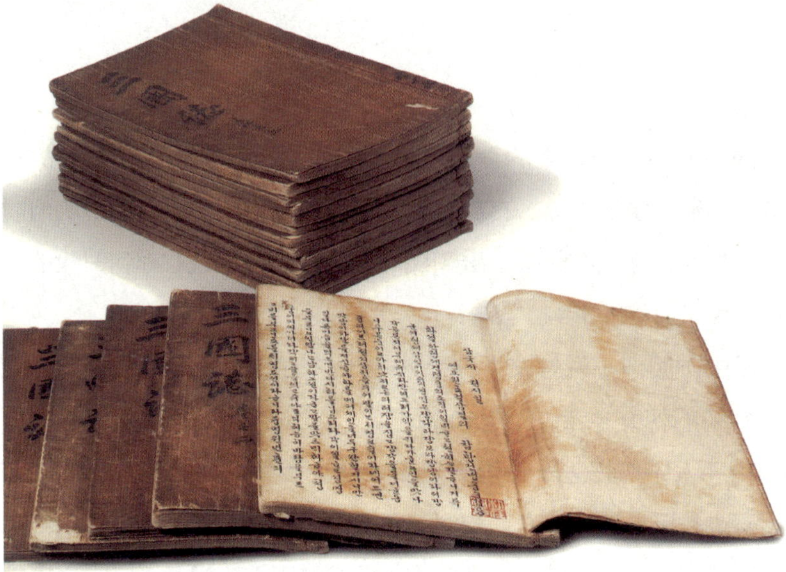

19世纪朝鲜手抄本《三国志》书影

李朝不仅从明朝引进了许多小说，还大量翻印，使之广为流传。还利用创制的训民正音，翻译不少小说。训民正音创制以后，虽然大部分的文人仍然长期采用汉文，但在庶民层和女性层渐渐开始出现新的文学现象，这就是平民层文学和女性层文学的形成。特别是中国古典小说中通俗演义类小说的传入更扩大了平民和女性读者层。他们的读书热情更促进了“汉文谚解”的出现。所谓谚解就是以朝鲜文解释、表达汉文作品内容，也就是一种翻译。据韩国学者研究，传入到朝鲜国内的中国古典小说中，被翻译的作品大约有59种。

另外，在朝鲜还出现了一些对中国小说的改写作品，称为“翻案小说”，就是以中国古代小说的体裁、结构、内容、思想与背景为模仿对象的特殊文学作品，它的描写技巧是兼容并包的，它的内容采取翻译和创作方式，又有些部分与模仿、借用相似。由于初学时期小说创造的技巧不足，无法发挥个人的创意，因此当时朝鲜文人就以已有的中国小说版本，经过模仿、拟作并融合当时的社会现况与自我意识，将中国古典小说的故事情节加以改变、扩编、浓缩或删减，然后以新的面貌、新的名称推出，这就是“翻案小说”。它是一种兼具创作、翻译、模仿、借用等写作方法的文学作品。

翻案小说出现后，作者的写作技巧渐渐提高，发挥个人创意的时候，才出现了创作的作品。此创作的小说中，有很特异的类型，那就是再创作的作品。它不是翻译，也不是翻案（改作)，可说再创作，但此题材是从中国古代小说中借来的。

明清小说的大量传入，给李朝文学以重大的影响。它不仅给朝鲜李朝文人以很大的启迪，还使朝鲜出现了小说这一新的文学形式，也产生了不少名作与卓越的小说家。韩国学者闵宽东指出："从韩国小说之创造方面来说，韩国古典小说虽有独特之处，但大部分的作品以中国为背景来获取作品的题材或资料，其描写之情节、风格、文体，甚至其人、其地、其事、其物亦时与中国密不可分。连作品的主题或思想亦借用中国的来表现。由此可知，韩国古典小说受中国小说之影响，事实显著，是不可否认的。""韩国小说的形成与中国小说的关系相当密切。在韩国小说史上，中国小说的地位可说非常重要。"①

从唐诗到《万叶集》

唐代，日本遣唐使和留学生、学问僧等从中国带回大量文学艺术作品，把唐文学移植到日本，并获得了蓬勃的发展。

唐诗对日本文学的影响最大。日本留学生、学问僧们受到著名诗人李白、杜甫、白居易等人的熏陶，回国时，每每携回大量的唐诗文集。如空海把《刘希夷集》《王昌龄集》《朱千乘诗》《贞元英杰六言诗》《杂诗集》《杂文》《王智章诗》《诏敕》等大批诗文作品带到日本。9世纪后，杜甫、白居易等唐代大诗人的作品大量传入日本，特别是白居易的诗作产生了巨大的影响。日本学者村上哲见在《日本人与汉诗》中写道："大唐的诗，如同最美丽的长天，让人只能仰视。"日本学者

① [韩]闵宽东：《中国古典小说在韩国之传播》，学林出版社1998年版，第5、8页。

中岛健藏指出："唐诗在日本人的心目中，是自己国家的经典。"[①]

9世纪初由长安回国的空海根据沈约的"四声八病"说和唐人的诗论，对唐诗的格律作了深入系统的研究，写出了诗论《文镜秘府论》6卷，把格律诗的写法介绍到日本。这部著作专论中国骈俪文学，汇集各家之言，针对"调声""八韵""八阶""六义""二十九对""文笔十病得失"等问题，结合自身的"声字相实""五智庄严本自丰"的文论主张，就诗的格式、韵律、修辞等进行了广泛而深入的探讨，而且立论多引用中国相关的诗及诗论原著。《文镜秘府论》在指导日本诗人把握唐诗的形式和技巧上，起到了相当的促进作用，"具有诗歌创作向导"的意义，被后人视为日本汉诗创作的指南，对普及日本汉诗的韵律知识、提高其创作水平，推动日本汉文学的进一步发展，起到了不可估量的作用。

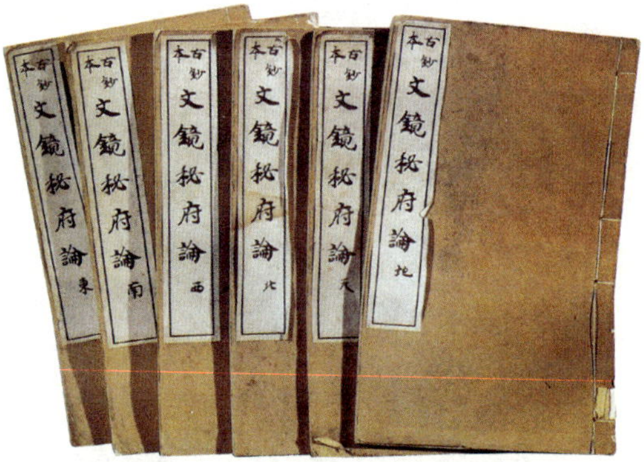
日本高僧空海的著作《文镜秘府论》书影

在唐代文学特别是在唐诗的影响下，奈良、平安时代日本的汉诗创作非常活跃，形成了日本汉文学的第一个高潮。

除了汉文学，日本的和文学也直接或间接受到唐文学的影响。停派遣唐使后，日本开始着手恢复和发展日本的传统文学。从9世纪到10世纪中叶，日本文学的主流从汉诗文逐渐转向了和歌与物语文学。平安时代中期以后，日本文学家们开始用假名撰写和歌、日记、物语等各类文学作品。这些文学作品在当时就受到欢迎，并且影响及于后世，成为日

① 武安隆：《文化的抉择与发展——日本吸收外来文化史说》，天津人民出版社1993年版，第160页。

本文学的源流。这些作品虽然使用日文写成的，但却有着浓厚的中国文学的影子。

唐诗意境和美学意识逐步被吸收到和歌创作中。唐诗中的佳句所提供的意境和美感，常常触发歌人们的创作灵感，并成为他们进行和歌创作的出发点。《万叶集》是最早的一部和歌诗集，共20卷，著录自5世纪初古坟文化中期至8世纪末的各类和歌4536首。一般认为《万叶集》经多年、多人编选传承，约在8世纪后半叶由大伴家持（717—785）完成。其后又经数人校正审定才成今传版本。《万叶集》和歌全部是借用汉字拼成日语音节文字写成的，称为“万叶假名”。《万叶集》的诗作，从形式到意境深受中国诗歌的影响。其中五七调的确立，系仿中国五七言诗，长歌系仿乐府古诗。题材上如游宴、赠答、和歌、题咏、送别等，大都模仿唐诗的意境。所以《万叶集》也是有浓厚的中国诗气味的。事实上，不少万叶歌人同时也活跃于奈良时代的汉诗诗坛，成为汉诗与和歌兼通的作家。日本学者山口博指出，《万叶集》乃是中日文化交流的产物。他说：“设计编辑《万叶集》的人，当是精通中日外交史，熟悉唐朝文化事物，而且通晓‘大宝令’的知识分子。”①

893年编纂的《新撰万叶集》更突出地体现了唐诗与和歌的相互交融。其中的每一首和歌都要配一首汉诗，也就是说，以两种不同的文学形式去表现同一意境和同一主题。这种文学现象之独特，大概在世界文学史上也不可多见。

大江千里编了一本《句题和歌》。该书搜集汉代以降至唐代各家之古诗句，以供写作和歌的参考之用，分春、夏、秋、冬、风月、游览、杂、离别、述怀9部门，每部门各收10首至20首和歌。先录其典据之诗句，后附和歌；所载的和歌，即是依原诗句翻译蹈袭、或摄取转化而来。

① [日]山口博：《中日外交的产物——〈万叶集〉》，转引自王长新主编：《日本文学史》，吉林大学出版社1990年版，第15页。

《源氏物语》插图

平安中期，在仪式、筵席上吟唱诗歌流行合乐的形式“朗咏”。为应朗咏之需，和汉合璧的诗歌选本《和汉朗咏集》诞生。《和汉朗咏集》的编纂者是能书能乐的贵族诗人藤原公任（966—1041），后世称大纳言公任。《和汉朗咏集》是摘句型的诗歌选本，收中国诗文、日本汉诗584节，和歌216节。日本诗歌作者为天皇、皇族、摄政、公卿、能书家、歌人、武将、高僧等。中国诗歌多为唐代诗人的，如白居易、元稹、刘禹锡、贾岛、许浑、杜荀鹤、温庭筠、李峤、章孝标等。这部合集的编纂为和歌广泛采用汉字所构筑的意境，加以深化并进行创作，创造了条件，而日本歌人从中国诗人特别是唐代诗人作品中汲取营养进行创作的总体趋势也从合集中得到反映。《和汉朗咏集》是日本世代流传的通俗类诗歌选本，包括写本、印本的新旧版本众多，普及程度极高，素有“文艺教养书”之称，其文学地位和影响，与《唐诗三百首》在中国相似。日本书家至今仍然保留着从《和汉朗咏集》选句的遗风。

中国文学对日本文学的影响，《文选》一书曾起到很大作用。《文选》是中国文学史上现存最早的文学总集，由南朝梁代昭明太子萧统编纂，收录作家130人，作品514篇，包括诗、赋、杂文3大类，以诗、赋为主。选录标准“事出于沉思，义归乎翰藻”，主张文质并重，因而很受重视。唐以后的文人往往把它作为学习文学的教科书。《文选》大约在隋代传入日本，很快形成推崇《文选》之风。元正天皇养老二年（718）《养老令义解·选叙令》规定，自仁明天皇承和元年（834）起执行“凡秀才取博学高才者，明经取学通二经以上者，进士取明娴时务，并读《文选》《尔雅》者”。由此确定了《文选》在日本古代仕途中的地位。

《文选》几乎成为当时日本几代知识分子的必修课本，讲解《文选》的书籍也有数种流传，许多和汉诗文，尽袭《文选》之意，在贵族阶层形成了“以《文选》竟宴”的风习。《万叶集》的得名便与《文选》有着密切关系。[①]《万叶集》把和歌分为“杂歌”“相闻”“挽歌”“譬喻歌”“四季”“四季相闻”6类，其中的“杂歌”“相闻”“挽歌”则取自《文选》的类目。日本学者谈到中国文学与日本文学的密切关系时，往往将《文选》与白居易诗作相提并论。

江户时代是日本文学繁荣发展的时期。江户文学的繁荣在很大程度上也得益于中日文化交流，得益于中国文学的流传和影响。日本江户文坛，曾经以巨大的热情和力量，来吸收中国明清时代的文艺，特别是话本和长篇小说。

中国文学对江户时代日本文学的影响，主要的一个渠道是明清小说和其他文学作品的大量流传，如“三言”“二拍”《今古奇观》《水浒传》《三国演义》《女仙外史》《金瓶梅》《红楼梦》和各种话本等等。整个江户时代一共有多少中国小说输入了日本，至今还没有办法进行精确的统计，但是研究界一致公认输入的通俗小说数量是极大的。当时中国商人曾说过，中国的通俗小说“十之八九”都已经输入日本，京都、大阪、江户等大城市中的书肆中可以找到各种各样的中国通俗小说。据日本当代学者大庭脩统计，仅江户中期从长崎港上岸的

---

① 《文选》中颜延年的《曲水诗序》曰：“其宅天衷，立民极，莫不崇尚其道。神明其位，拓州贻统，固万叶而为量者。”据注，此“万叶”为“万代”之意，日本古代歌人们取“万叶”作为一代和歌总集之名，显然是受其启发。

中国通俗小说数量就在200种以上。

中国小说刚开始进入日本时，只有极少数具有较高汉文修养的贵族学者和僧侣有能力购买和阅读作品，他们往往是直接阅读中国小说的原典。江户中期之后，幕府的禁书令有所松动，贵族和文人阶层中出现学习中国话的热潮，于是通俗小说便逐渐成为汉语口语的教材。在这样的学习热潮中，中国通俗小说的输入量大增，但仍然不能满足图书市场上求书者的需要。于是日本书商们便开始策划中国通俗小说的和刻本，也就是在日本重新刻印这些中国小说。既然重新刻印，就要按照传统汉诗文阅读的训读法，在中国小说的原文旁边加上一些符号，这样可以让中文水平不高的读者基本上看懂小说的内容。

经过训读法处理的汉文小说虽然从语法的顺序上看是日语，但是仍保留着原文的汉语形态，还是让普通日本民众感到阅读困难。于是到了江户后期，书商们聘请汉学家对中国小说在训读的基础上再加以节译，于是出现了中国小说的翻译本，这样就基本扫除了语言障碍，让汉文小说变得通俗易懂。一般的日本民众即使不懂汉语，也可以凭借训读译文，欣赏中国小说的精彩内容。像《水浒传》《西游记》《三国演义》《醉菩提全传》《隋炀帝外史》《女仙列传》《醒世恒言》《西湖佳话》《平妖传》《今古奇观》等著名通俗小说，都用这样的方式在日本多次刊印，也使得中国通俗小说在日本社会逐步深入人心。

18世纪中期，中国明清白话小说作品在日本市井庶民中广泛流传。为了使读者能够较方便地读懂中国文学作品，大阪书林曾为"初读舶来小说者"编辑了一部中国俗语辞书，题曰《小说字汇》。这部工具书征引流传于市巷常见的以白话小说为主的各类文学作品159种，由此可见当时传入日本的明清小说品种之多，流传之广泛。

中国通俗小说在日本社会广泛流传之后，日本的文人也开始撰写汉文小说，这就促进日本汉文小说创作走向了兴盛。改编中国小说是江户时代文人学者富有艺术想象力的再创造，他们往往是在日本社会历史文化的背景下撰写汉文小说，借用了中国小说中的情节和矛盾冲突，根据日本的情况加以改编，贴近日本民众审美习惯，也适合了日本读者的阅读口味，从而写出了大量普通百姓喜闻乐见的日本汉文小说。这样一步步地推进，使得中国通俗小说逐渐被日本民众所接受，也使得汉文小说的创作逐渐向日本化的方向发展。

近代开关以后，尽管欧风美雨涌入日本，但不少日本士民对中国古典文学的兴趣并未减弱。明治初年，江户时代翻刻过的中国小说，仍在继续出版。不少书屋都在经营销售中国书籍。

《赵氏孤儿》《好逑传》的西译与流传

在近代的中国与欧洲文化交流中，中国古典文学也西传到欧洲，其中在欧洲产生重大影响的事件，首推《赵氏孤儿》的西译和流传。《赵氏孤儿》是元代纪天祥所作的元曲。它是第一个传入欧洲的中国戏剧，是18世纪唯一在欧洲流传的中国戏剧。

《赵氏孤儿》全剧的法文译本是由来华传教士马若瑟（Joseph de Prémare，1666—1735）于1732年翻译的，取名为《中国悲剧赵氏孤儿》，1734年巴黎《法兰西时报》杂志上刊登了一部分。1735年杜赫德的《中华帝国全志》出版时，将全剧译本收录在第3卷中。

马若瑟的译本是经删节的节译本。译者只译对白，不译诗，曲子只注明谁在歌唱，但基本上保存了原作品的轮廓。从这一点上看来，译文恐怕是从明朝的改写本译出，因为现存元刻本《赵氏孤儿》是只有曲子没有对白的。

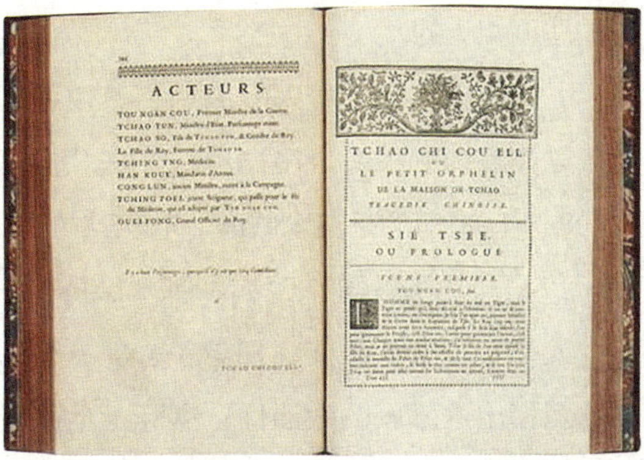

《中华帝国全志》收录的《赵氏孤儿》书影

杜赫德的《中华帝国全志》是18世纪欧洲广为流行的一部巨著，《赵氏孤儿》也藉以流传。在《中华帝国全志》出版之后五六年，英国就出版了两个英文译本，这两个英译本中都包括《赵氏孤儿》。另外，在18世纪50年代，以采集、编订英格兰和苏格兰民歌得名的托马斯·帕西（Thomas Percy，1729—1811）曾从葡萄牙文译本转译了中国小说《好逑传》，并选辑了有关中国语言、礼俗、宗教、诗歌、戏剧、园林等文字，合为一集出版，其中也包括《赵氏孤儿》。这个译本文字雅驯，更适合18世纪中叶英国读者的口味，有助于在英国的流传。

杜赫德在《中华帝国全志》中对《赵氏孤儿》有简短的介绍，并略加评论。当时法国还有一些人对它作过评论。当时法国人对中国戏剧知识所知不多，并且都以当时法国古典主义戏剧的原则来衡量，认为《赵氏孤儿》不遵守“三一律”，又违背了希腊悲剧不在台上表现令人看了不快的情景（如有人在台上吊死）的规律。另外，他们对剧中人物上场自报“家门”、有白有唱，也颇觉奇怪和不解。英国评论家理查德·赫德（Richard Hurd，1720—1808）对《赵氏孤儿》进行了较为详细的评论。赫德主要列举了这本戏与古希腊悲剧相似或相近之处，从而对它的优点加以肯定。他认为，中国作家和希腊作家一样，都是自然的学生，而好的作品，就是成功地模仿自然的作品。他说，《赵氏孤儿》是模仿自然的、成功的作品，是中国人民的智慧的产物，是可以与古希腊的悲剧相比的。

《赵氏孤儿》传入欧洲后，不仅引起评论家的注意，同时也引起了剧作家们的兴趣。在18世纪40年代到80年代，就出现了四五种改编的剧本。最早的是英国威廉·哈切特（William hatchett）的改编本，于1741年出版。这个改编本基本保持了元剧的轮廓和主要段落，但剧中人物有了很大改变，把老子、吴三桂、康熙皇帝都用上了。哈切特着意指出这部剧的政治性，实际上他改编这个剧本也有政治讽刺的意义。因为18世纪20年代到40年代初，英国首相瓦尔帕尔（Sir Robert

Walpole，1676—1745）专权，而哈切特将剧本献给的那位阿吉尔公爵，恰恰是瓦尔帕尔在政治上的对手。

伏尔泰在读到《赵氏孤儿》后，给予了较高的评价。他指出，《赵氏孤儿》是中国14世纪的作品，若与法国或其他欧洲国家14世纪的戏剧相比，不知高明了多少倍，简直可以算是杰作了。13—14世纪的中国是蒙古族统治的时期，居然还有这样的作品，这说明征服者不但没有改变被征服者的风土习俗，而是正相反，保护了中国原有的艺术文化，采用了中国原有的法制。这也就证明了，“理性与智慧，与盲目的蛮力相比，是有天然的优越性的”。

伏尔泰以《赵氏孤儿》为摹本，创作了《中国孤儿》。伏尔泰把这个故事从公元前5世纪的春秋时期往后移了一千七八百年，把一个诸侯国内部的“文武不和”故事改为两个民族的文明与野蛮之争，把在西方人心目中最能代表落后民族的征服者的成吉思汗作为剧中的一个重要角色。在技术方面，他遵照新古典主义的戏剧规律，把《赵氏孤儿》剧情的时间跨度从20多年缩短到一个昼夜。情节也简单化了，原剧包括弄权、作难、搜孤、救孤、除奸、报仇等段落，伏尔泰只采用了搜孤救孤。同时，依照当时“英雄剧”的做法，加入了一个恋爱的故事。

《中国孤儿》于1755年在巴黎法兰西剧院公演，盛极一时，几乎轰动了整个巴黎。当时共上演16场，后来又在宫中演出，宫廷也对这一出完全是中国内容的法国戏大加欢呼。

伏尔泰把《赵氏孤儿》改编为五幕道德剧《中国孤儿》上演，进一步刺激了戏剧家们对这部中国戏剧的兴趣。1759年，英国演员和剧作家墨菲（Arthur Murphy，1727—1805）依据伏尔泰的改编本再做改编，完成了英语的改写本，也叫《中国孤儿》。和伏尔泰一样，墨菲也把这部中国剧看作是一种道德剧。许多评论家认为，墨菲改编的《中国孤儿》在许多方面借鉴了伏尔泰的版本。

墨菲改编的《中国孤儿》1759年4月在伦敦德如瑞兰剧院上演，由当时著名的剧作家和演员加立克（David Garrick，1717—1779）在剧中饰主角，布景服装也极富于东方的异国情调，连演8场，颇获成功，从而使墨菲成为当时有名的悲剧作家。据说，演出时，剧院特别备置了一套名贵的中国布景，以及最适合的中国服装。豪华的舞台布景和艳丽的服装是墨菲的《中国孤儿》获得成功的一个重要因素，让人们在舞台上看到了奇异的中国风情。

《中华帝国全志》的德文译本于1747—1749年出版，其中包括元曲《赵氏孤儿》，四回《今古奇观》以及十几首《诗经》。德国人大概就是通过它们最初接触中国文学的。1781年8月，歌德动笔将《中华帝国全志》所载的《赵氏孤儿》故事改编成悲剧《哀兰伯诺》，这是一部被歌德的朋友席勒称之为可以“引导或敦促人通过作品本身而直探作家心灵的作品之一”。这部悲剧几经修改，时辍时作，一直到1806年还是未能完成，令歌德感到非常遗憾。

意大利作家梅塔斯塔西奥（Pietro Metastsio，1698—1782）在维也纳逗留时，应奥地利皇后邀请编写一个剧本，恰好他在这时读到了《赵氏孤儿》，就决定以这个题材做一尝试。他选取了原作中的一部分情节，于1752年编成了《中国英雄》，当年在申布龙的皇家剧院上演。

对于上述几个《赵氏孤儿》的改编剧本，根据剧作家本人对于原作的不同理解和自己的创作理念，改编和再创作了各不相同的《孤儿》。有人评论说：“哈切特的《中国孤儿》是一部政治讽刺剧，梅塔斯塔西奥的《中国英雄》是一首诗，伏尔泰的《中国孤儿》是一出道德剧，而墨菲的《中国孤儿》则是一出情节剧。”[①] 法国汉学家安田朴指出：“这些不同的所谓《中国孤儿》在欧洲获得的成功（如果它大部分应归功于杜赫德神父的宠爱）证明了欧洲当时在何种程度上迷恋中国。”[②]

---

① 许明龙：《欧洲18世纪中国热》，外语教学与研究出版社2007年版，第108页。

② [法]安田朴著，耿昇译：《中国文化西传欧洲史》，商务印书馆2000年版，第634页。

中国古典第二才子书《好逑传》在欧洲的翻译和流传，是中国文学走进欧洲的一个重要标志。

《好逑传》为第一部译为西文的中国长篇小说。曾在广州居住多年的英国商人威金森（James Wilkinson）于1719年将《好逑传》译成英文，但译本中有1/4的内容是葡萄牙语译文。1761年，英国文学家托马斯·帕西发现了威金森的译稿，将葡萄牙文部分改译成英文，又把整个译稿做了调整付印。这个刊印本的封面有这样的题字："《好逑传》，或《快乐的故事》，从中文译出，书末附录一、《中国戏提要》，二、《中文谚语集》，三、《中国诗选》，共四册，附加注解。"这是《好逑传》在欧洲最早的译本。

帕西曾多方面注意中国文化。在《好逑传》译本的扉页上，帕西引了杜赫德《中华帝国全志》上的一句话："如果要了解中国，那么除了通过中国而外没有更好的办法了，因为这样做，在认识该国的精神和各种习俗时肯定不致失误的。"帕西在出版序言中说："正当诲淫诲盗小说故事充斥国内市场的时候，这本来自中国的小说，作为一本讲究道德的书，还有劝善惩恶的作用。"他认为，根据欧洲人批评的标准，《好逑传》存在诸多不足，如事件不够充分，布局不够精细，想象不够准确生动，叙述过于琐碎，且枯燥冗长。但是，"值得肯定的是，如果说中国小说缺乏其他东方国家小说中大胆的想象，却也没有其他作品中随处可见的荒谬。中国人十分重视文学，所以他们比其他亚洲国家更注重小说叙事的真实自然。《好逑传》与东方其他作品相比，叙事巧妙井然，缺少奇异非凡的描述，却更加真实合理。故事情节有全局整体的规划，每一个事件都指向同一个终点，情节流畅连续，叙事自然真实"。[①]

除了《好逑传》的正文外，帕西还加了大量的注释，帕西收集了

① 引自宋丽娟、孙逊：《"西学东传"与中国古典小说的早期翻译（1735—1911）》，《中国社会科学》2009年第6期。

大量有关中国的资料，使英国的读者对小说的情节能有更深的体会，也使他们更多地了解中国的思想文化。

帕西的《好逑传》出版后，引起人们的很大兴趣。在1766年，一位署名“M”的法国人将《好逑传》译成法文。在德国，慕尔（Murr）是第一个介绍中国长篇小说的人，他把《好逑传》从英文译成德文。这个德文译本引起了歌德和席勒的注意，1796年，歌德在与席勒的通信中讨论了《好逑传》。席勒以它为蓝本，改编创作了一个哑谜式的中国神话剧本，取名《图兰多》。后来歌德曾对席勒的这个剧本评论说：“原在种种令人心情沉重的故事后，有这样一个轻松的童话结局：阿尔托姆，神话般的中国皇帝！图兰多，爱打哑迷的公主！”他认为此剧描写“奇异的北京”及“爱好和平、生活随便而幽郁的皇帝”，对德国舞台有很大的价值。歌德晚年曾再次阅读《好逑传》，并与艾克曼进行过比较深入的讨论。

在西方，17—18世纪的来华传教士们主要翻译的是中国学术经典，包括儒家学说的代表性作品如“四书”、《易经》等。18世纪翻译的小说数量有限，但开启了中国古典小说西译的风气，选译的小说题材集中在才子佳人小说和话本小说，译者以在华传教士、商人和欧洲教士为主体，是为中国古典小说西译的滥觞。

19世纪中期以后，西方的传教士和汉学家开始注意到中国的文学艺术，包括古代诗歌和小说等陆续有不少翻译成欧洲各国文字并得以流传。一批优秀的欧洲汉学家投入中国小说西译的事业中，促进了中国小说西译的渐次拓展，选译的小说题材日益多样，新的翻译载体也不断问世。19世纪后期，不仅翻译的小说数量大幅度增多，外文报刊这种古典小说西译的新载体风行一时，古典小说译文选集的编纂及译本体式也不断完备。

第六章

典籍、教育与思想

汉籍在海外的传播

宋代藏书量超之前中国历代总和

中华文化在发展的进程中，创造了浩如烟海的文献典籍。这些典籍，记录了中国文化的各方面成就，充分表现出中国人的智慧，是中国文化丰厚的遗产，也是中华文化得以世代传承的重要载体。

历代王朝都十分重视历史典籍和文献的收集、整理和保存。魏晋南北朝时期，图书用纸制作技术改善和逐步使用，逐渐代替木简策成为图书的主要形态，给图书的抄写和编纂带来了廉价和轻便，促进了公私藏书的发展。在南北朝时，有任昉、王曾孺、张缅等收藏万卷的藏书家，而沈约、萧纶等人则家藏2万卷，萧统、萧劢有书3万卷，梁元帝萧译“聚书四十年，得书八万卷”。隋朝建立时，所收书籍1.5万余卷，隋朝两帝都曾大规模组织抄书，国家藏书至30万卷。

唐自太宗至玄宗，也两次组织人力抄书，并设立修书院。隋唐时期藏书之盛，反映了当时文化发达的盛况，也促进了学术文化的发展。唐玄宗时，官库书籍充塞。开元十九年（731）冬，玄宗临幸集贤院之际，四库书总数为89000卷，其中经库有13752卷，史库有26820卷，子库有21548卷，集库有17960卷。天宝十二年（752）日本第十二次遣唐使来中国时，玄宗曾准许大使藤原清河等纵览府库之一切书籍，并开放装饰有三史九经之教殿，供其参观。唐代的私人藏书也很发达，不少都在万卷以上。

宋初崇尚文治，重视图书文化事业。宋代是我国官私藏书事业繁盛发展的时期，藏书数量超越了历史上藏书量的总和。建国初，因袭唐制，设立三馆（昭文馆、史馆、集贤院），收藏图书12000余卷。太宗时更重视图书的收编和收藏，把访求图书典籍，视为国家“致治之先，无以加此”。太平兴国三年（978）另建三馆书院，赐名崇文院，正副本藏书总数达8万余卷。宋真宗景德二年（1005），阅书库中藏书已达

宋代《景德四图》之《太清观书图》。台北故宫博物院藏

10余万卷，45年间增加了25倍。

宋代是我国雕版印刷事业发展的鼎盛时期。雕版印刷与造纸技术的进步，“使文献的记述和书籍的流通大大便利，扫除了文化发展的技术性障碍，为文化的传播与普及提供了关键性的手段，成为宋代文化大发展的重要条件。前人传抄之书至宋刻印定本，时人著作诗文得以付梓流行，尤其是卷帙浩繁之书的大规模刊印，使有宋一代出现划时代的文艺复兴高潮”。[①]两宋所刻印的书籍从数量、字体、版印、用纸、规模、发行等方面都达到了历史上最高水平。

① 叶坦、蒋松岩：《宋辽夏金元文化史》，东方出版中心2007年版，第35页。

宋代刻书业发达，书籍品种多，价格低廉，给私人藏书提供了方便。上自宗室公卿，下至四方士民，私家藏书蔚然成风。宋代私家藏书远胜于唐，藏书家数量也空前庞大，这些藏书家或广建楼阁，或辟室设斋庋藏典籍。

中国皇帝赐赠是朝鲜汉文典籍的主要来源

以儒家典籍为主的汉文书籍传播于朝鲜半岛，是中朝文化交流史上的一项重要内容。自箕子朝鲜以来，朝鲜使行人员抵达中国后，总是想方设法搜求中国典籍。同时，朝鲜历代王朝总希图中国王朝官方赐书，这样经过朝廷赐书与使行购求两条途径，将中国许多典籍都传入了朝鲜半岛，成为他们学习中国文化的重要途径。在两千多年的历史长河中，朝鲜半岛一直以汉字为官方文字，科举考试也仿效中国王朝，以儒家经典为主要的考试范围，因而促进了朝鲜士人阅读中国典籍，也进而推动了中国典籍在朝鲜的传播与影响。

朝鲜三国时期，就有许多汉籍流传到朝鲜。据有关文献记载，当时，高句丽有《五经》《史记》《汉书》《后汉书》《三国志》《晋春秋》《玉篇》《字经》《字林》；“又有《文选》，尤爱重之”。百济“其书籍有《五经》、子、史，又表疏并依中华之法”。在新罗统一之前的648年，唐太宗将新撰《晋书》送给新罗来使。

新罗统一王朝也把引进中国经籍作为吸收唐文化的一个重要措施。新罗常派使节入唐请索其所需文章典籍，唐王朝均热情接待并尽量满足要求。新罗所获唐朝书籍不在少数，甚至还是唐朝书籍流入日本的一个重要通道。新罗还给入唐留学生发放买书金，留学生在学期间所购书籍，在归国时一并带回，书籍的数量亦不在少数。

新罗除了向唐朝请求书籍外，还派人购买唐人诗文。入唐的新罗商人也把采购中国文人的诗文作品作为一类大宗商品。他们不仅收购唐人诗作，还在唐朝境内以及唐、日本、新罗之间进行运输和贩卖。当时元稹、白居易的诗作在新罗很受推崇，新罗一位宰相甚至开出高价，以一两黄金换一篇诗文。

入宋以后，中国书籍向高丽、日本等国的输出，无论在数量和品种上都大大地超过了前代。所以在高丽时代汉籍东传更呈高潮之势。

高丽朝廷多次派使节入华，向宋、元王朝求书、购书，宋元两朝皇帝也往往以使节往来之便，向高丽赠赐书籍。在宋与高丽的贸易中，汉籍便是大宗货物之一，宋与高丽的船都参与贩运汉籍至高丽。此外，高丽使节、留学生和留学僧等入华人员，也多有自行购置书籍携带回国的。如僧人义天回国时携回经籍千余卷，除佛典外，也有许多外典书。

高丽朝廷十分重视对汉文典籍的收藏。高丽王朝设置中央的清讌阁、西京的修书院等图书收藏机构，并设置了担任缮写、出版各种文书和书籍的秘书省。清讌阁藏有经史子集四部，临川阁藏书数万卷。

高丽朝廷不仅向中国求书购书，同时也大量翻印汉籍。当时，中国的雕版印刷技术已经传到朝鲜半岛，高丽中央政府的秘书省以及安西都护府、京山府、南原府等重要的地方机关都用雕版印刷了儒家经典、文集和其他书籍。

高丽刊书、藏书事业都很发达，有不少被视为“好本”。中国自己的书籍或散佚、或存本讹误，便可以从高丽求得所缺或善本，所以也有汉籍从高丽流回中国的情况。

李氏朝鲜与前朝高丽一样，通过多种渠道从中国输入汉文典籍。输入汉文典籍的一个主要渠道是中国皇帝的赐赠，由往来使节携至朝鲜。中国朝廷对海外各国使节赠予中国书籍，是一项非常重要的外交活动和文化传播活动。李朝世宗元年（1419），使臣李之崇自明回国，明帝赐《为善阴骘书》600本。世宗八年（1426），明帝通过李朝进献使赐赠朝鲜《四书》《五经》和《性理大全》一部120册，《通鉴纲目》一部14册。1712年，康熙帝赐给朝鲜使团《全唐诗》120卷、《渊鉴类函》140卷、《佩文韵府》95卷、《古文渊鉴》24卷。1723年，雍正帝赐给朝鲜使团《周易折中》《朱子全书》。1729年，雍正帝又赐《康熙字典》《性理大全》《诗经传说》《音韵阐微》等书给朝鲜使团。

每次朝鲜使者们来北京，皆“日出市中，各写书目，逢人遍问，不惜重金购归”。他们购买的书籍数量更为巨大，种类也更为广泛，通常为朝鲜王朝需要的天文、地理、历史、政典等方面的书籍。朝鲜朝廷和文人对中国的学术动态特别关注，从书籍到印书的方法都在朝鲜使臣的访问范畴之内，采购的范围十分广泛，只要是国内所无，有益学者，即可购买。

李朝除在中国采购或向中国朝廷求赠图书外，有时也自行刊印。李朝的印刷技术已很发达，它所刊印书籍，更有利于汉文典籍的流布传播。如1421年世宗命印《资治通鉴纲目》，并命令集贤殿正其谬误。1428年，世宗认为文章正宗《楚辞》是学者不可以不知道的，所以下令铸字印刷。1438年，世宗命集贤殿撰集《韩柳文注释》。李朝成宗二十四年（1493），曾刊印《酉阳杂俎》《唐宋诗话》《太平通载》《刘向说苑》《新序》等。正祖朝时建立奎章阁后，所印汉文典籍更多。当时，朝廷与民间的刻书热情一直很高，对中国的经、史、子、集以及《三国演义》等文学作品，无不大量翻印。《成宗实录》说当时朝鲜“诸子百家无不锓梓，广布于世”。

1776年朝鲜正祖设立了庞大的王室图书馆“奎章阁”，收藏国内外的各种图书。主要是汉文典籍，按经、史、子、集四类进行分类整理。奎章阁藏书最多时达18万部，是当时朝鲜王朝的王室图书馆。

大量的汉籍流布到朝鲜，对朝鲜的社会发展和文化事业有很大的影响。《剑桥中国明代史》说：“中国书籍也许是对朝鲜产生了最广泛的影响的物品。朝鲜使者总是带回有评注的中国经典、论文集、史著，以及所有类型的文学作品。这些都可以在朝鲜重印，并传播到朝鲜各地。明代早期，书籍还是将中国新的典章制度传送到朝鲜的工具。例如，早期明朝的法典就被用作1394年公布的第一步朝鲜法典及刑法的范本。

李氏朝鲜时期被作为奎章阁使用的昌德宫宙合楼图。韩国首尔历史博物馆藏

尽管朝鲜人重视对中国的思想和制度加以修改使之适合他们自己的国情，然而，朝贡贸易作为文化影响的渠道与其作为商业交流的通道一样，其重要性都是不可比拟的。”①

① [英]崔瑞德、[美]牟复礼编，杨品泉等译：《剑桥中国明代史，1368—1644》下卷，中国社会科学出版社2006年版，第254—255页。

日本是中国本土以外保存汉籍最多的国家

中国书籍很早就有流传日本的，据说徐福东渡时就曾携带书籍到日本。另外，还有神功皇后从新罗带回汉籍于日本之说。《日本书纪》记载，神功皇后曾远征新罗，“遂入国中，封重宝库，收图籍文书”。还有王仁献书《论语》和《千字文》之说。

在唐代中日文化交流高潮中，更有大批中国书籍流传日本。最早来华的遣隋使小野妹子，就曾把搜寻中国书籍作为一件重要的事情来做。此后历次遣唐使都把求购中国书籍作为一项重要使命，跟随使节团赴唐的留学生和留学僧也把购求书籍作为主要目的之一。他们将本国朝廷和唐朝廷赐给的生活费用尽力节约，“所得锡赉，尽市文籍，泛海而还”，而且都是“上敷文教，虚至实归”。

遣唐使及留学生、学问僧等获得书籍的渠道，除了他们在唐购买的，还有唐政府的赐予。在唐政府对日本朝贡品进行回赐的物品中，包含有应遣唐使请求而赐给的书籍。此外，还有私人的馈赠。他们在唐朝交友广泛，许多友人都以书籍作为赠礼送给他们。如最澄、空海、园仁、园珍等均被唐人赠送很多书籍。

遣唐使购求书籍并不是特定个人或者群体的嗜好，而是体现日本朝廷即历代天皇意志的国家行为。他们寻求中国书籍，并不是顺手随便搜集，而是经过精心挑选，所以其中包括许多尚未传到日本的新译的经卷、优秀的著作、珍奇的诗集等。例如吉备真备在华学习十几年，后又作为遣唐使副使再度来华。他两次在中国，细觅穷搜经史子集各类文献典籍。吉备真备把从中国带回的文献典籍，编著了专门的目录，名曰《将来目录》，书籍需编著成目，可见数量之巨。日本政府正是依据携归书籍的质和量，对遣唐使论功行赏的。

日本学问僧携回日本的书籍以佛教经典为主，但也有学术文化典籍经他们传到日本。例如在圆仁、宗睿开列的带回国的书目中，都有一些史书、诗集等。宗睿还特地解释说，这些“杂书等虽非法门，然亦世者所要”。844年，日本学问僧惠萼在苏州南禅院手抄《白氏文集》33卷，并于847年携带归国。

由于中国文献典籍的传入，日本人开始抄写汉籍，从而使日本飞鸟奈良时代出现了当时在世界上罕见的抄书事业。当时，由政府设立的专门抄写汉籍的机构，称为“写经所”，由“写经生”专事抄录。

中国文献典籍在日本的传播，使日本的书籍逐渐丰富起来。据说在平安时代初期，和气广世一人所藏的书籍，已达数千卷。当时，中国梁朝编纂的《华林遍略》、北齐编纂的《修文殿御览》，以及唐朝编纂的《艺文类聚》《初学记》《北堂书钞》与《白氏六帖》等都已传入日本。在这些类书的启示下，823年至833年日本淳和天皇时，朝臣参议兹野贞利用当时已经传入的汉籍文献，编纂了大型汉籍类书《秘府略》，共1000卷。

9世纪后期，当时主持教育的长官大学头藤原佐世奉敕编纂了《本朝见在书目录》，记录了9世纪后半期日本国家各公务机构，如图书寮、大学寮、弘文院、校书殿、太政官文殿等，以及天皇私人藏书处，如冷然院、御书所等实际收藏的汉籍目录，并逐一标明著者和卷数，从而全面反映了当时中国文化在日本传播的实际情况。《本朝见在书目录》记载的汉籍共1568种，合计15516卷。如果与《隋书·经籍志》和《旧唐书·经籍志》作比较，那么9世纪时在日本流传的汉籍，已分别为隋代的50%、唐代的51.2%，[①] 即当时中国文献典籍的一半已东传日本。这在世界文化史上也是十分罕见的。正是这时奠定的汉籍东传的基础，使日本成为中国本土以外保存汉籍最多的国家。

入宋以来，由于印刷术的发展和大批宋版书的雕刻印刷以及图书贸易的发展，汉籍在日本得到了更大规模的传播。在宋元时期，汉籍向日

① 《隋书·经籍志》著录的文献典籍为3127种，《旧唐书·经籍志》著录的文献典籍为3060种。

本的传播主要通过这样几种方式：一是官方和私人的赠予；二是来往僧人的携带；三是作为商品由往来的商船输送到日本。

自14世纪后期和15世纪，明朝向日本遣明使赠送中国典籍，似成定规。遣明使及从僧先行拟出书单，提请明朝照单赠书。

宋元明时期来华的日本僧侣，大都把寻求中国典籍作为一项重要任务，或用钱购买，或由中国朋友赠送，从而把大量的中国诗文集、儒书、史书等典籍传入日本。《异制庭训往来》中载有劝学读书的书单，从中可见当时读书界的倾向以及当时典籍输入的情况。经过唐代以来陆续的汉籍东传，在室町时代形成了日本两大著名的藏书机构，一为足利学校，二为金泽文库。

至江户时代，汉籍流传日本的数量和品种都远远超过以往各代，形成汉籍东传的一次高潮。

日本江户时代大和屋出版的长崎版画《唐馆书房之图》，描绘唐人屋中的清人读书情趣。日本东京国立博物馆藏

江户时代汉籍东传主要是通过商业渠道，以商品的形式在中日两国商人中进行贸易买卖。江户时代赴日的中国商船，经常携带大批中国书籍到日本出售，成为对日贸易的一大宗货物。赴日商船带往日本的汉籍数量相当大，往往一艘船就有上百种甚至几百部之多，而且内容也很丰富，经史子集应有尽有，还有不少佛经、碑帖、地方志等等。日本把这些书称为“唐船持渡书”。“纵观整个江户时代中国典籍输入的全景，最显著的特点就是书籍被作为商品纳入流通领

15世纪和刻本《四经白文》。故宫博物院藏

域，汗牛充栋的中国典籍以前所未有的宏大规模源源不断地流入日本人国土，许多普普通通的中国商人扬帆远航，劈波斩浪，在浩瀚的大海上架起了一座沟通中日文化交流的巨大桥梁，成为17、18世纪世界文化发展中一个奇特的人文景观。”①

汉籍东传对日本文化的影响是多方面的。正如日本历史学家木宫泰彦所指出的：“中国书籍的输入对于日本文化影响尤大。幕府特在长崎奉行之下设置鉴别中国书籍的‘书物目利’，进行审查。……长崎输入的中国书籍的一部分收藏在枫山文库中，称为天皇文库御用，不久便翻刻成官版。翻刻的官版书从周朝到清朝的著述共193部。此外还有的流入爱好学问的大名手中，由各藩翻刻的。天保十三年（1842），幕府还曾下令给封地十万石以上的大名，奖励他们翻刻流传。经过这样输入、翻刻的中国书籍，流传到日本的学者、文人手中，对于日本文化的发展，当然起了颇大作用。”②

日本还大量刊刻中国的文化典籍。这种汉文典籍被称为“和刻本”。

① 徐世红：《大庭脩的学术道路及其汉学研究》，李学勤主编：《国际汉学漫步》下卷，河北教育出版社1997年版，第670页。

② [日]木宫泰彦著，胡锡年译：《日中文化交流史》，商务印书馆1980年版，第677—678页。

和刻本汉籍始于前述奈良时代所刊印的《无垢净光经根本陀罗尼》，至南北朝时期形成规模，并陆续出现了如“春日版”“高野版”“五山版”“正平版”“博德版”等版本系统。江户时期更达到空前的繁荣。在版刻方式和装帧方式上，和刻本都有区别于中国刊本的特色。

欧洲传教士带回大量汉文典籍

在近代中国与欧洲的文化交流中，中文书籍也流入到欧洲。

1575年，西班牙传教士拉达（Mardin de Rada，1533—1578）曾到中国作过短暂停留。在福州期间，他购买了一批中国书籍。这些书后来由拉达带到菲律宾，交由寓居在当地的华人将这些典籍或整部或部分译成西班牙文。拉达在写作时曾利用过这些资料。拉达故世后，这些书籍辗转运回西班牙。拉达从中国获得的这些书籍，涉及的内容包括有历史、地理与方志、年表、航海志及庆典仪、刑法、医药、地质、天文、名人传记、游戏、音乐、数学、建筑、手相、书法、占卜及军事等等方面。

拉达的这批中国图书，大概是欧洲各国搜集中国图书之肇始。此后，欧洲各国陆续有了一些中国图书的收藏。

16世纪末开始，耶稣会传教士在中国搜集了许多文献典籍，分批运回欧洲。耶稣会最早到中国的传教士罗明坚（Michael Ruggieri，1543—1607）于1590年返回欧洲时，带去了中国的书籍。1682年柏应理（Philippe Couplet，1623—1693）和沈福宗到欧洲时，曾携带一批中国书籍到罗马。其中一些中国经典著作、传教士译著的中文书籍以及一些宗教书籍的中译本，如弥撒经、礼仪书、伦理神学纲要等，总共有将近400册。他们把这些中文图书赠给教皇，这批书籍后被藏入梵蒂冈图书馆，“这些书成了梵蒂冈图书馆中国部分中最古老的收藏”。[①]

① [法]伯希和编，[日]高田时雄校订、补编，郭可译：《梵蒂冈图书馆所藏汉籍目录》，中华书局2006年版，第11页。

方济各会传教士康和之（Carolus Orazi de Castorano，1673—1755）1700年到中国传教，在北京教区工作了整整32年。他于1734年回到意大利，将许多中文书籍带到了罗马，其中多数是关于传教的书籍，还包括以“四书”“五经”与《千字文》为代表的童蒙书、文公家礼等，这些中文书籍现保存在梵蒂冈图书馆内。

1697年，法国传教士白晋（Joachim Bouvet，1656—1730）返回法国时，带回康熙皇帝赠送给法王路易十四的珍贵书籍，有22种书目，含45箱，312册等。在此之前，法国只有23册汉文书籍，因此白晋带回的这套汉文书籍让路易十四感到非常欢喜和惊奇。不过，有的学者研究认为，这些书并非是康熙皇帝直接赠送的礼品，而是白晋自己搜集的，包装得看起来像是中国皇帝送的礼物。

康熙本人确实也向路易十四赠送过图书，这就是传教士洪若翰（Jean de Fontaney）在1699年回国时，“携带多册中国书籍，这些图书都是国王图书馆最初的藏本。”1703年洪若翰再次回国时，“又赠给此馆12册的满文字典一套，大概是当时人们见到的第一部满语作品。”①

1708年，海关的检察官向国王献上了14箱中文和满文书籍，这些箱子用蓝色缎子和黄色斜纹布捆着，箱内共有113套书籍。这批图书是15年前被法国皇家海关稽查员扣下的，之后一直没有物主来申报。

法国传教士马若瑟也曾广泛搜集中国书籍，陆续寄回法国。1715年，法国著名学者傅尔蒙交给法国皇家图书馆的书籍中，有几千册中国书籍，即为马若瑟所赠。

1718年，比尼昂（Jean-Paul Bignon）教士担任了法国皇家图书馆馆长，他将所有馆藏中文图书，以及神学院为方便国外传教而收藏的

① 吕颖：《清代来华“皇家数学家”传教士洪若翰研究》，《清史研究》2012年第3期。

800册中文书籍合在一起，将它们统一整理归类，单独收藏。流寓法国的中国人黄嘉略在帮助整理图书馆馆藏中文图书时，曾提出进一步采购的书单。比尼昂教士将这个书单寄往中国，请在华传教士帮助按单采购。1720年底，傅圣泽（Jean Francoise Foucquet，1665—1741）回国途中在广州候船，这时这项采购任务还没有完成。当时负责采购的法国东印度公司经理利图（M.de la Bretesche Litoust）请求傅圣泽协助。他们委派一位中国商人去南京采购，傅圣泽将所需图书的书名和数目告诉了这位中国商人。这批书共有85种1764册，装满了7个箱子，通过商船运回到巴黎，入藏到皇家图书馆。

另外，傅圣泽在中国20多年，收集了大批书籍，他回国时携带了11箱近4000册中国图书，在广州他临时请了一位名叫胡若望的中国教徒同行，请他帮助在途中整理这些图书。傅圣泽的这批图书几经周折，最后于1723年1月运抵巴黎。同年4月，傅圣泽去罗马，后来又在教廷传信部任主教之职。他在临行前想携带走这批图书，不料法国政府将它们扣留。后来，传信部通过教廷大使向法国政府施加压力，直到同年11月，傅圣泽的这批图书才运抵意大利，并入藏传信部图书馆。

傅圣泽自己的近4000册中文图书和他为法国皇家图书馆采购的近2000册图书，是来华传教士中的一个很著名的事件，法国汉学家雷慕莎（Jean Pierre Abel Rémusat，1788—1832）指出，傅圣泽的收藏是那个时代“一位欧洲人完成的最大宗最上乘的收藏”。[①] 1734年，第一部《皇家图书馆古籍书目》出版，其中就专门列有馆中所藏中文古籍书目。

在德国，勃兰登堡选帝侯弗里德里希·威廉一世曾委托荷兰东印度公司购回一批中文图书，从1665年第一批中文书籍入藏王家图书馆，到

① 引自[美]魏若望著，吴莉苇译：《耶稣会士傅圣泽神甫传：索隐派思想在中国及欧洲》，大象出版社2006年版，第261页。

1702年，共搜求得到400本。在17世纪末，德国柏林成为欧洲大陆最大的中文图书中心。柏林著名东方学家米勒（Andreas Müller，1630—1694）担任了这个图书馆的第一任管理者，他曾为这批中文图书进行编目。在米勒的努力下，一些原来属于荷兰海军上将吉尔·冯·列尔（Giesl von Lier）和阿姆斯特丹市市长尼古拉斯·威特森（Nicolas Witsen）的藏书也入藏到这家图书馆。

瑞典王后露维莎·欧瑞卡（Lovisa Ulrika，1720–1782）是著名普鲁士国王腓特烈大帝的妹妹，她是当时"中国热"的积极推动者之一，热心收集中国的物品，其中也收藏了一批中国图书。瑞典著名作家奥古斯特·斯特林（August Strindberg）年轻时曾在斯德哥尔摩的皇家图书馆整理过这批图书，他花了一年时间学习中文，为这批图书编目，这份目录共有49条。

流寓欧洲的中国人沈福宗在英国期间，曾协助牛津大学博德利安图书馆整理馆藏中文书籍，其中有不少中国医书。这批图书是1600年通过荷兰东印度公司直接在中国购买的。沈福宗在英国居住了近两年时间，其中大部分时间是在进行这些图书的整理工作，可见数量之多。

中国教育制度在东亚的移植

延续数千年的教育制度

中国历来有重视学校教育的传统。中国的教育制度，在夏商时代已经出现，到西周时，教育体制已初具规模。西周已经出现了相对独立的学校教育机构，并有了从王室到诸侯列国大体连贯的学校教育网络。在此基础上，西周还形成了以礼乐为核心的教育内容。这种内容逐步扩展深化，最终形成了较完整的"六艺"教育的课程体系，奠定了中国古代教育的底蕴，其后又经孔子为代表的先秦儒家学派的继承和发展，对中国几千年的古代社会教育产生了深远的影响。

西周学校制度是典型的官师合一类型，体现着“学在官府”这一基本特征。“当时的教育有两个特点：一是官师合一。当时所有的典籍，皆藏于官府，只有掌握某种典籍的官，才能熟知某种典籍而以之教人。例如太史掌有关礼的典籍，而礼又是当时最重要的教育科目之一，因此太史便是以官兼师的。二是受教育者只有贵族而无平民。”①

周代国家机构设官分职，在政治、经济、军事、宗教、文化等等方面都有专设机构和专设人员来从事管理。为了管理的需要，制定法纪规章，有文字记录，汇集成专书，由当官者来掌握。这种现象，历史上称之为“学术官守”，并由此而造成“学在官府”。

官学分为国学与乡学。“国学”是专为贵族子弟设立的，“乡学”则是地方学校。国学又分为大学和小学；乡学又分为“庠”“序”“校”“塾”等。

教育是文化传承的主要载体和形式。在西周时期创建的教育体制和制度以及对教育内容的设计，基本上奠定了中国古代社会教育的基础。官学的教育体制，包括国学和乡学的等级制度，以六艺为主的教育内容，以及百工技艺的专门教育，在以后几千年的古代社会里，基本上都继承下来了，只不过内容更为丰富，制度更为完善，接受教育的人群也更为扩大了。

汉代教育确立了中国封建教育的雏形，特别是汉代教育的宗旨、官学和私学的设施、教育的内容、组织形式和教学方法等，均为后世整个封建时代的教育奠定了坚实的基础。在西汉时期形成了我国封建官学制度基本格局：分中央官学与地方官学两类；有初等教育（庠、序），中等教育（学、校），高等教育（太学）三级；以儒学为主体，官立学校为主干，兼有其他专业教育和职官教育。中国封建教育的一些主要特点，如

① 傅乐成：《中国通史》上册，中信出版社2014年版，第201页。

明仇英《天籁阁摹宋人画册》之《村童闹学图》。上海博物馆藏

教育为封建政治服务——培养官吏和实行教化，以儒家经典为主要的教学内容，多种形式的办学途径，养士与取士相结合，“学而优则仕”的制度化，贵诵记、精读专攻的教学方法等，在汉代教育中都已显见端倪。

汉代提倡“独尊儒术”，建构出一个“教育–选士–尊儒”的利用学校教育来为官方正统的意识形态服务的有效模式。这一教育政策起到了借儒术独尊来保证政治法纪、思想意识的“大一统”的作用。一方面，它使先秦儒家“学而优则仕”的思想有了制度化的保证，另一方面，学校成了儒学传播的专门场所，士人也都变成了儒生。

到了唐代，学校教育得到了较快的发展。唐高祖于武德七年（624）下《兴学敕》，宣称：“自古为政，莫不以学为先。学则仁、义、礼、智、信五者具备，故能为利深博。”把教育作为其政治的基础和依靠。唐太宗即位后，采纳“偃武修文”的方略，“解戎衣而开学校，饰贲帛而礼儒生”。

唐代官学分中央官学和地方官学两级。在中央设有国子学、太学、四门学、弘文馆、崇文馆、崇玄馆、律学、书学、算学、医学、天文历学、畜牧兽医学，此外还有以教皇族子孙及功臣子弟为职专的小学。在地方设有州学、县学、医学、玄学等等。唐中叶以前，从中央到地方设立了各级各类的官学，已形成一个较完整的学校教育体系。

自春秋战国开始出现私学，此后私学一直作为官学的补充形式出现，并在各代得到发展。唐代鼓励私学发展，官学与私学教材相对一致，官私学学生学成后均可经过考试予以承认，使得私学成为一种重要的教育形式。

在中国教育史上，唐代另一项突出的贡献是书院的出现。入宋以后，书院大为发展，成为中国古代一种重要的教育机构。

朝鲜半岛书院的兴盛

朝鲜三国时，高句丽小兽林王二年（372），正式设立儒学的最高学府“太学”。这是朝鲜模仿中国制度建立国立大学的开始。太学是培养贵族子弟，使之成为国家官吏的教育机关。太学中的教学内容，主要是五经、三史。“三史”一般指《史记》《汉书》和东汉刘珍等撰写的《东观汉记》。《后汉书》撰成并流行后，始取代《东观汉记》而成为三史之一。太学之外，高句丽在城镇又设有扃堂。扃堂乃是私立大学，为训练、教育平民子弟的机关。扃堂中的教科内容为经学、史学、文学，以学习汉字与汉文。因此，不管是在太学或扃堂，皆以教授儒学经典为主。

新罗统一时代，广泛移植中国的教育制度，推广以儒家经典为主要内容的教育。新罗神文王二年（682），新罗仿唐建置，在中央“立国学，置卿一人”，并配备博士、助教各若干人和大舍二人，成为实际上的国立大学。“国学”学制为9年，如15岁入学，经9年修业，24岁即可毕业。在国学中学习的教科内容主要是儒家经典，包括儒家经籍、史学、文学、医学、数学、律令学等。韩国学者李丙寿指出，新罗统一时代之儒学，“一以学制渐备，一以奖励学术，一以派遣留学生，输入盛唐文化，彬彬然有可观者”。

高丽初年继承了新罗的国学，建立学校，作为培养六部官吏的教育机构。高丽成宗十一年（992），正式建立官学国子监。高丽的国子监是仿唐制设立的国家最高教育机构。唐国子监设有六学，即国子学、太学、四门学、律学、书学、算学。高丽国子监也设上述六学。睿宗时代，振兴官学，扩充国学，设置“七斋”：《周易》《尚书》《毛诗》《周礼》《戴礼》《春秋》和武学。其中一至六斋统称“儒学斋”。实际上是六项儒学专题讲座。睿宗又令国学立“养贤库”以养士，“选名儒为学官博士，讲论经史”。国子监内设有文庙和明伦堂，作为祭祀孔子和讲学的场所。除国子监外，京城内还设有东西学堂和五部学堂，是接收那些不能入国子监的庶民教育机构。另外，高丽还在地方设置乡校，是相当于中等程度的地方教育机构。乡校一般都设有文庙和明伦堂，它又是向地方群众传播儒学的场所。从国子监到学堂和乡校，构成了高丽国家的教育体系。

除官办儒学教育外，10世纪末还出现了私人办学的新形式。10世纪末11世纪初，契丹对高丽的侵略战争使高丽的教育事业受到很大破坏。在这种情况下，部分具有办学热情和儒学修养的学者，纷纷创办私学来恢复教育事业。名儒崔冲（985–1068）在高丽首开私人讲学之风。当时慕名而来的学生很多，崔冲于是分设“九斋”，即建造9个学舍，以容纳这些学生，分9个班进行教育，乃为九斋学堂。学习内容为《周礼》等九经和《史记》等三史。除崔冲外，还有郑倍杰、卢旦、金尚宾等11位名儒聚徒讲学，与官学国子监并行，为国家培养了大量人才。当时把这12位名儒门下的学生称为“十二徒”。

李朝的学校教育也是以儒学为主。李朝的学校教育体系是，中央有成均馆；成均馆原则上是招收生员和进士的大学，分设“四书五经”

斋、“大学”斋、“论语”斋、“中庸”斋、“礼记”斋、“春秋诗书易”斋。六斋即为六级，生徒读完一斋升一级到另一斋，从“四书五经”斋直至“春秋诗书易”斋结业。李定宗时，成均馆下设五部学堂，后改为中学、东学、西学和南学等四部学堂即所谓“四学”。在地方，每个道和邑设有一所乡校。地方学校招收的是幼学。除乡校外，各地还有一些教育平民子弟的书堂。儿童七八岁入书堂，十五六岁入乡校，载升四学，如科举及格，取得生员、进士的头衔，便可进入成均馆。

李朝时期不仅官学有所发展，而且由各儒学家创办的私塾或书堂也有显著发展。书堂的课程与官学相同，主要是儒学。朝廷采取积极的鼓励措施，使书堂教育迅速发展。书堂教育在李朝教育体系中占有重要地位，对普及儒学和发展文化起了很大作用。①

16世纪以后，书堂发展成书院形式。书院的名称和形式模仿中国宋代的书院。书院师生祭祀中国以往的儒学者和朝鲜的著名学者，并学习儒学。到16世纪末书院已达100多家。书院创立之初，对于普及儒学教育、巩固儒家思想的地位起到很大作用，并逐渐取代官学成为主要教育机构。

日本仿唐制建大学、国学

在日本大化改新时期，移植了唐朝的教育制度，建立了以大学寮为主体、以学习儒家经典为主要内容的教育体制。

日本仿照唐制，在《大宝律令》中的“学令”部分，对大学做出种种规定。按照规定的学制，于京都设大学（或称大学寮），有以习医为主的典药寮，修习占道、天文道、历学的阴阳寮，还有学习文乐、武乐、杂乐的雅学寮。大学寮隶属式部省，寮中设

① 朝鲜科学院历史研究所：《朝鲜通史》上卷第2分册，吉林人民出版社1973年版，第676—680页。

"兴""助""允""属"等官职，掌管学校行政，与此并列的有"明经""音""书""算"四道教官。教授经书的教官有明经博士和助教，音博士、书博士和算博士，分别教授字音、书法和算术。大学寮明经道的教科书都是儒家经典，而且必须使用规定的注释。依"学令"规定，教科书有"九经"，即《周易》《尚书》《周礼》《仪礼》《礼记》《毛诗》《春秋左氏传》《孝经》《论语》。"九经"之中，又以《孝经》和《论语》为必修，另可选修其他两三种或五种经典。教授经典的方法是先"素读"后"讲义"。"素读"就是用汉音诵读经典原文，"讲义"就是以法定注释解说经文。所以学生入校学习，先从音博士学正确的中国语音，然后再学经义，还要学习书法。大学生定员400人，另有专攻算道的学生30人，叫做算生。每年七月举行大考，对应试考生问大义8条，凡通过6条以上者为上，通过4或5条的为中，只通过3条以下者为下。如三年均试下等，即令其退学。学成之士即由政府派任官吏。

大学寮主要是面向贵族子弟的教育机构，五位以上官吏的子弟和东西吏部的子弟入学没有限制，对六、七、八位官吏的子弟入学有所规定，而庶民子弟完全不得入学。

除中央的教育机构外，在地方也设有称为"国学"的学校。9世纪后，日本地方行政区划分为66国2岛。国学即是各国设置的教育机构。学生以地方官员子弟为主，有时也允许庶民子弟中有才华的人入学。学生人数多少因地区大小而异。国学主要教授儒学和医学，教授儒学的教官称"国学士"，教授医学的教官称"医师"。国学的学科和大学基本相同，只是要求水平较大学偏低。主要通过讲读经书，培养学生在天皇制、律令体制下的政治理想和道德观念。日本的国学在许多方面都与中国的乡学相似。

另外，在日本民间还有一些由著名学者开办的私塾，其中最著名的是由学问僧空海于天长五年（828）创立的综艺种智院。综艺种智院实际上是由佛教团体设立的一所平民学校，目的是普及教育，培养为教团和社会所需要的人才。综艺种智院仅存在不到20年，但却开日本民间平民教育之先河。

菅原氏主持的私学也很有影响。菅原氏的菅原清公（770—842）、菅原是善（812—880）、菅原道真（845—903）三代相继在大学寮担任文章博士及大学头等职，同时还在自家宅邸的书斋“山阴亭”招生讲学，因为慕名而来的学生大增，书斋容不下，便移到廊下，故“菅家廊下”成为当时著名的学问所，其中出了不少杰出门生，往后历任至朝廷要职者有100人。

西方传教士对中国教育制度的介绍

明清之际来华的传教士对中国的教育特别关注。“传教士们对教育的形式很感兴趣，中国社会的各种色彩交融在由它组成的画面上”。[①]

传教士们注意到，在中国人那里，读书几乎成为终身职业，“由于中国人的命运全部寄托在他们的能力及智力上，因而把毕生的时间用于学习”。曾德昭指出，中国人从小就得入学，初学者有几本小书，内容包括良好的规矩、道德训诫、端正行为、服从长上父母等。几个月后，他们让学生读经书，课文和生词全要用心背下来。然后，老师开始授课，学生要背下讲授的课文。他注意到私塾这种教育形式，说有财力的家庭在家里给孩子请老师，这位老师一直跟孩子们一起，不仅教他们识字和知识，还教授有关政治、品行和道德方面的事，以及如何对待各种事件。老师指导学生的礼仪和优良行为，避免他们染上恶习。

安文思（Gabrielde Magalhes）主要介绍了中国的国家学院国子监。他说国子监可以称为“全国的公立学院或大学”，学生分为8类，

① [法]伊莎白尔·拉瑟拉：《欧洲人眼中的儒学教育》，[加]许美德、[法]巴斯蒂等著，朱维铮等译：《中外比较教育史》，上海人民出版社1990年版，第39页。

包括贡生、监生、官生、恩生等。掌管国子监的是四品官，学校的监管是五品官。

传教士们看到，中国学生们学习的内容主要是儒家学说所阐述的道德、历史、法律和人际关系的原则，是政治和民事的治国之道。中国的教育主要是一种培养道德礼貌的公共教育，在全国各地，学习和教育计划都是完全标准化的。因而，在这样的教育制度下培养出来的知识阶层首先是国家道德生活的代表。而他们在学习、研究的过程中，把道德的原则从经典的作品及已有的礼仪法则中抽取出来，并长期、缓慢地将其传播于人，从而他们也就成为“民族的灵魂”“国家的权威”。在传教士们的描绘中，这种以重申道德原则为主要内容的教育制度，是保证中国社会稳定和谐的主要支柱。

传教士们还介绍了中国皇帝的教育问题。他们认为这是一种使帝王成为道德、知识和教育的代表的活动。在他们的描绘中，那些在宫廷中负责帝王教育的是在国家考试中名列最前茅、并身为翰林院成员的博学之士，而翰林院是由最有才华的名人组成的。一个受过教育的帝王通过他对国家的治理，证明他能正确地按他学过的道德和礼仪准则行事，因而他就成为每个在职官员以及每个可能担任要职的进士学习的楷模。

科举制度的世界意义

科举制的创建与完善

科举制是中国古代社会最具独创性的通过分科考试选拔官吏的制度。这一制度在隋唐时期正式形成并完备起来。

关于中国古代的选官制度，汉代时实行察举制，由全国的地方官进行推荐。魏晋实行九品中正制，以中央官员监督地方的察举，根据品行评鉴品第来确定官品。察举制和九品中正制都是在一小部分名门贵族成员中选官，有很多局限和弊端。南北朝时期开始提出按才能而不是按门第选官的要求。隋朝建立后，隋文帝取消了九品中正制，废除了地方长官辟署佐官的制度，官吏的任用不再受门第的限制。

开皇七年（587），隋文帝设立了诸州岁贡三人的常贡，有秀才、明经等科。隋炀帝大业二年（606）设立了进士科，这是科举制度的正式创立。秀才试方略，进士试时务策，明经试经术。这样，就形成了一个层次不同、要求各异、有一套完整体系的国家按才学标准选拔文人担任官吏的分科考试制度。

唐代继续实行隋代创立的科举制，并使之更加完善。科举制度就是按照不同的科目来选举人才。考试的科目分为常科与制科两类。常科每年举行，科目有秀才、明经、进士、明法、明书、明算六科。应试者以明经、进士二科最多，高宗以后，进士科尤为时人所重视。制科是皇帝临时诏令设置的科目，名目很多，随时不同，不是每年都考，有一定的随意性。常科的考生有两个来源：一个是生徒，一个是乡贡。由京师及州县学馆出身，而送于尚书省受试者叫生徒；不由学馆而先经州县考试，及第后再送尚书省应试者叫乡贡；由乡贡入京应试的通称“举人”。州县考试称为“解试”。应试者须持证件报考，叫做“投牒自举”。考试合格的，州县长官要设“乡饮酒礼”招待，称为“鹿鸣宴”。尚书省的考试，通称“省试”，或称“礼部试”。礼部试都在春季举行，故又称“春闱”，闱是考场的意思。参加进士科考试，当时人称为“举进士”，凡考加进士科考试的人，习惯就称为进士，后来秀才科废除，也常常称为秀才。唐代所谓秀才、举人、明经、进士只表明其出身途径的不同，并不像明清时期是科举的不同等级。

唐代对科举考试内容、评价标准及多种形式的考试方法都有明确规定，并且十分完备。考试的内容、形式和录取的标准，各科不同。考试能否合格，不完全根据当时的成绩，还要有知名人士向考官推荐奖誉。主持考试的，本来是吏部考功员外郎，唐玄宗开元二十四年（736）以后，改为礼部侍郎。有时皇帝临时委派中书舍人等清要官吏主持，称为“知贡举”。武则天当政时，还亲自于洛城殿试举人。应制科考试的，可以是已有官位的人，也可以是常科及第的人，还可以是庶民百姓。考试内容，初仅策问，玄宗时始加试诗、赋。制科考试通常由皇帝亲自主持。

常科考试及第以前的士人，身份是平民，有“白身”“白衣”“布衣”等称呼。科举考试合格叫“及第”或称“擢第”“登第”“登科”，也单称“中”。唐代进士及第称为“进士第”或“前进士”，最为荣耀，誉称为“白衣公卿”或“一品白衫”。进士第第一名称为“状元”或“状头”。科举及第以后，就叫有了“出身”，也就是初步具备了做官的资格。要获得官职，还需要到吏部参加挂选。唐初每年科举录取的人数很少，但从高宗时起，科举入仕者在官员中的比重不断增加，从而奠定了中国古代社会后期高级官吏由科举出身者担任的格局的基础。

按唐代的制度，由于出身不同，初授官的品级也不同。从授官的规定来看，制科及第最优，其次是秀才，再次是明经，最次是进士。而进士及第却最难，大致是一百人取一二名。尽管如此，士人所重，唯进士一科。不由进士出身的，终不为美，制科出身反而被视为“杂色”。进士科出身初授虽只九品，但升迁较易，“大者登台阁，小者任州县”。唐代的宰相，大多进士出身，中唐以后尤其如此。

科举制的推行，对隋唐教育事业的发展有很大的推动作用。科举考试主要以儒家经典为内容，这对于结束魏晋以来学校教育所流行的清谈学风和玄虚思想，对于学校教育教学内容的统一和标准的一致，形成社会读书风气，都有着积极的意义。科举对学校教育的培养目标、教学内容、教学方法又很明显的影响。学校的培养目标就是准备参加科举，科举考试的内容和方法，也就成为学校的教学内容和检查学生学习成绩所经常采用的方法。唐代的国子、太学和四门学的教学计划，都是按照科举九经取士的要求安排的，把经书分为大、中、小三类，并规定通二经必须大小经各一或中经二，通三经必须大中小经各一，通五经必须大经并通，而《论语》《孝经》则为共同必修课。至于律学、书学、算学的教学科目，也与科举考试的科目完全相同。科举考试一度重视书判、策论和诗赋，学校也随之注重习字、习时务策和作诗赋。

通过科举考试来选拔人才、选拔官吏的制度，形成于隋唐时期，到宋代有所发展，至明清时期制度更加完备，是中国的基本行政管理制度

宋代科举考试图。此图取自李默主编《图说历史丰碑 改革图强》，广东旅游出版社2013年版

之一，是中国文官政治的重要基础。

科举制是中国古代最具独创性的考试制度。作为一种取士制度，科举制的推行使政治权力具有一种开放性和流动性，大批中下层士人由科举考试进入仕途，参与政权，从而在现实秩序中突破了门阀世胄的垄断，扩大了封建皇权的社会基础。由隋唐始创的这种科举制是世界上最早、最完善、最严密的人才选拔制度。从那时起一直到20世纪初废科举止，这种制度延续了1300多年。在中国历史上的各种具体制度中，这是历时最久、变化最小却又是影响最大的一项。

科举制在朝鲜半岛延续千年

788年，新罗朝廷仿唐科举考试制度，制定了以儒学经典和汉学作为选择人才的主要考试科目的"读书三品出身法"，依学生结业成绩上中下三等录为各品官吏，规定"读春秋左氏传、若礼记、若文选而能通其义，兼明论语、孝经者为上。读曲礼、论语、孝经者为中。读曲礼、孝经者为下。若博通五经、三史、诸子百家书者，超擢用之"。"读书三品出身法"以法律形式固定了以学习儒学经典和汉学选拔人才的新制度，不仅提高了"国学"的地位，而且为大规模吸收和推广盛唐文化开辟了广阔的道路。

高丽于958年始行科举制。高丽始设科举试时，大抵采用唐制，其科举科目、策试内容、命题教材等，多"拟诸中华"，仿效宋朝。主要"以诗、赋、颂及时务策，取进士，兼取明经、医、卜等业"。科举考试科目主要包括进士科、明经科、杂科。进士科试以诗、赋、颂等，以文章选才；明经科试以儒学经典，按其理解程度取士；杂科则设有律令、医、卜等考试科目，选拔具有特殊技能的人才。仁宗十七年（1139），礼部贡院还奏明按照北宋范仲淹对科举考试的主张，"先策论以观其大要，次诗赋以观其全才。以大要定其去留，以全才生其等级。斯择才之本，致理之基也"。又对科举法作了详细规定，设制述业、明经业、明法业、明算业、明书业、医业、叽嗒业、地理业、何论业、三礼业、三傳业等考试科目，使试举科目更为全面、系统。不久又仿北宋之制，行弥封誊录之法。

李朝建立之后，整顿了高丽末期科举制度的混乱状态，制定了相应的规定，把科举制度作为选拔和任用官吏的主要制度。

李朝的科举考试主要分文武两科。武科是为录用武官进行的考试，文科则是为了录用文官进行的考试。文科必须经过三次考试，第一次是在地方，第二、第三次则在中央。三次考试合格者称及第，及第者大都被录为相应的文官。文科考试科目主要有儒教经典的解释（讲经）、有关现行政策问题的论文（对策）以及各种形式的汉诗文。

除文科外，还有生员试和进士试，同样把儒学当作主要考试科目，也要经过两次考试。生员试是以解释儒教经典为主的考试，进士试是以作汉诗文为主的考试。合格者前者称为生员，后者称为进士。生员和进士虽然不能马上被录为官吏，但可随时参加文科考试，是一支将被录为官吏的官僚后备队。实行以儒学典籍为主要考试内容的科举制度，对于推动社会形成学习儒学的风气起到很大作用。

千年间，科举制度在朝鲜半岛相沿不废，直到20世纪初朝鲜沦为日本殖民地后才告中断。

科举制对西方文官考试制度的影响

近代以来，来华的欧洲人士很早就注意到科举制这种选官任官制度，并且都用了很多笔墨来介绍这种制度。16世纪来中国的欧洲人关于中国的游记和报道中，如维埃拉的书简，克路士的《中国志》，拉达的《中国纪事》等等，都曾记载了中国科举考试的情况。克路士的著作后来被译为英文本，改名为《来自中国行省的报告》，收集在里查德·艾登编辑的《东西印度群岛及其他国家旅行记》一书中。使英国人于16世纪末对中国科举制度有所了解。1596年，英国女王伊丽莎白曾写了一封信给万历皇帝，表示对中国科举制度饶有兴趣。门多萨的《中华大帝国史》中也对科举考试有明确的记载。

但是，由于那个时候来华的欧洲人没有在中国停留过多久，甚至没有能够进入内地，所以对于像科举制这样制度层面的深层次的问题，了解的并不是十分清楚。直到从利玛窦开始，耶稣会士们才开始对科举制有比较深入的了解和研究。

《利玛窦中国札记》中曾有对中国科举考试制度的非常详细的介绍，对中国科举考试制度及考试内容颇为赞赏。他说，中国“最隆重的学位，是关于伦理学的，考中的人，能进身仕途”，而考试的内容就是“孔子曾修订的四部古书，他自写了一部，共有五经”。“除五经以外，又有三位或四位作家的各种道德劝言，收集在一起，称为四书”。

曾德昭也曾详细描述了中国的科举考试制度。他将秀才、举人和进士分别对应于欧洲的学士、硕士和博士。在《大中国志》中，曾德昭用了3章的篇幅介绍中国的考试制度，他从考场开始介绍，说中国有一个“总学府”，宽阔雄伟，装饰华贵，为考官和应试者而设。这些学府设在城镇，特别在是学士会试的省城有雄伟的学府。“他们有三种学位：秀才、举人、进士。我认为，若要对它们认识清楚，可把它必做我们的学士、硕士和博士，各自有尊荣的标记和徽号。那些仅仅是学生、没有取得任何学位的人，本身没有任何特权，只被人尊为绅士。大家把他们敬为国家之灯，中国人知道应如何尊重确实值得尊重的人物。”[①] 接着，曾德昭详细地介绍了各级考试的时间、考场的状况、考试的方法、开始的内容以及最后的录取等等，还有中了举人之后的隆重的庆祝活动。他最后介绍了国家举行的授予“博士”学位的仪式：“考试结束后，他们进入另一座大殿，新博士在那里向皇帝致敬，阁老立即向皇帝

① [葡]曾德昭著，何高济译，李申校：《大中国志》，上海古籍出版社1998年版，第48页。

引荐其中的头三名，这时皇帝亲自给每一位颁奖。……头名叫状元，二名叫榜眼，三名叫探花。这些名称是如此受到尊崇，以致考试后几天，全国几乎无人不晓，连他们父亲和家乡的名字都传遍全国。”① 曾德昭还指出，这些人获得新博士学位后，当年就安排工作，甚至安排比较重要的职务；此外，因为这一学位非常崇高，所以还要进行拜会、祝贺、宴请和馈礼等，简直难以想象。

安文思的《中国新史》中介绍中国的科举考试制度时说，每三年在北京将要举行一次全国的考试，考试结束之后，授予考生中的366名以博士的等级。“他们在文章写作上表现得最有才能和文采。皇帝从这些年轻的博士中挑选最年轻、最有才华的人，让他们进入叫做翰林院的部门，既富有学识之林园。”“这个部门是皇家学院，或者，我可以说，始终是准备为国家和皇上效劳的皇家人才知识库。”②

巴多明在1730年的一封信中也详细地介绍了中国的科举考试，他说：“仕途上的平坦大道则是研究经书、史书、法律和伦理经典。这就是要学会从事他们所说的‘文章’，也就是说针对所论述的内容而彬彬有礼地书写，使用精心选择的和适宜的章句。世人正是通过这条道路而高中进士等级。人们一旦获得这一学位后，就会获得荣誉和声望，舒适生活便会接踵而至，因为他们很快就会成为官吏。”巴多明指出：“这就是支撑中国人努力研读的原因。”③

在其他许多传教士的著述中，也都一再提到或详细论述中国科举考试制度。在当时来华传教士眼中所看的中国，是一派秩序井然、稳定持

① [葡]曾德昭著，何高济译，李申校：《大中国志》，上海古籍出版社1998年版，第56页。

② [葡]安文思著，何高济、李申译：《中国新史》，大象出版社2004年版，第107页。

③ [法]杜赫德编，吕一民等译：《耶稣会士中国书简集——中国回忆录》第4卷，大象出版社2005年版，第42—43页。

久景象的帝国。在他们看来，“在一些古人所制定的政府的模式、方案中，我们或许不会见到像中国的君主制那样完美、缜密的……似乎是上帝自己动手缔造了这个帝国。他们的政府方案在历经四千年的考验之后，依然完美如昔”。[①]他们认为，这些优点来自于这样一种政治形式，即只有经过多年的学习并通过为数众多的考试，才能当上官员。“此种等级制度的制定肯定是受聪明的政治谋略所支配的，因为除中国人天性爱好自己的文字以外，这种持续的训练、频繁的考试使他们处于良好的状态之中，给他们提供了一种高尚的竞争，使他们在一生中最美好的时光中全神贯注于此，以免其因无所事事、游手好闲而引发国家政治混乱。”[②]

这种经过竞争性的考试选拔官员，并用以治理社会的做法，在当时的欧洲还是不能想象的。但是，耶稣会教士中有许多人本身就是教育家，是一些学校的创办者，他们也积极地参与国家事务。所以，中国人对教育的重视，学者在中国社会中的作用以及经过竞争性的考试招募优秀人物为官员的制度所具有的道德、社会和政治效果，都是他们特别有兴趣的。

和利玛窦一样，有许多传教士都首先注意到科举考试的过程和在中国社会生活中的重要性。国家的贡院宽敞、宏伟，监考执行得一丝不苟，试卷的批改十分小心，录取的筛选十分严格，发榜后还要举行纪念孔子的宴会和典礼，皇帝亲自殿试，颁授最高级别的学位，围绕国家考试的那一切威严庄重景象，都使耶稣会教士们看到学而优则仕的美妙画面。

传教士们还注意科举考试制度对于社会选拔优秀人才、促进合理的

---

① [法]伊莎白尔·拉瑟拉：《欧洲人眼中的儒学教育》，[加]许美德、[法]巴斯蒂等著，朱维铮等译：《中外比较教育史》，上海人民出版社1990年版，第30页。

② [法]杜赫德编，吕一民等译：《耶稣会士中国书简集——中国回忆录》第5卷，大象出版社2005年版，第219—220页。

社会流动的重要性。通过考试而选拔出来的学者是一种贵族，但他们的职位和声望不是得自世袭，而是凭借其自身的价值才得到的。“由于只是量才录用，因而一个出身庶民的进士取得总督、大臣职位的希望，与名门贵族的子弟一样多。”他们希望这种“真正的贵族”和选拔贵族的方式能够成为欧洲的典范：“假如其他王国也能遵循这一惯例，我们就不再会看到那么多的老爷、贵族的子弟会如此愚昧无知，因为（对他们说来）真正的高贵似乎并不包含学问及光辉的精神品质。”① 总之，“欧洲早期的旅行者对中国社会那种非贵族的、社会精英统治的特征留下了深刻的印象，他们将这种社会统治比作柏拉图的共和国”。②

总之，传教士们对中国的科举考试制度十分重视，正如李明的研究中所概括的，他们认为科举考试制度有4项好处：一是国家通过考试选用有为的青年，不管其出身如何，只看其专研学问的结果，驱使他们奋进。二是磨练人们精进学问的精神，使社会上尊重知识。中国青年热心于在国家考试中及第，使其提高文化修养。三是防止贪欲和精神堕落，防止只是空虚和放纵行为的发生。四是皇帝将天下的人才集合在一起，解除有不良行为的官员职务，物色更适合的继任者。

传教士们对中国科举考试制度的研究和介绍，在欧洲各国特别是在英国和法国引起高度重视，许多启蒙思想家和其他方面的学者，纷纷表示赞扬这种考试制度。1755年，英国《绅士杂志》载文说：“文章是一个希望接受考试的思想家必须经过的唯一考验……所有作者都同意这种看法，中国人在治国术方面超过了其他所有民族。”③

① [加]许美德、[法]巴斯蒂等著，朱维铮等译：《中外比较教育史》，上海人民出版社1990年版，第34—35页。

② [英]S.A.M.艾兹赫德著，姜智芹译：《世界历史中的中国》，上海人民出版社2009年版，第251页。

③ [法]安田朴著，耿昇译：《中国文化西传欧洲史》，商务印书馆2000年版，第718页。

在法国，伏尔泰推崇中国的文官制度，认为中国官僚奉行儒家信条，恪尽职守，唯命是从，他们构成一个各部门职能相互制约的和自我调节的好政府，而能够进入这样的衙门工作的官员，都是经过层层的严格考试才被选拔上来的。魁奈在《中华帝国的专制制度》中也有一节专门讨论科举制度，详细地介绍了三级学位的划分和考试程序。G·F·赫德逊指出，魁奈“非常欣赏这种制度，希望欧洲也有类似的东西”。[①]

经过传教士们的介绍，以及欧洲各国启蒙思想家们的大力宣传，科举制对于以后欧洲各国建立文官考试制度有直接的影响。1791年起，法国率先实行了文官考试，接着1853年后英国也推广文官考试。在一些现代西方学者看来，科举制是最能激发其想象的中国制度之一，是政府公职向所有才能之士开放的理想象征。美国汉学家卜德（Derk Bodde，1909—2003）认为，在西方推行的文官体制，是在精神文明领域里中国对西方最宝贵的贡献之一。他说：“因此，毋需惊讶，西方文学中反复描写的中国17和18世纪的科举制后来还受到了诸如伏尔泰与魁奈那样的人物的热切强烈的崇拜。”[②] 美国汉学家费正清（John King Fairbank，1907—1991）对唐代创立科举考试制度的意义评论说：“唐代的官僚制度标志着文官功勋制度的一个真正的开端，它是中国文明最伟大的成就之一。由于科举制度是政治财政最显明的成功之路，因此，一切试图跨入仕途者均被导引到同样的经学、文学教育形式中来，这样，就产生了知识教育的统一。经典教育是一种发人深思的教育形式之一，它为近代的大英帝国培养了一大批成功的统治人才。”[③]

---

① [英]G·F·赫德逊著，王遵仲等译，何兆斌校：《欧洲与中国》，中华书局1995年版，第300页。

② [法]安田朴著，耿昇译：《中国文化西传欧洲史》，商务印书馆2000年版，第718页。

③ [美]费正清、E·O·赖肖尔、A·M·克雷格著，黎鸣等译：《东亚文明：传统与变革》，天津人民出版社1992年版，第105页。

孔子走向世界

儒家学说：中华思想的核心

儒家是由春秋末年生活在鲁国的孔子（前551–前479）创建的。在当时的各诸侯国中，鲁国是保存周朝礼仪文化最完整的国家，有所谓“周礼尽在鲁”之说。“孔子居文献之邦，故得大成其学。”[①] 孔子开私人讲学之风，教授弟子。《史记·孔子世家》记载：“以诗书礼乐教，弟子盖三千焉，身通六艺者七十有二人。”孔子的弟子们把他的言行记录下来，编成《论语》，成为儒家学派的经典。

孔子创建的儒学是中国历史上影响最大的学术派别，孔子的思想和论述是中国传统文化的重要组成部分，对中华民族文化和民族精神的形成起到了巨大的作用。司马迁在《史记·孔子世家》中说：“天下君王至于贤人众矣，当时则荣，没则已焉。孔子布衣，传十余世，学者宗之。自天子王侯，中国言六艺者，折中于夫子，可谓至圣矣！”

孔子行教像拓本。山东曲阜孔庙石刻

儒家原本是先秦诸子百家中的一家，但从汉代董仲舒提出“罢黜百家、独尊儒术”开始，历代王朝几乎都自觉地把儒家学说作为一种官方文化，不断通过

① 钱穆：《国史大纲》上册，商务印书馆1994年版，第97页。

对孔子本人及其门徒、传人和后裔加封等形式化的手段来强化儒学的文化地位，把“尊孔读经”作为主要的教育内容来强化儒家思想的传播。

儒学本身也并不是一个完全封闭的思想体系，它以自己的同化能力和开放性把中国文化中各种有价值的思想学说纳入自己的观念框架中，变成儒家学说的一部分。历史上有所谓儒、道、释“三教合流”之说，实际上这种“合流”的本质是“道”与“释”汇合到“儒”的流中，是按照儒家的文化精神和观念框架剪裁和解释“道”与“释”，是以儒家思想为主体的“合流”。

对于确立儒学的文化地位来说，最根本的或最重要的，是儒学的精神蕴涵体现了中国传统文化的内在规定性，集中表达了中国传统社会的文化主题。官方的强化作用，儒学对其他思想学说的同化和吸收能力，也都是由儒学自身的这种属性所决定了的。“儒家思想是在华夏民族文化积累和华夏社会心理基础上形成的。经过自身的发展和社会的选择，它成为中国封建社会的统治思想，成为中国封建文化的核心，对汉民族乃至整个中华民族文化的发展产生了决定性的影响。”[①] 儒家思想以农业文明的世界观、伦理精神和“道统”观念为基调，精辟地总结了中国人的生活方式，概括了中国传统文化的基本价值取向和精神内涵，成为这一文化系统的无可替代的主体和代表。

汉代以后，随着儒家地位的提高，“六经治世”“六经致用”成为人们的共识，这些典籍“一举高登庙堂，成为为两千余年中国官方哲学的基本依凭”。[②] 后来，儒家学者们把儒家经典进一步编为“四书五经”。[③]“四书”包括《大学》《中庸》《论语》《孟子》这4部著作，

---

① 许殿才主编：《中国文化通史（秦汉卷）》，北京师范大学出版社2017年版，第33页。

② 冯天瑜：《中华元典精神》，上海人民出版社1994年版，第90页。

③ “六经”之中，秦以后传世的没有《乐》，故只有“五经”。有人认为《乐经》亡于秦火，也有人认为《乐》本附《诗》而行，本来就没有《乐经》。

分别出于早期儒家的代表性人物曾参、子思、孔子、孟子。“五经”包括“六经”中的《周易》《尚书》《诗经》《礼记》《春秋》。原来形成于西周时代的占卜之书《易经》，变成了一部讲道德和政治、哲学的著作，列为儒家经典之首。直到清代，“四书五经”都是中国传统文人的必备经典。

朝鲜半岛的儒学风气

大约在公元前后的时候，孔子的儒家学说便开始传入朝鲜半岛。从那时起的漫长过程中，儒家学说在朝鲜逐渐传播、扎根，并日益朝鲜化，形成具有民族特色的朝鲜儒学，成为朝鲜民族传统文化的主流。

据说，早在公元1世纪初，就有一些朝鲜人能背诵《诗经》《书经》和《春秋》等。可见当时儒学经书已经传入朝鲜。汉朝在朝鲜半岛置郡400余年，当时中国政府已“罢黜百家，独尊儒术”，确立了儒家思想的统治地位，朝鲜四郡官府也以汉朝的统治思想为治理地方的指导思想。韩国哲学会编《韩国哲学史》指出：“至少在汉四郡时代，儒家的经典和其他典籍一起被有识者所熟读。其中，作为伦理性的典籍可举出《论语》《孟子》《孝经》，此外还有《礼记》等。”①

朝鲜三国时代，儒学思想在朝鲜半岛的传播有了进一步的发展。高句丽以《周礼》为依据，仿效中国法制，制订各种律令与社会统治体制。

百济受儒教“五经”思想的影响也是很早的。百济很早就有“博士”的称谓，他们是一批精通儒教“五经”的“博士”。据日本《古事记》等史书记载，日本最早接触到中国文化是通过百济的王仁博士。

新罗是三国中接受儒学最晚的国家，但影响至深。新罗统一三国后，新罗的学术文化和教育事业已有了很大发展，出现了不少精通儒家

① 韩国哲学会编：《韩国哲学史》上卷，社会科学文献出版社1996年版，第100页。

经典和汉学的著名儒学家。

由于政府的大力提倡，儒学在朝鲜三国都有比较广泛的传播，学习儒家经典成为一时风气，儒家思想也产生了比较普遍的社会影响。韩国哲学会编的《韩国哲学史》指出：到三国时代的中期，儒教“和我国的固有文化密切结合，并融合到我国文化的血脉中去”。[①]

高丽时代，儒教治国之理念有相当广泛的影响。唐宋以来，帝王为了讲论经史而特设御前讲席，宋代称讲席为“经筵”，又称“经帷”。高丽朝廷模仿唐宋制度，设立御前经筵，定期讲述儒家经典。一次经筵讲解儒经的一两个篇目，讲完后还要进行讨论。

高丽实行以儒学为主要内容的教育制度和科举制度，儒学与仕途相结合，使儒学具有特殊的地位，从而吸引众多学子埋头攻读。当时朝野上下，直至卒伍童稚都在学习儒家经典。

高丽政府采取多种措施来推广儒学，提高孔子和儒学的地位。992年建国子监时，在其中特建文庙以祀孔。1091年在国子监里挂起七十二贤人的画像，之后，还将孔子像由新罗时期的画像改为塑像，并仿中国尊孔子为“文宣王”，加谥“玄圣”“至圣”“大成”。高丽文宗亲临国子监，称孔子为“百王之师”。1267年又将颜渊、曾子、子思、孟子的画像改为塑像，供奉于文庙。同时，民间也开始了祀孔活动。

由于朝廷的大力提倡和儒学教育的发达，儒学思想在高丽广泛传播，产生了深刻的社会影响，同时也促进了高丽学术文化的发展。当时“所研究的学术，几乎全部是儒教经书和贯穿儒教名分思想的历史以及诗和文章技巧”。[②] 高丽时代涌现出不少对这些深有研究的有名的儒学者。

---

① 韩国哲学会编：《韩国哲学史》上卷，社会科学文献出版社1996年版，第74页。

② 朝鲜科学院历史研究所：《朝鲜通史》上卷第2分册，吉林人民出版社1973年版，第403—404页。

不过，在高丽前期，和在新罗时期的情况一样，也存在儒释道并行的现象。崇佛与推广儒学并行不悖。韩国学者柳承国指出：“在朱子学传来以前，高丽的知识人信仰上崇尚佛教，政治上则奉行儒教，儒者及僧侣在思想上皆兼儒佛，从无反目对立之事。”他又说：“高丽时代，儒、佛、道三教皆互不冲突，当时的儒学者皆能通词章，反之对经学则无深入研究。”①

朝鲜《华城圣庙殿拜图》（局部）。首尔国立中央博物馆藏

李朝时代是儒学在朝鲜的鼎盛时期。李朝儒学发展的最主要方面，是朱子学的兴盛，形成了朝鲜的朱子学派。早在高丽末期，朱子学由安珦、白颐正等人从元朝引进朝鲜，并涌现出朝鲜最初的一批朱子学家，如李穑、郑梦周、郑道传、权近等人。他们大多开始消化吸

① [韩]柳承国著，傅济功译：《韩国儒学史》，台湾商务印书馆1989年版，第80页。

收中国朱子学思想，并在此基础上提出自己的独立见解，用朱子学的观点著书立说，进而解决现实的社会政治问题。他们要求以三纲五常作为理乱治世的根本，革除弊端，重整社会秩序，强化中央集权的王权政治；坚持“大义名分”，主张“亲明事大”，即奉明朝为“天朝上国”，朝鲜作为小邦应臣服尊奉大国；竭力维护儒家“道统”，排斥“佛老异端”等等。

日本政府对儒学推广的重视

关于中国思想文化特别是儒家思想在日本的传播，最早是应神天皇十六年（285）二月，拜祭博士王仁来日，太子菟道稚郎子又拜王仁为师，学习中国典籍。

至6世纪初，中国儒家思想经过百济在日本传播有了进一步的扩大和深入。据《日本书纪》载，继体天皇七年（513），百济国王派遣五经博士段杨尔来日本，以换取日本转让的它在朝鲜半岛南端的属地任那的四县土地。在段杨尔来日本之后3年，百济又派“五经博士汉高安茂，请代博士段杨尔”。百济似乎继续以轮换的办法派遣五经博士常住日本。

这些从百济来的五经博士，虽然只是以个人传授的方式对少数皇室成员和贵族讲解中国儒家思想，传播的范围比较有限，但他们作为中国儒学东传的先驱者，做出了不可磨灭的历史性贡献。

到6世纪末7世纪初的推古天皇时代，以这些传入的学问为基础的日本古代学术，已初步开展起来。从中央到地方的教育机构以及民间教育，都以儒学典籍为主要学习内容。这一时期日本的学校教育体系，实际上就是早期日本儒学的传播体系。在这几百年间，有数以万计的日本青年在各类学校中诵读《论语》《孝经》以及其他儒学经典。儒学是他们知识教养和衣食荣禄之源。当时的日本上层社会一般视中国儒学为统治阶级必备的一种文化修养。这就使儒学知识从宫廷传播到更多官宦之家，扩大了儒学文化在日本传播和影响的范围。

日本政府非常重视儒学思想的传播和推广。天平宝字元年（757），天皇曾下达一道敕令：百行以孝为先，全国家家户户都要置备《孝经》一本，精读勤诵。日本从大宝元年（701）开始在每年的二月和八月月初的丁日举行祭祀孔子的释奠典礼。吉备真备由唐回国时，携回弘文馆的孔子画像，并令百济的画师加以临摹，安置于大学寮，并效唐制整顿礼节，释奠规模更大，仪礼也较为正规。后来，日本还仿效唐朝的做法，“敕号”孔子为“文宣王”。

日本江户时代《汤岛圣堂图》。汤岛圣堂是日本的孔庙，最高处建筑为大成殿，里面供奉着孔子像。日本江户东京博物馆藏

南宋以后，禅林中研习宋学之风颇为盛行，很多禅僧大多兼习禅儒。宋元明时代，两国禅僧往来频繁，历代来华的日本僧侣在游历圣迹、学法参禅的同时，也沐中国禅林中的宋学之风，在学禅之余，也兼学宋学，学习、了解和接受了程朱的“义理之学”。东渡日本的中国僧侣中也有不少人深受宋学的浸染，掌握宋学要旨，他们在传禅之余也讲儒学。他们为宋学在日本的传播做出了贡献。或者说，正是由于两国禅僧的往来交流，使宋学附着于禅宗的东传而传到日本。

由于中日两国禅僧还有其他中国东渡日本学者的共同努力，使宋学很快在日本传播开，为日本思想界带来了新的因素和新的刺激，构成日本思想文化的新内容。在此之前，传入日本的儒学是汉唐时期注释的儒学经典，以明经训诂为主，早已呈衰颓之势。宋学的新风吹入，则使以道学为主的新儒学兴起并取旧儒学的地位而代之，成为日本思想文化史上一个具有重要意义的转折点。

西方传教士对儒学的认识

近代来华的欧洲传教士，对孔子的儒家思想也多有研究和介绍。

第一位来华的意大利传教士利玛窦在中国生活多年，熟练地掌握了中国语言，对中国文化有着广博的知识，对中国古典学术思想、特别是儒家学说有着深入的研究。可以说，利玛窦是第一位认真而深入研究中国古典学术思想并且有较深刻见解的西方学者。美国学者孟德卫说：对于耶稣会士来说，“中国最杰出的人物是孔子。利玛窦最早认识到了孔子的重要地位，他将孔子看做中国和基督教相结合的关键”。[①]

利玛窦多次提到孔子在中国的崇高地位。他说，在这个国家有一条从古传下来并为习俗所肯定的法律，规定凡希望成为或被认为是学者的

---

① [美]孟德卫著，陈怡译：《奇异的国度：耶稣会适应政策及汉学的起源》，大象出版社2010年版，第6页。

人，都必须从孔子的几部书中导引出自己的基本学说。他必须背熟整部《四书》，以便成为这方面的公认权威。利玛窦还注意到，不仅是知识阶层，就是统治者也给予孔子以对一个人的最高敬意，他们感激地承认他们都受益于孔子遗留下来的学说。法律规定在每座城市并且是该城中被认为是文化中心的地点都建造一座中国哲学家之王的庙宇（孔庙）。中国官员和文人到孔庙祭拜，只是表达他们对孔子的崇敬和对他的学说的感激之情。

明游文辉《利玛窦像》，油画。罗马耶稣总会藏

利玛窦指出，中国的儒家学说，亦即“中国所熟悉的唯一较高深的哲理科学就是道德哲学”。“儒家这一教派的最终目的和总的意图是国内的太平和秩序。他们也期待家庭的经济安全和个人的道德修养。他们所阐述的箴言确实都是指导人们达到这些目的的，完全符合良心的光明和基督教的真理。”儒学是一种主张理性的学说，“他们还教导说理性之光来自上天，人的一切活动都须听从理性的命令”。[①]

利玛窦在评论中国儒家思想的时候，还注意到它的社会功能和政治功能，认为“中国人以儒教治国”，儒家学说在维持社会稳定和和谐方面起了很大作用。

在中西文化交流史上，利玛窦首先向欧洲较为详细地介绍了中国的

① [意]利玛窦、金尼阁著，何高济等译，何兆武校：《利玛窦中国札记》，中华书局1983年版，第31、104、99页。

儒家思想学说。从利玛窦开始，传教士们大都把中国的儒家典籍和学术思想作为向欧洲介绍中华文化的一个主要方面的内容，大量儒学经典的课本应运而生。

在来华传教士中，最早将儒家经典译为拉丁文的，就是罗明坚。最初，耶稣会传教士之所以开始翻译“四书”，是为了教授新的来华传教士学习中文。这些课本教材是一字一句地翻译的，其中有中文原文、拉丁文对照，还有中文拼音来告诉西方人怎么发音。1588年，罗明坚奉命自澳门回欧洲到罗马向教宗汇报期间，又将中国“四书”中的《大学》一书的部分内容翻译为拉丁文，由另一名耶稣会士波西维诺（Antonio Possevino）编入百科全书的《历史、科学、救世研究丛书选编》。罗明坚译文稿本今存罗马意大利国家图书馆。

1594年，利玛窦经过数年的工作，曾将“四书”译成拉丁文，并略加注释，随后将稿本抄本寄回意大利，可惜此稿未及印行。他的这个译本，成为初来华传教士必须研习的读本，也成为后来传教士翻译的蓝本。1626年，金尼阁（Nicolas Trigault）将“五经”译成拉丁文，在杭州刊印，书名为《中国第一部神圣之书》，是中国经籍最早刊印的西文本。

《利玛窦中国札记》法文第一版书影

《利玛窦中国札记》意大利文版书影

意大利耶稣会士殷铎泽（Prospero Intorcetta，1625—1696）和葡萄牙耶稣会士郭纳爵（Ignatius da Costa，1599—1666）于1662年在江西建昌府刊刻《中国的智慧》一书，内有一篇简短的孔子传记、《大学》的全部译文和《论语》的前部分译文。1667年，殷铎泽在广州刻印《中庸》译本，书名为《中国政治道德学说》，两年后又在印度果阿翻印此书。殷铎泽离华返欧时，曾将许多中国文献的完整译文带回欧洲。殷铎泽回到欧洲后，不辞辛苦地寻求出版社，以便将中国儒家文献向欧洲介绍，直到1672年，在几经周折之后，以法文在巴黎出版了《中国政治道德学说》。

“四书”的全译本出自比利时耶稣会士卫方济（Franciscus Noël，1651—1729）之手。卫方济以拉丁文译《大学》《中庸》《论语》《孟子》以及《孝经》和《幼学》，其特点是逐字翻译，即书名亦不例外，如《大学》译为《成年人之学问》，《中庸》译为《不变之中道》，注释也较为详细。卫方济的译文于1711年以《中国六经》为题由布拉格大学图书馆印行。到1783—1786年，卫方济的这部书又被译为法文，法译本之首有文论中国政治哲学及伦理哲学的起源、性质和意义。

至卫方济的《中国六经》止，亦即到18世纪初，中国的“四书”已全部译成西文在欧洲刊行流传。

在后期来华传教士中，孙璋、蒋友仁、钱德明、韩国英等人也都对汉学有较高造诣，并从事中国古典经籍的翻译工作。孙璋（Alexander de la Charmé，1695—1767）对中国文献涉猎甚广，曾以拉丁文译《诗经》《礼记》。蒋友仁以拉丁文译《书经》和《孟子》，他的译文非常审慎准确，宋君荣初见其《书经》译文初稿时，即大为惊奇，便鼓励蒋友仁将《书经》全译。后来他的译稿寄给莫斯科维亚公爵拉苏莫斯基（Rasumoski）。法国传教士晁俊秀（Bourgeois）说：“其书虽未刊印，已为众所推许，其了解汉文之深，与译笔之忠实，远出以前各译本之上。”

钱德明精通满汉文，曾著有《华民远古考》，举《易经》《诗经》《书经》《春秋》及《史记》为证。1784年出版《孔子传》，其书除参考各种史籍外，并及论语、史记、家语诸书，自诩为“孔子传记家之传记家”。他还著有《孔门弟子传略》，是百余年来西方人研究中国经籍的必读之书。

在明清之际来华传教士中，韩国英是最后一位对中国经籍有深入研究的人。韩国英译有《大学》《中庸》。他还编著有《论中国人之孝道》。这部著作将中国古今关于孝道之说汇于一编，他解释了自己翻译这些文献的目的，因为中国孝道多记录在文献中，为了提供欧洲读者正确认识中国孝道之相关教义与实践的路径，他从文本译介入手。[①]

据统计，在19世纪之前，在华耶稣会士们的译著在欧洲出版的有19部，另有2部在亚洲出版；没有在译成之世出版的有13部，其中包括一些未完成稿。

由于耶稣会士们的翻译和介绍，“孔子哲学进入西方哲学之中，这是不容忽视的另一种结果。从此以后，他的名字跻入了与希腊著名哲学家并驾齐驱的行列”。[②]

杜赫德综合耶稣会士们对孔子和儒家思想的介绍和研究，对孔子思想作了概括性的介绍。杜赫德还将孔子与古希腊哲学家泰勒斯、毕达哥拉斯和苏格拉底相比较，称孔子的“声誉随时间之流逝而愈发显赫，达到了人类智慧所能企及之顶峰”。他认为孔子超越了这三位几乎与他同时代的古希腊智者，原因是孔子并不是像他们那样试图解释自然的奥秘，或穷究世界的起因，而只是致力于人类道德经验的宣传。

经过耶稣会士们的翻译和介绍以及根据他们译介的作品的改写本，孔子走进了欧洲的思想家们的视野，令许多人对这位中国的圣人怀

---

① 参见潘凤娟：《法籍耶稣会士韩国英与孝道文献的西传》，台北《故宫文物月刊》2011年11月号。

② 阎宗临：《传教士与法国早期汉学》，大象出版社2003年版，第47页。

着崇敬和仰慕之情。更为重要的是，孔子及其儒家思想成为启蒙运动的一种重要思想之源，成为启蒙思想家们用来批判基督教会的天启神学、批判欧洲的封建专制制度以及设计社会改革方案的理想模式的重要思想武器。

《中国哲学家孔子》的翻译与传播

在当时由传教士翻译的中国典籍中，柏应理的《中国哲学家孔子》是最重要的和影响最大的。

柏应理在中国生活了20多年，与江南文人交往甚密，对中国古典经籍多有领悟和研究。1682年柏应理回欧洲，向教皇献上400余卷由传教士们编纂的中国文献。柏应理在欧洲期间，为中华文化的西传做了大量的工作。

1687年，他在巴黎出版了《中国哲学家孔子》的拉丁文本，中文标题为《西文四书直解》。据丹麦学者龙伯格（Knod Lundbaek）考证，从此书序言原稿上的修改痕迹看，耶稣会在华教团早在此20年前就已经准备出版这部著作了。

前面提到，来华传教士对“四书”的翻译从罗明坚和利玛窦时代就开始了。清初杨光先上书指责历书推算错误清廷将汤若望、南怀仁等人打入死牢。为此，在各地的23位来华传教士被集中到广州。在此期间，召开了“广州会议”。这是来华的各个天主教修会讨论关于中国礼仪的会议。经过激烈的讨论，耶稣会士恩理格（Christian Herdtrich）、鲁日满（F. de Rougemont）、柏应理开始在原先“四书”简单直译的基础上，重新进行了校对和注释。尤其针对其中译名的敏感之处以及耶稣会士当时所受到的批评，引用中国古籍在译文中提出反驳。这项工作大概在1670—1672年完成。作为书中一部分的《中庸》，即殷铎泽的《中国政治道德学说》是在此之前完成的。殷铎泽在回欧洲时，将译稿带回欧洲。在柏应理回欧洲时，在罗马学院找到了《中国哲学家孔子》

的部分译稿。柏应理又在书稿中加上自己写的序言和他早先写好的《中国年表》，最后在巴黎出版。书的全名是《中国哲学家孔子，或者中国知识，用拉丁文表述，通过殷铎泽、恩理格、鲁日满和柏应理的努力》。

《中国哲学家孔子》一书首版共522页，分为4部分，即：

（1）柏应理给法国国王路易十四的献辞，表达了他对法王支持在华传教事业的敬意。

（2）导言。分别由殷铎泽和柏应理撰写。殷铎泽撰写的导言主要介绍了中国的儒家、道教、佛教以及宋明理学所重视的《易经》，对他们将翻译的“四书”从思想文化上做了总体性的介绍和铺垫，帮助欧洲学者来理解这部书。柏应理的导言开宗明义便说明耶稣会士所以编著此书，并不是为了满足欧洲人对中国的兴趣，而是希望此书能为到中国去传教的教士们提供一种可用的工具。指明哪些是中国的经典著作，这些著作有哪些重要的注疏书籍。认为“四书”“五经”是

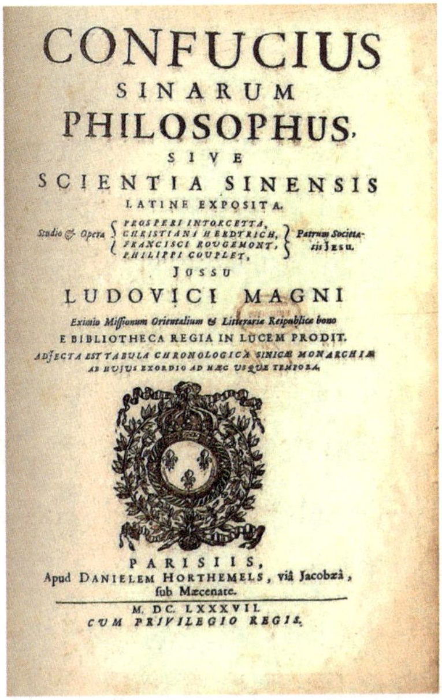
CONFUCIUS
SINARUM
PHILOSOPHUS,
SIVE
SCIENTIA SINENSIS
LATINE EXPOSITA.
Studio & Opera { PROSPERI INTORCETTA, CHRISTIANI HERDTRICH, FRANCISCI ROUGEMONT, PHILIPPI COUPLET, } Patrum Societatis Jesu.
JUSSU
LUDOVICI MAGNI
Eximio Missionum Orientalium & Litterariæ Reipublicæ bono
E BIBLIOTHECA REGIA IN LUCEM PRODIT.
ADJECTA EST TABULA CHRONOLOGICA SINICÆ MONARCHIÆ
AB HUJUS EXORDIO AD HÆC USQUE TEMPORA.
PARISIIS,
Apud DANIELEM HORTHEMELS, viâ Jacobæâ, sub Mæcenate.
M. DC. LXXXVII.
CUM PRIVILEGIO REGIS.

《中国哲学家孔子》1687年巴黎法文版书影

在《中国哲学家孔子》中，孔子被描绘成为一个贤明学者的形象。这一形象在当时的欧洲广为流传，代表了17—18世纪欧洲对中国的积极印象

中国最古老的经典著作，其中“经”的地位要高于“书”。此外导言还介绍了宋代朱熹的理学和易学以及朱注的《五经大全》《四书大全》和《性理大全》等书目以及“太极”“理”等新儒学的范畴。

（3）殷铎泽所撰写的孔子传记，材料取自中国文献。开卷是孔子的全身像，图中孔子身穿儒服，头戴儒冠，手持象笏的板子，站在一座庙宇式的书馆之前。书馆上端写有“国学”二字，附拉丁注音和解释，书馆柱子上写有“天下先师”字样。孔子身后的两旁是装满经书的大书架，书架上的书籍均标出书名，附以拉丁文注音。书架的下面还有孔子弟子们的牌位，上写颜回、子思、子路等，共18名。这是最早传到欧洲的孔子画像。

（4）《大学》《中庸》《论语》的译文，并皆附译注疏，总题目为《中国之智慧》。

《中国哲学家孔子》是第一部比较完整的向西方介绍中国传统思想文化的书籍，是欧洲17世纪对孔子形象及其著述介绍得最为完备的书籍，给予欧洲人以较大影响，对中国文化的西传具有启蒙意义和先驱作用。它第一次把中国、孔子、政治道德三个不同的名词联在一起，孔子在欧洲因此被称为道德与政治哲学上最伟大的学者与预言家。自由派人士欢呼这位被拉丁化了的孔子是人类最伟大的英雄人物之一，是中国的苏格拉底。由此孔子的伦理观风靡欧洲社会。

《中国哲学家孔子》一经出版，立即在欧洲思想界引起轰动和反响，各种译本纷纷问世，各家杂志纷纷撰写文章加以介绍。《中国哲学家孔子》由于原文是拉丁文，不能满足公众的需求，于是在第二年就有一些改写本、节译本问世。

柏应理传播的儒学对启蒙时代发生了直接影响。法国思想家培尔最早是通过阅读柏应理的著作而洞悉中国的宗教特别是佛教，进而获知中国存在有唯物主义思想与无神论。法国思想家弗雷烈在阅读柏应理的著作时，也同培尔一样得出了古代中国人存在无神论的看法。法国启蒙思想家也大都读过《中国哲学家孔子》，如伏尔泰在《风俗论》中介绍孔子学说时，就利用了柏应理的这本书。孟德斯鸠怀着巨大的兴趣，认真阅读了这部用艰涩的拉丁文撰写的书，并作了详细的笔记。在笔记中，他写下了一些自己的观点，并将书中的许多段落译成法文。

法国汉学家龙伯格在谈到这本书在欧洲的影响时说："孔子的形象第一次被传到欧洲。此书把孔子描述成了一位全面的伦理学家，认为他的伦理和自然神学统治者中华帝国，从而支持了耶稣会士们在近期内归化中国人的希望。"① 美国汉学家孟德卫（Mumgello）也指出："《中国哲学家孔子》代表了17世纪对耶稣会士研究中国的学术成就公开传播的一个高潮。"② 他还说："耶稣会成功地把儒家以一种哲学姿态呈现在欧洲人面前，充分满足了17、18世纪欧洲人的文化需求。……随后，在18世纪的法国，没有神圣启示的儒学，作为一种令人赞赏的哲学被反基督教的启蒙思想家接受。信奉自然神论和开明专制的中国君主成了启蒙思想家向欧洲宣传的极好典范。"③

启蒙运动的中国因素

启蒙思想家从中华文化看到理性之光

发生在18世纪以法国为中心并波及几乎整个西欧的启蒙运动，是一场波澜壮阔的思想解放运动。启蒙运动的主题是以理性主义为旗帜，对基督教神学世界观以及整个封建专制主义意识形态进行无情的、摧毁性

① [法]龙伯格：《理学在欧洲的传播过程》，《中国史动态》1988年第7期。

② [美]孟德卫著，陈怡译：《奇异的国度：耶稣会适应政策及汉学的起源》，大象出版社2010年版，第328页。

③ [美]孟德卫著，江文君等译：《1500—1800：中西方的伟大相遇》，新星出版社2007年版，第118页。

的批判，为行将到来的法国大革命做出思想上和理论上的准备。启蒙运动几乎延续了一个世纪，涌现出一大批启蒙思想家，创造了法国历史上一个光辉灿烂的时代，即“启蒙时代”。

启蒙运动是一个思想科学文化领域普遍变革的时代，是欧洲社会从以基督教神学为核心的传统文化向以理性和科学精神为主流的现代文化转型的时代。启蒙运动以及它引起的社会文化的转型和变革，首先起源于欧洲社会内部生产力的发展和经济结构、社会结构的变化，起源于近代自然科学的发展，同时也是文艺复兴运动优秀文化遗产在新时代的发扬和继续。所以，这场文化的转型和变革的原因，主要在于欧洲社会内部的经济、社会、政治、文化自身矛盾运动的发展，是欧洲文化传承的历史在新时代的继续（尽管是以否定和创新的形式的继续）。但是，另一方面，欧洲文化传统以外的文化的传入，也给启蒙运动以很大的刺激和激励，给启蒙运动提供了新鲜的思想材料和文化支援。

在17、18世纪传入欧洲的外来文化，主要是东方文化，包括阿拉伯文化和中华文化。中华文化包括儒家思想学说也愈来愈受到重视，为启蒙思想家们批判基督教神学、创造新的文化理想提供了思想上的装备。当时传入欧洲的儒家典籍主要是传教士们译述的，他们还撰写了大量书信、报告和著作，对中国社会和文化、历史作了深入和全面的介绍。正是耶稣会士们介绍到欧洲的大量的中华文化材料，被启蒙思想家们用来批判和否定教会和神学的权威。

中华文化在欧洲的传播，增强了启蒙思想家们的文化普遍性和相对性的观念。中华文化在欧洲的广泛传播，使启蒙思想家认识到欧洲的基督教文化并非是世界上唯一的、最早的文化，各民族文化在全世界范围的普遍存在，都有其独特性和价值，基督教会并不能垄断全部的“德行”和“真理”。启蒙思想家们都承认一个不同于基督教文化的中国文化的存在，并把它作为多元文化观的一个主要的例证。例如贝尔曾以中国文化为例来说明由无神论者组成的社会也可能是道德的；孟德斯鸠虽然对中国的专制制度持批评态度，但仍把中国文化作为许多民族文化之一进行客观的考察；伏尔泰更是把中国文化看作是最合乎理性和人道的文化。在这个文化转型时期，远方传来的中国文化的信息，使启蒙思想家们增强了反对教会权威、摆脱神学的思想束缚的信心和依据。

理性主义是启蒙思想家们的一面旗帜。区分“理性”与“信仰”，并且用理性主义批判蒙昧主义和信仰主义，是18世纪启蒙思想家的主要特征。不仅如此，“理性”还成了他们的基本思想原则，成了他们检验和衡量一切的真理标准和价值尺度。当18世纪想用一个词来表述精神力量的特征时，就称之为“理性”。启蒙运动崇尚理性的精神，据许多研究者认为，至少部分地源于中国。例如历史学家方豪就曾认为：“此运动之来源，中国实多于希腊。”[①]中国儒家思想学说被启蒙思想家作了诸种理性主义的理解和解释，并从中选择了某些成分，充作理性主义的思想材料。在启蒙思想家大力张扬的理性主义旗帜上，带有明显的中国儒家文化的印记。

以儒家思想为核心的中国传统精神文化，是一种非宗教性的以人为本位的伦理型文化。中国传统社会是以家族为本位的宗法社会，血缘人伦关系是宗法社会中最基本的人际关系。在宗法社会里，道德的威力始终被看得比法律更有效，这种情况决定了中国传统文化是一种以家族伦理为中心价值取向的伦理型文化。儒家学派对中国宗法制度下的人际关系进行了理论上的概括与总结，形成了一套完整的伦理道德观念和理论体系，构成中华文化意识形态系统的核心。历代诸儒为论证和完善这套伦理道德体系做了大量的工作，不仅使宗法制度的“礼治秩序”合法化和伦理化，而且通过它的教化功能，使人们把对“礼治秩序”的外在遵从内化为自觉的道德意识和行为准则。正是由于历代诸儒的大量的理论性工作，使中国传统伦理学成为世界诸文化体系中最完备的伦理

---

① 方豪：《中西交通史》下卷，上海人民出版社2008年版，第733页。

学之一。

对于中华文化来说，最有价值的东西是来自能被感知的世界，它所强调的完全是现实生活中人们处世的关系。而当中华文化传人以基督教神学为统治意识形态的、神本主义的欧洲时，欧洲人在宗教神学的权威之外看到了另外一种权威的存在，即伦理道德的权威。他们发现，中华文化中的伦理道德权威，不是来自“上帝”的启示，而是来自一个人自身的“良知”与“良能”的启示。正是这样的发现，使启蒙思想家们从传入欧洲的中国文化中，似乎看到了批判基督教神学的理性之光，找到了摧毁基督教神学权威的思想武器。

启蒙思想家们把目光从基督教神学的天国转向人间，转向现实的社会生活领域，努力建立一个新的“理性”的世界，打开大门迎接“理性”的世界秩序。因而，道德问题成为他关注的主要问题之一。德国学者利奇温（Adolf Reichwein）在分析中国儒家思想在启蒙运动中的影响时指出：启蒙思想家们“这种文化的理想，只以‘品德’为伦理的基础，几乎完全抛弃宗教的仪式。这时初次传来孔子著作和中国经书的译本；人们很诧异地发现，名字已经传诵于当时贾人海客之口的两千年前的孔子，具有同样方式的同样思想，进行同样的奋斗。……因此，孔子成了18世纪启蒙时代的保护神；……他们只知孔子教化的中国。……18世纪的整个前半叶，孔子又成为欧洲的兴趣中心”。[①] 美国学者赖克韦恩也曾指出：对启蒙思想家而言，“孔夫子是18世纪启蒙运动的守护神，他的教导是整个启蒙运动朴实无华的福音，把东方时尚带到西方”。[②]

在中西文化交流史上，启蒙时代是一个重要的历史时期。历史提供

① [德]利奇温著，朱杰勤译：《18世纪中国与欧洲文化的接触》，商务印书馆1962年版，第68页。

② [美]Th·H·康、衣俊卿：《西方儒学研究文献的回顾与展望》，《国外社会科学》1990年第10期。

了一个难得的机遇，使中华文化走进西方文化转型的关键时刻，从而为启蒙思想家们的理智活动，为西方新文化的创造和发展，发挥了重要的影响和功能作用。由于启蒙运动在世界文化史上的重要作用和地位，因此也可以说，中华民族的文化创造也通过启蒙运动而在这一时刻间接地参与了世界文化历史的进程。

伏尔泰：在中国发现了新世界

在18世纪，法国是欧洲启蒙运动的中心。在法国启蒙思想家的阵营中，伏尔泰始终是一位居于核心位置的最有影响的领袖人物。伏尔泰的一生，几乎经历了法国启蒙运动历史发展的全过程。

伏尔泰和他那个时代的许多知识分子一样，具有较多的关于中国的知识，并且对于远方的中国抱有很大的热情。伏尔泰早年曾在耶稣会办的学校中受教育，耶稣会士们所介绍的中国给他以深刻的印象。以后，伏尔泰也一直关注来自中国的文化信息，研读有关中国的著作，与许多耶稣会士保持着接触和联系。他曾阅读过金尼阁、基歇尔和李明的著作，特别是阅读过杜赫德的4卷本《中华帝国全志》。《耶稣会士书简集》也是伏尔泰很熟悉的著作。此外，他还读过《中国哲学家孔子》中翻译的中国儒家典籍。在他的私人藏书中，几乎包括了他那个时代出版的所有关于中国儒学的书籍。

伏尔泰

伏尔泰终其一生，始终保持着对中国文化的热情。在伏尔泰的一生中，有近80部作品、200余封书信中论及中国。伏尔泰在中国发现了一个“新世界”，这个“新世界”具有的新的精神和新的文明，成为他致力于改造法国社会的政治理想，成为他一个极力赞赏和追捧的文化榜样。

伏尔泰对中国悠久的历史给予充满激情的赞誉。在他看来，中国人是开化最早的民族。古老而优秀的中国文明正是对欧洲基督教世界的妄自尊大最有力的对比。在伏尔泰的著作中，曾多次提到中国的历史悠久，并表示出由衷的赞叹。他称赞中国古代文化取得的优秀成果，说中国是世界上最优美、最古老、最广大、人口最多和治理最好的国家。

在伏尔泰对中国的“发现”中，他最为注重的是儒家礼治秩序，是中国人的道德和法律。伏尔泰和启蒙思想家们认为他们从中发现了一个完全新的道德世界。伏尔泰曾认真研读过各种儒家经典和孔子思想论著的译本，对孔子称赞备至。他说：“我钻研过他的著作；我还作了摘要；我在书中只发现他最纯朴的道德思想，丝毫不染江湖色彩。”[①] 他还在一封信中称：“孔子为天地之灵气所钟，他分别真理与迷信，再站在真理一边；他不媚帝王，不好淫色，实为天下唯一的师表。”

伏尔泰把中国皇帝与孔子相提并论，一个是只关心人民幸福的国王，一个是布道者。“我钦佩他们两人，我简直对他们着迷了。”他还说，孔子“根本不做先知；他从不说他有什么灵感；他也绝不宣扬一种新宗教；他更不借助于什么威望，他根本不奉承他那时代的当朝皇帝，甚至都不谈论他。总之，他是举世唯一的一位不让妇女追随他的教师”。

伏尔泰认为，孔子的哲学乃是一整套完整的伦理学说，教人以德，使普遍的理性抑制人们利己的欲望，从而建立起和平与幸福的社会。伏尔泰从中国的历史发展中看到孔子儒家伦理精神的力量。孔子一整套的

① [法]伏尔泰著，王燕生译：《哲学辞典》上册，商务印书馆1991年版，第322页。

伦理道德规范指导着中国人修身治国，使中国两千余年来得以国泰民安。伏尔泰极为推崇孔子，并且从孔子的思想中吸取了许多思想的养料。作家雷蒙·纳弗（Raymond Naves）在《伏尔泰其人其文》中把孔子列在伏尔泰的“精神教父”之中，与贺拉斯、拉辛、蒙田、贝尔、洛克、牛顿等人并列，称孔子“以特有的魅力引起了伏尔泰的关注”。纳弗还说，孔子和“人类道德的伟大导师们”，“以他们的仁慈，他们的善良和正义感，激励了”伏尔泰，使他“心甘情愿地从他们那儿接收了启蒙宣传的主要内容”。①

伏尔泰非常推崇中国的道德和法律制度。在他看来，中国在伦理道德和治国理政方面，堪称首屈一指。伏尔泰说中国人具有完备的道德哲学，它居于各科学问的首位。中国人的道德源于中国文化的理性原则。他赞赏中国人的道德与人心、人生相结合的主张，认为中国儒学的“性善”说与基督教的“性恶”说有本质的区别。人类的“性善”，才使他们在“爱神”之外，能够“以深厚的感情，去爱其祖国及其父母妻子”。他说，西方民族的任何格言和教理都无法与此“纯粹道德”相比拟，孔子常说仁义，若使人们实行此种道德，世上就不会有人们互相攻伐了。伏尔泰还称赞孔子的“己所不欲，勿施于人”的说教，认为这就像爱比克泰德的道德观一样纯正、严肃和人道。他还认为，所有中国文化的优越和美好，都可以活生生地实体化，这就是孔子的思想和言行，孔子是中国文化的理性原则衍化为“纯粹道德”的最好体现者。“世界上曾有过的最幸福、最可敬的时代，就是奉行孔子的律法的时代。”②他还援引传教士李明的话说：“中国遵循最纯洁的道德教训时，欧洲正陷于谬误和腐化堕落之中。”③

---

① 引自孟华：《伏尔泰与孔子》，新华出版社1993年版，第131页。

② [法]伏尔泰著，邱公南译：《风俗论》上册，商务印书馆1997年版，第219页。

③ [法]伏尔泰著，吴模信等译，吴模信校：《路易十四时代》，商务印务馆1982年版，第595页。

伏尔泰指出：“中国人最深刻了解、最精心培育、最致力完善的东西是道德法律。儿女孝敬父亲是国家的基础。”“一省一县的文官被称为父母官，而帝王则是一国的君父。这种思想在人们心中根深蒂固，把这个幅员广大的国家组成一个大家庭。”中国人很讲究礼节，“然而这些礼节可以在整个民族树立克制和正直的品行，使民风既庄重又文雅”。[①]

伏尔泰认为，中国道德与政治、法律的结合，即为中国式的德治主义，成了公正与仁爱的典范。他主张法国和欧洲应该引进中国的优良法律和道德。

伏尔泰推崇中国文化，有着直接的现实意义。他以中国为榜样，针砭时弊，是想为法国的社会改造提供一条可行的道路。

伏尔泰还对中国文化的许多方面进行了广泛的评论。他认为人类文明、科学和技术的发展史都是从中国开始的，而且长期遥遥领先。伏尔泰在他的著作中，多次论及中国古代文化，系统地阐述了中国的历史、法律、宗教、道德、科学、哲学和风俗等问题。在谈到中国古代的科技文明时，对于中国的造纸术、印刷术和火药等发明，对陶瓷、玻璃、养蚕丝绸等等物产，都指出其有很悠久的历史了，并且给予了很高的评价。他还说到中国的天文学与算学，他甚至提到中国的古代算书《周髀算经》，肯定中国的这部书早在毕达哥拉斯之前就提出了勾股定理。他认为中国古代科技文明向世界证明，中国人不是像欧洲人那样装饰着艺术的殿堂，他们是在建筑着这一辉煌的艺术殿堂。他们“几乎拥有我们所有的一切，以及我们所缺少的一切”。[②] 在他看来，中国是“一切可能世界中最美好的世界”。

所以，伏尔泰主张大力加强中国与欧洲的文化交流，两大文明互相

① [法]伏尔泰著，邱公南译：《风俗论》上册，商务印书馆1997年版，第216、217页。

② [法]伏尔泰著，邱公南译：《风俗论》下册，商务印书馆1997年版，第15页。

学习，取长补短。他主张欧洲向中国学习："我们不需要深入研究，也不需要花太大力气承认，中国人以及印度人对所有实用技术的掌握，早就走在欧洲的前面。"因此，"我们应当尊敬我们的老师"。[①]

儒家思想对魁奈和重农学派的影响

在18世纪50年代法国启蒙运动的高潮中，涌现出一个重要的经济学派别，即重农学派。这个学派的成员企图以经济改革的理论和实践，来挽救当时危机深重的法国社会，谋求向资本主义社会的过渡和发展。重农学派和启蒙运动有着密切的联系，或者可以说是启蒙运动的思想形式和思想内容在政治经济方面的表现。

魁奈（Francois Quesnay，1694—1774）因创立重农学派而在西方经济学说史上占有重要地位。有许多研究者指出，魁奈提出的重农主义思想受到中国学术思想的深刻影响，至少可以认为，中国学术思想是魁奈重农主义的思想渊源之一。

魁奈在为狄德罗（Denis Diderot，1713—1784）主编的《百科全书》撰写的《人口论》一文中，提到中国"地大物博"，"中国人是管理得很好的，没有战争，也不侵犯别的国家"，土地"耕种得很好"等，并依据唯一的中国实例来论证他的人口理论。在1765年写的《自然法则》一文中，提出按照自然秩序的法则建立公私教育制度的设想。他说："这种制度是政府的基础，但对这种制度的必要，在所有的国家中，除中国以外，都被忽视了。"他在这篇文章中一再申述这种根据自然法则的教育的重要性，并以中国为例，对中国的学校备极赞扬。

魁奈和整个重农学派都把中国作为他们心目中的理想王国。实际上，"在18世纪，遥远的中华帝国成为许多法国改革家心目中的典范，

---

① 许明龙主编：《中西文化交流先驱——从利玛窦到郎世宁》，东方出版社1993年版，第234—235页。

使他们更愿意去赞扬中国的经济制度和政治制度”。[①] 魁奈推崇古代中国的统治方式，同时也把孔子作为他心目中的偶像，景仰备至，钦慕不已。他称赞道：“中国人把孔子看作是所有学者中最伟大的人物，是他们国家从其光辉的古代所留传下来的各种法律、道德和宗教的最伟大的革新者。”

魁奈对孔子的学说和中国的文化制度极为推崇，而魁奈本人则被他的弟子们视为孔子事业的直接承继人，称他为“欧洲的孔子”。重农学派的成员博多（Abbé Baudau）在谈到魁奈的《经济表》时指出：这位“欧洲的孔子”已经发现了法国的基本秩序。

米拉波在魁奈葬礼演说中，以信奉孔子学说作为魁奈的盖棺之论，反映了魁奈理论与中国古代学术思想之间的密切关系，而这一点正是魁奈以及整个重农学派的重要理论特征。在魁奈的影响下，重农学派的其他成员也都推崇孔子和中国文化。在宣扬重农学派思想观念的刊物《农业、商业、财政杂志》和《公民日志》的文章中，大量引用的不是欧洲的文献而是中国的典籍。有一位法国学者分析说，重农学派毫无意义受到中国文化的影响，并且把孔子视为学者的理想化身。

中国文化对重农学派的影响，可以看作是“中西文化交流史上最重要的一章”。最能体现魁奈对中国文化浓厚兴趣的是他晚年出版的关于中国的专论《中华帝国的专制制度》一书。这部著作被称为当时欧洲“崇尚中国运动的顶峰之作”，“是这场运动达于高潮的标志”。[②] 魁奈在这部著作中详细考察了中国的经济、政治和法律制度，并对这种制度给予了高度的赞扬。他以西方法律传统中的自然法思想为出发点，认为中国的专制是合于法律的，中国的法律是自古便逐步完善的，它以法

---

① [美]马弗里克：《〈中华帝国的专制制度〉英译本绪论》，[法]弗朗斯瓦·魁奈著，谈敏译：《中华帝国的专制制度》，商务印书馆1992年版，第11页。

② [美]马弗里克：《〈中华帝国的专制制度〉英译本绪论》，[法]弗朗斯瓦·魁奈著，谈敏译：《中华帝国的专制制度》，商务印书馆1992年版，第2、4页。

律、道德、宗教、政权相结合为特点。中国的皇帝是按照自然秩序治国的典范，只有在中国才把自然规律作为立法的基础和人们行为的最高准则，因而中国“由于遵守自然规律而得以年代绵长”，是“一个稳定而持久不变的政府的范例”。

魁奈的政治理想，是主张建立一种“开明君主制”，要求君主受“自然规律”的约束，遵循“自然秩序”，以保证君主利益和人民利益一致。他提供给法国社会的改良药方，就是依靠“开明君主”，实行自上而下的经济改革，把封建君主专制政体同资本主义生产方式的经济秩序结合为一体。魁奈的这种政治理想和政治主张，是建立在“自然秩序论”基础上的。在魁奈看来，中国“完全可以作为一切国家的范例”，因为“广大的中华帝国的政治制度和道德制度是建立在对于自然法则的认识的基础上，而这种制度也就是认识自然法则的结果”。[①] 中国的法律制度是建立在自然法基础上的，而自然法的存在使君主不敢违法作恶，能够保证他合法地行使职权，保证最高权力人物积德行善。如果君主迈错了步，偏离了正确的道路，忠实的大臣们会立即向他指出来，结果是他得以纠正自己的行为。这就是魁奈理解的中国的“开明的”专制统治。他指出，“用专制一词来称呼中国政府，是因为中国的君主独掌国家大权”。但是，“中国的制度系建立于明智和确定不移的法律之上，皇帝执行这些法律，而他自己也审慎地遵守这些法律”。[②]这样的统治形式，在魁奈看来，对于统治者来说是一个福音，对于臣民来说也是一个受到崇拜的力量。他指出，由于中国实行的是这样的开明专制制度，所以，“在那个帝国的统治中，一切都像它赖以建立的普遍和基本

① [法]弗朗斯瓦·魁奈著，谈敏译：《中华帝国的专制制度》，商务印书馆1992年版，第112、111页。

② [法]弗朗斯瓦·魁奈著，谈敏译：《中华帝国的专制制度》，商务印书馆1992年版，第24、72页。

的法则之不可改变一样，是永远稳定和永远开明的”。①

魁奈还认为，君主或政治家的最高职责，不仅在于研究及遵守自然法，而且还要用这种自然法则教育人民，政府应该首先设立学校来传授有关自然法则的知识。那么，在中国，对自然法的研究“已达到尽善尽美的最高程度”。同时，中国也特别重视依据自然法则的教育。魁奈对中国的教育制度备极赞扬，称述中国的官吏，甚至远在穷乡僻壤，都是每月两次，召集所属人民讲学。中国的学校教育，不仅是教学生读书写字，而且同时给予学生获致知识的教育。他认为，如果没有自然法则的知识，便不明辨是非。而良好的教育使中国成为一个完全符合于自然法则的模范国家。然而，除中国外，所有的国家都没有重视教育作为统治基础的必要性。

不仅如此，魁奈还详细研究了中国政治法律制度和行政管理的一些具体方面的问题，如中国的科举制度、谏议制度、文官（学者）内阁、司法程序以及法律法规（实在法）等等，并且主张在这些方面也效法中国的榜样。他试图通过总结中国的经验，来着手解决法国社会各种迫在眉睫的问题。因为在他的心目中，中国的“开明的”君主专制制度，正是欧洲应该致力达到的理想目标。对于魁奈和重农学派来说，似乎只有从中国古代哲学家那里，才能学到一切社会生活的基本原理。

中华思想：启蒙哲学的参照系

在欧洲启蒙运动时期，中国传统文化，特别是中国儒家思想学说，已经在相当大的范围内进入了启蒙思想家们的思考和知识视野，成为他们时常援引的例证和思想材料，并以哲人的睿智对中国文化做出种种评说。

---

① [法]弗朗斯瓦·魁奈著，谈敏译：《中华帝国的专制制度》，商务印书馆1992年版，第24、72页。

启蒙思想家们首先是一批社会批判家和改革者。他们把斗争的矛头指向基督教神学世界观，批判基督教神学的权威，也就是从思想观念上、从意识形态上否定封建专制制度存在的合理性和合法性。这些启蒙思想家在批判旧制度的同时，也都在探索建立新制度的模式和途径，提出了种种社会改造的方案，憧憬“建立理性和永恒正义的王国”。

在启蒙思想家们批判旧制度、憧憬新王国的理智活动中，遥远的中国成为他们一个理想的典范。李约瑟说：“在18世纪时，欧洲人对于中国文明虽然了解得很不全面，但却常常把它当作典范。”[①] 在传教士、商人和旅行家们大量的报道中，中国常常被描绘成这样一个国家，在这个国家中，一片繁荣富庶，安定和平，人民安居乐业，讲究道德，彬彬有礼，充满智慧、文明和和谐的气氛。他们特别赞美中国的制度，认为它是稳定与经久不衰的保证。“耶稣会教士眼中的中国，是一个学问的共和国，在那里，教育是秩序与安定的基础，也是维持它们的手段。这个国家由于年代久远而不知其源，人民由于政府而受惠，国家的基础是民族精神而不是宗教，维持国家的是一个学者帝国以及一个开明的、总是很有节制的、‘真正的’贵族阶层。”[②]

美国学者卜德在列举中国文化对欧洲启蒙运动中新思想的种种刺激因素时说：“特别是中国被羡慕地看作这样一个国家，它的政府不像欧洲那样掌握在封建贵族手中，而是由一些有高度教养的官员来管理，这些人能取得他们的官位，仅仅在通过了一系列国家举行的考试，以证明了他们的价值之后。”[③] 在传教士们的著作中，中国的最高统治者皇帝

① [英]李约瑟：《中国科学技术史》第1卷《导论》，科学出版社、上海古籍出版社1990年版，第2页。

② [法]伊莎白尔·拉瑟拉：《欧洲人眼中的儒学教育》，[加]许美德、[法]巴斯蒂等著，朱维铮等译：《中外比较教育史》，上海人民出版社1990年版，第43页。

③ [美]德克·卡德：《西方的中国观念》，转引自忻剑飞：《世界的中国观》，学林出版社1991年版，第137页。

也受到高度的赞扬，特别是康熙皇帝被描绘成一位睿智、大度和开明的伟大君主。

总而言之，在当时关于中国的报道中，中国几乎成为一个“天堂般的地方”，与破败凋零、危机四伏的欧洲形成了鲜明的对照。安田朴指出：“中国思想的发现为欧洲、尤其是为法国的任何梦寐以求地想使其国摆脱暴政和修道院生活的人都提供了一些论据。因为，中国确实存在着一种丰富多彩的、最为兴旺发达和最为精美雅致的文明。”[①]

于是，中国成了启蒙思想家们心目中的“理想王国”。对当时的欧洲人来说，中国就是一个他们所向往的理想之乡、“乌托邦”。英国学者雷蒙·道森（Raymond Dawson）指出：“对18世纪的许多欧洲人来说，中国是他们梦想中的国度……中国不是一种现实，而是一种模式，或者说是一种乌托邦。在受压迫和贫穷的欧洲人的想象中，她是一个神的国度，而不是历史不长的美洲。”[②]

法国学者让–马克·莫哈（Jean–Marc Moura）指出了跨文化交流中经常出现的一种现象，即在一国人民基于对现实生活的不满，向往一个根本不同的“他者”社会，在这一基础上形成了对于异国的表述，这就是一种“乌托邦”。在18世纪，对于欧洲人来说，特别是对于法国人来说，中国就是这样的一个“他者”。从16世纪开始，人们就致力于去想象、描述、赞扬、憧憬这个“他者”，形成了无数的关于中国的文字和图像的形象。启蒙思想家们在反对封建专制制度的斗争中，一直致力于追求建立一种“理性和永恒正义的王国”。那么，他们在关于中国的各种介绍中，就发现了这样的理想王国。中国成了启蒙思想家们的政治理想和社会理想的化身，成了他们的“希望之乡”。从中国

① [法]安田朴著，耿昇译：《中国文化西传欧洲史》，商务印书馆2000年版，第470页。

② [英]雷蒙·道森著，常绍民、明毅译：《中国变色龙——对于欧洲中国文明观的分析》，中华书局2006年版，第72页。

传来的文化信息，介绍中国社会制度和政治制度的材料，译介到欧洲的中国儒家典籍，都是他们思考和探索社会改造方案的思想材料，是他们想象和设计理想社会的范型和摹本。中国文化是激发他们想象和智慧的源泉。

无论如何，在18世纪启蒙运动中，中国成了人们向往和追求“理想王国”的一个典范。启蒙思想家们以中国这个参照系来反观欧洲的社会现实状况，对封建专制制度的腐败没落、暴虐黑暗，对社会生活的种种弊端，以及对基督教会和神学教条的荒谬，都有了更为深刻、更为具体的认识，从而增强了与之斗争的坚定信念。许多启蒙思想家也都拿有关中国的材料来比照批评欧洲社会。

另一方面，中国这个典范或乌托邦还对启蒙思想家的社会改革方案起到示范作用。例如伏尔泰和魁奈都大力赞赏中国的专制制度，认为这是一种“开明君主”制度，主张以中国为榜样，在法国也实行这样的开明君主制。中国的重农主义经济政策，单一农业税制，教育和科举制度，设置谏官，兴修水利，德治主义等等，都受到启蒙思想家们的赞扬和推崇，并希望从中国的政治文化中吸取实际的经验和智慧。

后记

本书从物质产品、科学技术、艺术和思想文化等几个方面，讨论了历史上中华文化在世界各地的传播，讨论了中华文化在世界文化史上的重大贡献，以及对于世界文化历史进程的重要影响力。在这个问题的探讨和书写的过程中，心情是很激动的，是很自豪的。历史上，我们的祖先、我们的前辈，筚路蓝缕，以其艰苦卓绝的努力，做出了那么多伟大的发明，做出了那么多伟大的贡献，并且在世界历史上发挥了巨大的影响力，在许多方面参与和影响到世界文化的发展进程。

中华文化在世界历史文化进程中发挥了如此巨大的影响力，首先是因为中华文化自身的传统，如万古江河，源远流长。中国是世界文明的发源地之一，是“四大文明古国”之一。中华文化以其凝聚力和辐射力，在中国和周边地区形成了自己的文化辐射场，形成了以中国为本土，包括朝鲜、日本、越南等在内的中华文化圈。中华文化圈及其特殊的东亚文化秩序，一直存在到19世纪，而其影响则延续至今。

中华文化在世界文化史上之所以能够发挥重要的影响力，在于它的先进性。在世界文化的整体格局中，中华文化曾经在很长的一段时间里居于领先的地位。这种先进性或领先地位，一直持续到18世纪欧洲工业革命以前。而且，中华文化的先进性不仅仅是某个领域、某个方面居于世界之先，而是整体性地领先于世界。所以，在相当长的历史时期里，中华文化以其丰富多彩、以其博大厚重、以其灿烂辉煌，辐射四邻，泽被远方。

中华文化在世界各地的传播和影响，不仅对其他民族文化的发展有一定的影响和作用，对世界文明做出了重大贡献，而且也使自己获得了一种世界意识和世界性的文化意义，使中华文化成为一种世界性的文化形态。

由于中华文化的世界意识和世界性文化意义，所以它必然是开放的。纵观几千年中华文化发展，开放性是它的主流的、本质性的特征。中华文化的开放性是全方位的开放，不仅在内部对各地域、各少数民族开放，而且在外部对凡是交通所到的国家和民族开放。中国人把大规模的文化输出视为民族自豪和自己的文化责任。正是由于中华文化的开放性，在大规模文化输出的同时也大规模地吸收、接受、融合域外文化，使自身不断地丰富起来，获得了鲜活的和强大的生命力。既便是在近代西方文化大规模和强有力的冲击下，中华文化也能通过自身的“重整反应”而使自己走向现代化。

经过近代以来激烈的文化冲突和历史性的蜕变，中华文化正日益焕发着新的生机，展现出新的生命力和发展前景。在未来的世界文化舞台上，中华文化必将占有更重要的位置，发挥更重要的作用。

这部著作展现了历史上中华文化在世界上的贡献和影响，展现了我们先辈创造的伟大的历史荣光。这是中华民族的生命智慧和中华文化生生不息的历史表征。在今日之世界，我们更要坚定文化自信，做出无愧于我们光荣历史的伟大业绩，以更有活力的文明成就贡献于世界，不断提升中华文明的世界影响力。